Codex Chimalpahin

Volume 1

Codex Chimalpahin

Volume 1

SOCIETY AND POLITICS IN MEXICO TENOCHTITLAN, TLATELOLCO, TEXCOCO, CULHUACAN, AND OTHER NAHUA ALTEPETL IN CENTRAL MEXICO

The Nahuatl and Spanish annals and accounts collected and recorded by don Domingo de San Antón Muñón Chimalpahin Quauhtlehuanitzin

Edited and translated by
Arthur J. O. Anderson and Susan Schroeder

Wayne Ruwet, Manuscript Editor
Susan Schroeder, General Editor

UNIVERSITY OF OKLAHOMA PRESS
Norman

Library of Congress Cataloging-in-Publication Data

Chimalpahin Cuauhtlehuanitzin, Domingo Francisco de San Anton Muñón, 1579–1660.
    Codex Chimalpahin : society and politics in Mexico Tenochtitlan, Tlatelolco, Texcoco, Culhuacan, and other Nahua altepetl in central Mexico : the Nahuatl and Spanish annals and accounts collected and recorded by don Domingo de San Antón Muñón Chimalpahin Quauhtlehuanitzin / edited and translated by Arthur J. O. Anderson and Susan Schroeder ; Wayne Ruwet, manuscript editor, Susan Schroeder, general editor.
    p.   cm. — (The civilization of the American Indian series ; v. 225)
    Includes bibliographical references.
    ISBN 978-0-8061-5414-5 (paper)
    1. Chimalpahin Cuauhtlehuanitzin, Domingo Francisco de San Antón Muñón, 1579–1660.   2. Aztecs—Politics and government.   3. Aztecs—Government relations.   4. Aztecs—Social life and customs.   5. Mexico City (Mexico)—History.   I. Anderson, Arthur J. O. II. Schroeder, Susan.   III. Ruwet, Wayne.   IV Title. V Series.
    F1219.76.P75C48   1997
    972'.52018—dc21   96-39926
                                                                              CIP

Codex Chimalpahin, Volume 1, is Volume 225 in The Civilization of the American Indian Series.

Text typeface is Palatino with Zapf Calligraphic.

The paper in this book meets the guidelines for permanence and durability of the Committee on Production Guidelines for Book Longevity of the Council on Library Resources, Inc. ∞

Contents

SOCIETY AND POLITICS IN MEXICO TENOCHTITLAN,
TLATELOLCO, TEXCOCO, CULHUACAN,
AND OTHER NAHUA ALTEPETL IN CENTRAL MEXICO
The Nahuatl and Spanish annals and accounts collected and recorded by
don Domingo de San Antón Muñón Chimalpahin Quauhtlehuanitzin,
edited and translated by Arthur J. O. Anderson and Susan Schroeder

*I*llustrations

Acknowledgments

Many debts have been incurred in the course of preparing for publication volumes one and two of the *Codex Chimalpahin*, and it is with heartfelt gratitude that I acknowledge the people and institutions who contributed in numerous ways to our project. In 1989 and again in 1993 the Reverend Alan F. Jesson, Bible Society's Library, Cambridge University Library, greatly facilitated my research endeavors by providing space, time, and access to Chimalpahin's manuscripts in the library's Anderson Music Reading Room, so aptly titled and furnished. He is also to be thanked for permission for photographic reproduction, and Mrs. Ingrid A. Roderick, archivist and senior information officer, British and Foreign Bible Society, Swindon, furnished the necessary permission to publish the Nahuatl- and Spanish-language materials in MS 374, vol. 3. At the Newberry Library in Chicago, John Aubrey, Ayer Special Collections research librarian, whose infinite knowledge of the Newberry's holdings makes all research there better, deserves special mention. Mary Wyley, associate librarian, granted permission for photographic reproduction and publication of the Chimalpahin materials at the Newberry. Travel and research funding was provided by the National Endowment for the Humanities Travel to Collections Program and a Loyola University Chicago Summer Research Grant.

I am grateful to John Drayton, editor-in-chief, University of Oklahoma Press, for his interest in the *Codex Chimalpahin* from its beginning and for his ongoing support of Nahua studies in general. Wanda Sala, History Department secretary at Loyola's Water Tower Campus, warrants an ovation for her good humor, diligence, and excellent word processing skills as she brought even the most tangled system into form. I acknowledge too our families—Christine Anderson and my children, especially Mercedes on this occasion, whose patience and friendship made it possible for our endeavors to come to fruition. I wonder if you know your importance in both our households.

Truly there is a sense of exultation in knowing that Chimalpahin's writings are in hand and likely to be so "for generations to come"—just as he wished. This good feeling is tempered, though, when one reflects upon the unavoidable quantities of paper spent in research, writing, and editing. For this rea-

son, volumes one and two mark the beginning of a tree-planting project in Mexico in recognition of Chimalpahin's own Amaquemecan, "the place where paper is worn or used," as some compensation for the paper we consumed elsewhere.

As these volumes entered the final stages of publication Arthur Anderson died of complications of a cerebral hemorrhage on 3 June 1996. Renowned for his scholarship on the Nahuatl-language texts by fray Bernardino de Sahagún, he undertook the study of Chimalpahin's histories as well, adding yet another critical dimension to Nahua studies. Since most of Arthur's formative years were spent in Mexico, the first twelve trees will be planted in his honor and memory. I hope he is pleased.

In May 2014, Chimalpahin's manuscript, along with two volumes of texts by Alva Ixtlilxochitl, were set to be auctioned by the Bible Society. A benefactor from Mexico purchased the three volumes of Nahua history before the sale and repatriated them. Now known as the "Códice Chimalpahin," they are housed at the Biblioteca Nacional de Antropología e Historia of the Instituto Nacional de Antropología e Historia in Mexico City.

SUSAN SCHROEDER

Codex Chimalpahin

Volume 1

*I*ntroduction

Susan Schroeder

> But as everything in the world waxes and wanes without remaining long in any
> one state. . . .
>
> —Chimalpahin, 1621

The discovery in 1983 of a heretofore unknown cache of Nahuatl- and Spanish-
language writings by seventeenth-century Nahua historian don Domingo
de San Antón Muñón Chimalpahin Quauhtlehuanitzin has been cause for
celebration among many scholars. Located in the Bible Society Collection at
Cambridge University, England, these rare ancient texts were acquired in
1827 and became part of a vast array of global indigenous-language materi-
als that were inherent to the London-based British and Foreign Bible Society
enterprise in the nineteenth century. Set aside and forgotten until the collec-
tion was moved to Cambridge University Library and a catalogue of the
holdings was published in 1982,[1] three large volumes of original accounts
about Indian life in prehispanic and sixteenth-century New Spain were lost
to Mexican historiography.

However, in the course of constant sleuthing for Sahagún-related materi-
als (with his perspicacity regarding even the most abstruse references), Wayne
Ruwet fortuitously happened upon the Bible Society catalogue, which led to
the identification of an extraordinary assortment of manuscripts by Chimal-
pahin, don Fernando de Alva Ixtlilxochitl, and others.[2] They are in a fine
state of preservation considering their antiquity; we can be grateful that at
least in this instance Chimalpahin's telling reflection (above) did not ring true.

Just how the British and Foreign Bible Society came to possess Nahuatl
histories by Chimalpahin is a good story in its own right, and it is informa-
tive about the political vagaries of early Mexico's intellectual patrimony. It

---

1. Alan F. Jesson, ed.; *Historical Catalogue of the Manuscripts of the Bible House Library* (Lon-
don: British and Foreign Bible Society, 1982), MSS 374, 3 vols. (hereafter BSM 374).

2. Wayne Ruwet, College Library, University of California, Los Angeles.

seems that in the fervor to promote liberalism as a national ideology for the newly independent inchoate Mexican state, the Reverend Dr. José María Luis Mora, a Catholic priest, made a gift of the three precious manuscripts to James Thomsen, the Bible Society agent in Mexico City, in exchange for Protestant bibles.[3] Father Mora's purpose was eventually to translate the bibles into numerous native languages, distribute them in the countryside, and use them as primers for his *alfabetización* (literacy) campaign. But Mora's concern was not so much for the edification of Mexico's native populations as it was to reduce the extremes of the country's cultural heterogeneity by means of a reformed, standardized education program. An informed citizenry would then contribute to the rapid development of a prosperous Mexico.

James Thomsen's mission was different: he wanted to record and preserve native languages and he wanted to sell Protestant bibles. He traveled widely in the Americas, collecting sample texts, and often arranged for translations of books of the New Testament into local languages. The Bible Society, however, was apparently interested only in the promotion of its bibles, for most of the linguistic materials from Latin America are no longer extant in the collection.[4]

In addition to his priestly duties, Father Mora was librarian at the prestigious Colegio de San Ildefonso in Mexico City. Including the library's holdings and his own he reportedly controlled the largest collection of books in the country. Following the upheavals during Independence, large numbers of private as well as church library collections were confiscated and then sold or stolen. The content of Mora's library is not known, except that by some means he came to own the three esteemed tomes that once belonged to colonial Mexico's well-known intellectual don Carlos Sigüenza y Góngora (1645–1700).[5] Sigüenza knew of Chimalpahin and had direct contact with members of the Alva Ixtlilxochitl family; he inherited part of the Alva Ixtlilxochitl estate, which included Indian antiquities. Sigüenza too was renowned as a book lover, and we believe that he was responsible for sorting the manuscripts and binding them as they are today. There is no way to be certain, of course, without bringing all of Chimalpahin's writings together from their disparate repositories for comparison.[6]

---

3. For additional information about the relationship between Father Mora and the business of selling bibles in Mexico, see Susan Schroeder, "Father José María Luis Mora, Liberalism, and the British and Foreign Bible Society in Nineteenth-Century Mexico," *Americas* 50:3 (1994), 377–97.

4. Compare, for example, the Bible Society's holdings in *Catalogue of Editions of the Holy Scriptures and Other Biblical Works in the Library of the British and Foreign Bible Society* (London: Thomas C. Johns, 1832) with Jesson, *Historical Catalogue*.

5. On the spine and front cover of BSM 374, vol. 2, the inscription states that the work was part of Sigüenza's collection, and on f. 147r of vol. 1 there is a note in Sigüenza's hand, with his signature.

6. For a list of the archives and libraries containing original manuscripts by Chimal-

Volumes one and two of BSM 374 are in Spanish and represent what seem to be primary histories of Indian Mexico by mestizo author don Fernando de Alva Ixtlilxochitl. The translation and analyses of these manuscripts are another project altogether.[7] It is worth noting that Sigüenza added a precautionary note in these volumes, indicating a strong bias on the part of Alva Ixtlilxochitl as he promoted in the extreme his ancestor don Fernando de Cortés Ixtlilxochitl, where credit may not have been warranted.[8] He made no such comment about the Chimalpahin histories, however. For present purposes, our interest is in the indigenous materials in volume three, which represent about three-fourths of the manuscript folios.[9] Of these, the great majority are by Chimalpahin—Nahuatl and Spanish writings in his hand and with his personal attestation from time to time.

From 1593 until at least the mid-1620s Chimalpahin lived in Mexico City in Xolloco, a district about two kilometers south of the central *traza*.[10] He was employed, probably as a *fiscal*, at San Antonio Abad, a tiny church that also provided hospital care for sufferers from leprosy. Chimalpahin, a humble but extremely talented Nahua, was witness to and often an actual participant in the many activities in the colonial capital during his stay there. His writings about that time are vivid testimonies of the Nahua perspective on the goings-on in the city.[11]

---

pahin, as well as later copies, see Susan Schroeder, *Chimalpahin and the Kingdoms of Chalco* (Tucson: University of Arizona Press, 1991), 27–29. The list does not include the *Exercicio quotidiano* (Ayer MS 1484, Newberry Library, Chicago), which was only recently discovered to be in Chimalpahin's hand. For a transcription and translation of the *Exercicio*, see don Domingo de San Antón Muñón Chimalpahin Quauhtlehuanitzin, *Codex Chimalpahin: Society and Politics in Mexico Tenochtitlan, Tlatelolco, Texcoco, Culhuacan, and Other Nahua Altepetl in Central Mexico,* trans. and eds. Arthur J. O. Anderson and Susan Schroeder (Norman: University of Oklahoma Press 1997), vol. 2 (hereafter all references to items in the six-volume *Codex Chimalpahin* series appear as CC, followed by the appropriate volume number and the page[s] therein).

7. Wayne Ruwet is currently preparing a transcription of the two volumes by Alva Ixtlilxochitl.

8. Don Carlos Sigüenza y Góngora, BSM 374, vol. 1, f. 147r.

9. For a description of these accounts, see Arthur J. O. Anderson, "Nahuatl Documents in British and Foreign Bible Society, MS 374," paper presented at the American Society for Ethnohistory meeting, New Orleans, La., November 1985; and see "Physical Description of the Manuscripts" below.

10. The life and historical writings of Chimalpahin will be treated exhaustively in CC, 6 (forthcoming). See also Schroeder, *Chimalpahin*, 7–26.

11. These accounts can be found in what has come to be known as Chimalpahin's *Diario.* See CC, 3 (forthcoming), for a transcription and English translation of these materials; and see don Domingo de San Antón Muñón Chimalpahin Quauhtlehuanitzin, *Die Relationen Chimalpahin's zur Geschichte México's, Teil 2: Das Jahrhundert nach der Conquista (1522–1615),* ed. Günter Zimmermann (Hamburg: Cram, de Gruyter and Co., 1965) for Chimalpahin's text in transcription with commentary in German.

Of his personal life we know little. He still had family whom he visited in Amaquemecan Chalco, his hometown, for some of the accounts were written there. But he did most of his literary work in Mexico City, where he was employed at least part-time as the copyist of a remarkable collection of manuscripts and published books. These materials were subsequently the basis of the most extensive extant Nahuatl history of Indian Mexico by a known native author.

Others were writing their own histories about Nahua life and culture. The works of Jesuits Juan de Tovar and José de Acosta, Franciscans Bernardino de Sahagún, Juan Bautista, and Juan de Torquemada, the Dominican Diego de Durán, and mestizo elites don Fernando de Alva Ixtlilxochitl and don Fernando Alvarado Tezozomoc are among the most notable.[12] It is certain that Chimalpahin had access to some of their texts, for he selected passages, translated them from Spanish and to Spanish, and interpolated them directly into his Nahuatl accounts. He knew Father Tovar, and perhaps Alva Ixtlilxochitl and Alvarado Tezozomoc, for they were all contemporaries, and he cited Tezozomoc as a research source on several occasions.

For Nahua intellectuals in the capital at the turn of the century there was surely a keen sense of urgency to keep to tradition while securing vestigial positions of high status within the colonial system. Writing local histories seemed to furnish at least temporary solutions for both concerns. Typically, each author focused on his home region in order to champion his particular royal lineage and the unique qualities of his own *altepetl* (kingdom, ethnic state). Tezozomoc wrote about the grandness of Mexico Tenochtitlan, Alva Ixtlilxochitl did the same for his Texcoco altepetl, and Chimalpahin portrayed Amaquemecan Chalco as equal to if not better than any other place in the world.[13] It was given that pride of patria influenced world view and was thus imbedded in local history.

12. José de Acosta, *Historia natural y moral de las Indias,* ed. Edmundo O'Gorman (Mexico City: Fondo de Cultura Económica, 1962); Bernardino de Sahagún, *Florentine Codex: General History of the Things of New Spain,* trans. and ed. Arthur J. O. Anderson and Charles E. Dibble, 12 vols. (Santa Fe and Salt Lake City: School of American Research and University of Utah, 1950–82); Juan Bautista, *Huehuetlahtolli: Pláticas morales de los indios para doctrina de sus hijos, en Mexicano* (Mexico City, ca. 1600); Juan de Torquemada, *Monarchía indiana,* 3 vols. (Mexico City: Editorial Porrúa, 1975); Diego Durán, *The History of the Indies of New Spain,* trans. and ed. Doris Heyden (Norman: University of Oklahoma Press, 1994); Fernando de Alva Ixtlilxochitl, *Obras históricas,* ed. Edmundo O'Gorman, 2 vols. (Mexico City: Universidad Nacional Autónoma de México, 1975); Fernando Alvarado Tezozomoc, *Crónica mexicáyotl,* trans. and ed. Adrián León (Mexico City: Instituto de Investigaciones Históricas, Universidad Nacional Autónoma de México, 1975); and for studies about Tovar, see *Códice Ramírez, Relación del origen de los indios que habitan esta Nueva España, según sus historias,* ed. Manuel Orozco y Berra (Mexico City: Editorial Leyenda, 1944), and *Manuscrit Tovar, Origines et croyances des indiens de mexique,* ed. Jacques Lafaye (Graz: Akademische Druck- u. Verlagsanstalt, 1972).

13. At one point in his accounts Chimalpahin went so far as to juxtapose histories about

It is likely that such micropatriotism harks back to the practice of altepetl-specific record keeping during the prehispanic era. The *tlacuilo* (painter, scribe) was responsible for numerous accounts that reflected interpretations of events within their own town as well as what transpired outside it by the altepetl's coterie of nobles. For example, always selective, Chimalpahin explained that even though the Tlatelolca had their own abundance of accounts executed by their ancestors he used only a small portion of their materials for his history of Mexico Tenochtitlan.

The great variety of such records is hardly appreciated; a careful reading of Chimalpahin permits the culling of references to numerous distinct genres of prehispanic and early colonial Nahua documents.[14] Moreover, Chimalpahin validates the existence of stores of materials and archives in many of the altepetl about which he wrote. Local men and women elders were responsible for keeping the information—both the physical texts and the interpretations and oral discourses about the images. Authenticity and understanding of the past and the present rested upon the word (literally) of the senior members of the altepetl: "I have indeed heard their account from their very mouths as the highborn rulers and the highborn noblemen told them.... Thus they agreed and told it among themselves" (Tezozomoc, 1609, quoted in Chimalpahin, 1621).[15]

That Chimalpahin went considerably beyond Chalco's boundaries as he collected, copied, and wrote its history is not to say that he deviated from the pattern of indigenous contemporaries. His social situation was certainly different from that of his fellow authors, and perhaps it was his job to copy everything. Even so, he made the most of what he had and compiled an exemplary history of Amaquemecan and greater Chalco, along with all the rest.

As for high status in Mexico City, because of his parentage and the distance from Chalco Chimalpahin probably remained peripheral to indigenous high society. It is doubtful that he was even close to the status enjoyed by well-connected writers such as Alvarado Tezozomoc, whose sisters married Juan Bautista and don Antonio Valeriano,[16] or Alva Ixtlilxochitl, whose descendant don Bartolomé de Alva was the author of several Nahuatl ecclesiastical works.[17] Baptized Domingo Francisco in Amaquemecan, in Mexico

---

the royal houses of the kings of his own Amaquemecan with that of the Hapsburgs in Spain, as if to show the close similarities between the two kingdoms. See Bibliothèque Nationale, Paris, Fonds Mexicain 74, fols. 225r–272v (hereafter BNP-FM).

14. Unfortunately, literal translations of these Nahuatl terms do not always yield meanings that furnish enough information to identify corresponding types of extant indigenous texts.

15. *CC*, 1:65.

16. *CC*, 1:173.

17. See John Frederick Schwaller, "Don Bartolomé de Alva, Nahuatl Scholar of the Seventeenth Century," in *Chipping Away on Earth: Studies in Prehispanic and Colonial Mexico in*

City he was probably called Domingo de San Antón. But he is mentioned nowhere in the accounts of the era. The illustrious colonial title and names that he took for himself as auteur and penned throughout his texts, don Domingo de San Antón Muñón Chimalpahin Quauhtlehuanitzin, only brought him the prestige that he coveted when his writings were discovered and studied generations and centuries later.

Until recently, Chimalpahin has received little credit for his Nahuatl scholarship. In truth, the extent of his production was not realized; also, because of the difficulty of his Nahuatl prose, very few of his writings have been translated. His propensity to make personal emendations to the materials he copied, adding his signature too, has caused puzzlement as to attribution, although later versions (the only ones known until now) inevitably were credited to other authors. A classic example is his *Historia or chronica mexicana* ("Mexican History or Chronicle" in English translation in this volume), long attributed to Alvarado Tezozomoc as the *Crónica mexicáyotl,* although the original is actually in Chimalpahin's handwriting and style. With certain identification of Chimalpahin's dual role as author and copyist of primary manuscripts, generating a full range of annals, narratives, dynastic genealogies, and calendrics, the entire corpus of late-sixteenth-century and early-seventeenth-century Nahuatl historical literature requires reevaluation.

As yet the circumstances of Chimalpahin's life as a copyist are not known, and any notion of his methodology and order was lost when his writings were sorted and bound three centuries ago. He did speak of a process of copying and redoing things in order to put all in a book.[18] But he did not number the folios. Dates and places afford some clues as to what he worked on when and where, although most information is sketchy. Only after a careful analysis is made of all the papers, inks, watermarks, signature marks, and bindings and then coordinated with what can be discerned about Chimalpahin's *copista* milieu, the subsequent ownership and appreciation of his texts, and the chronology of the many copies might we expect to be able to understand his commission.

The Nahuatl- and Spanish-language materials by Chimalpahin in the Bible Society Collection are concerned primarily with the activities of peoples in the Nahua polities of Mexico Tenochtitlan, Tlatelolco, Texcoco, and Culhuacan. Likewise, the *Relaciones* and *Diario* are essentially about Amaquemecan Chalco and Mexico City, respectively.[19] The entire corpus, however, contains considerable overlapping of dates and quasi-duplication of data, all good ev-

---

Honor of Arthur J. O. Anderson and Charles E. Dibble, ed. Eloise Quiñones Keber (Lancaster, Calif.: Labyrinthos, 1994), 95–103.

18. BNP-FM, 74, f. 264r.

19. This is a general description. Because of the nature of indigenous historical annals, a great variety of topics, peoples, and places can be covered in a series. It is not unusual to find parallel data in any or all of Chimalpahin's histories.

idence of a variety of independent altepetl histories from which the information was gleaned. His sources seem to represent the gamut of documentation available at the time—from black and red pictographic manuscripts and Nahuatl pieces in Roman alphabetic script to oral interviews, personal observations, Catholic treatises, and Spanish books. Whenever possible Chimalpahin started with the most ancient accounts and carried them forward to his own time; hence his history of Nahua Mexico spans close to one thousand years, A.D. 670–A.D. 1631.

Volume one is almost exclusively about the history of Mexico Tenochtitlan. It is divided into three separate texts: Chimalpahin's Spanish and Nahuatl "Mexican History or Chronicle," the "History or Chronicle with Its Calendar of the Mexica Years," and "Don Gabriel de Ayala's Year Count." For the most part these accounts are in the form of annals, the standard indigenous method of record keeping in central Mexico. Chimalpahin had an array of source materials and made use of all that related to his topic. Here he treats the Mexica and their departure from Chicomoztoc; their peregrinations, wars, conquests, and sacrifices; their royal marriages to construct and consolidate an empire; the poetics and rhetoric of their deities and kings; and the glory of the Mexica state at its zenith. Of course, the Mexica affected the lives of all they encountered, and we learn of conflicts and then alliances with important groups in Culhuacan, Tlatelolco, Tlacopan, Texcoco, and eventually Chalco, among others. His dynastic genealogies connect the Mexica with these altepetl, and we discover the names of parents, wives, children, their spouses, and grandchildren, who are all part of the Mexica political diaspora. The annals conclude shortly after the death of the last official ruler and the termination of the imperial dynasty. The Spaniards are mentioned, but only as any other group or incident would be reported in an annals cycle.

This is a rich, difficult history, and Chimalpahin substantiates what he can with parallel annals and calendrics that corroborate facts and elaborate details. Yet it also tantalizes with fragments of stories, which the author and his informants surely understood but which leave the modern reader wanting more, always.

In Mexico Tenochtitlan, Chimalpahin's great interest was in the evolution of the political state and the critical fusion of ecclesiastical and secular power in the person of the *tlatoani* (king; *huey tlatoani*, emperor). Subsequently, the *cihuacoatl* (prime minister) and tlatoani form an omnipotent dyad; hence, Chimalpahin's glorification of Tlacaelel and his office in these records. We learn the good and the bad of Mexica history. He is both proud and in awe of Mexica civilization, and it seems that he tempers some of the worst of the atrocities only occasionally.

Chimalpahin began his history of the Mexica with a long detailed prologue in Spanish. In a sense it is a synthesis in translation of the Nahuatl account that follows. Why he included a lengthy Spanish version when he oth-

erwise wrote for a Nahuatl readership cannot be ascertained at this time.[20] It is good evidence, though, of his Mexico City situation as well as his facility (or lack thereof) with Spanish. Of the Nahuatl accounts it is apparent that Chimalpahin made full use of Alvarado Tezozomoc's eloquent personal history of Mexico Tenochtitlan.[21] Much of the Nahuatl prose is verbatim, but with Chimalpahin's corrections and additions. Chimalpahin accordingly credits both Tezozomoc and himself for the information in the "Mexican History or Chronicle."

The discovery of the Bible Society manuscripts finally puts to rest the old controversy about the authorship of these materials.[22] With Chimalpahin's autograph it is obvious that he copied Tezozomoc, but the text is his own, as are all the other materials in his hand. Their value can be superseded only after the identification of the ancient materials that he copied and edited.

The "History or Chronicle with Its Calendar of the Mexica Years" represents another set of annals that Chimalpahin compiled based on "the black and red [characters of ancient codices], . . . [as] the aforesaid ancient Mexica Tenochca men and women wrote it in red [ink], as well as some statements of the ancient Tlatelolca and their organization of the year count. . . ."[23] These annals cover the period 1064–1521. This treatise too begins in Spanish, with what come to be typical exquisite metaphorical expressions about flora, fauna, and terrain in exaltation of Mexico Tenochtitlan. The subject is the same, but with somewhat different information and perspective.

The volume concludes with Chimalpahin's version of a set of annals that belonged to the late don Gabriel de Ayala, a Texcoca nobleman and notary at the Audiencia. The history treats the activities of the Mexica during the years 1243–1562. These classic annals contain more of what is already known as well as a wealth of new, unique information.

20. What distinguishes Chimalpahin from almost all other indigenous historians was that he wrote for fellow Nahuas, not for a Spanish audience. However, he was very familiar with the structure of Spanish books, and he may have felt it was appropriate to begin this long Nahuatl piece with a Spanish introduction. It is also possible that he was told to include a preliminary summary in Spanish.

21. Alvarado Tezozomoc, *Crónica mexicáyotl*.

22. For decades about the only solid evidence supporting Chimalpahin's role in the production of these materials was John Glass's careful exposition of the *Historia mexicana* and the *Compendio de la historia mexicana* (a title probably furnished by Lorenzo Boturini), which was based upon copies and references in eighteenth- and nineteenth-century scholarship. See especially Domingo de San Antón Muñón Chimalpahin Quauhtlehuanitzin, "Compendio de la historia mexicana," in *Contributions to the Ethnohistory of Mexico, 3, Lesser Writings of Chimalpahin*, pt. 7, ed. John B. Glass, trans. Gordon Whittaker (Lincoln Center, Mass.: Conemex Associates, 1975), and "Historia mexicana: A Short History of Ancient Mexico," in *Contributions to the Ethnohistory of Mexico, 2, Lesser Writings of Chimalpahin*, pt. 5, ed. John B. Glass (Lincoln Center, Mass.: Conemex Associates, 1978).

23. *CC*, 1:181.

By far the lion's share of credit for the transcription and translation of the Nahuatl and Spanish accounts in BSM 374, vol. 3, goes to Arthur Anderson. As soon as Wayne Ruwet recognized the Nahuatl materials by Chimalpahin he sent copies to Anderson, who began the arduous task of making sense of assorted manuscripts, many of which were disordered and only fragmentary. Nevertheless, Anderson completed a preliminary transcription and translation shortly thereafter.

Chimalpahin had a fine, legible hand, but many words were lost in the binding and others were obscured when he made corrections and additions that continued into the margins and wrapped around the folio's text. Twice I went to Cambridge to check the original against Anderson's transcription and to search for additional Nahuatl manuscripts by Chimalpahin. In 1993 we invited Barry David Sell to join us in polishing the translation, and he enthusiastically and masterfully set up a draft of a mechanical version of the texts that was as close to Chimalpahin's holograph as one could want. Sell's contributions greatly facilitated our industry as a team. We regret that he was not able to see the work to completion.

We have chosen to divide the Bible Society materials into two volumes, following the organization set by Arthur Anderson. The transcriptions of the Nahuatl follow Chimalpahin's punctuation, spellings, and style to the letter and correspond to the English translation on each facing page. Also, we have added bracketed English subtitles to organize and identify key periods in his long series of annals, some of which have been rearranged to approximate a presumed original chronology.

The disarray and, sometimes, confusion resulting from the way the various sections of this manuscript were brought together and bound are sufficient reasons for our attempts to present them in some logical order. Taken individually, almost all of the sections of the manuscript have been transcribed and translated with no change of structure or paragraphing. When any changes are necessary or helpful to the reader, a note explains the reason. For example, the accounts telling of certain events in Texcoco during the conquest needed reorganizing because some of them were incomplete and some manuscript pages were in disorder; the narration of the conquest of Tlatelolco needed division into paragraphs in order to make it clearer and more readable.

A few details in transcribing and translating should be pointed out. The manuscript is full of passages that were crossed out while others were inserted above the deletions or at any of the margins (often with no certain indication of where they belong). Marginal additions have been incorporated where they logically appear to fit; footnotes identify them. In the transcription deleted passages have been reproduced in strikethrough type when decipherable (as, in most cases, they are). Some have been omitted from the translation. Interpolated sections in the manuscript, whether afterthoughts

or replacements of deleted passages, are indicated in superscript type in both transcription and translation.

Chimalpahin did not use many figures of speech in his writing; there were too few, we think, to justify a glossary of such devices. Instead, in translating the phrase we have provided an explanatory expansion in brackets where necessary to clarify the meaning. As to the spelling of Nahuatl terms or names, though Chimalpahin's orthography is fairly well standardized considering the epoch in which he lived, it is still subject to variation; in the translation though not in the transcription we have attempted to standardize it in a way not incompatible with sixteenth- and seventeenth-century practices. We have used initial capitals for people's names and for accompanying adjectives apparently accepted as part of the name; titles, which we have left untranslated because of our ignorance of the meaning or significance of most of them, are uncapitalized. Names of peoples are almost invariably left in the form in which they appear in the manuscript (e.g., Mexica, Texcoca, Tepaneca, Culhuaque, etc.) and are also used when referring to individuals (e.g., a Mexica man, a Texcoca lord, etc.). Altepetl and *tlayacatl* are left untranslated because no simple English equivalents exist; since they are incapable of being pluralized in Nahuatl, they are used in their singular form whether referring to one or to many.

Chimalpahin's Nahuatl is infinitely rich and complex. Independently and together we have studied his writings over the years but still came upon words and phrases where the meaning eluded us. Our translation in these instances can be considered tentative. We have stayed as close to the Nahuatl text as possible, rendering literal rather than colloquial translations when necessary in order to retain Chimalpahin's formulae for his annals and genealogies. These volumes launch a comprehensive treatment of Chimalpahin's literary corpus and are designed to complement the important and useful transcription and chronological reorganization of the *Relaciones* and *Diario* by Günter Zimmermann in the 1960s,[24] Silvia Rendón's Spanish translation of six of the *Relaciones* in 1965,[25] John Glass's comparative studies in the 1970s,[26] and Jacqueline de Durand-Forest's detailed analyses in 1987.[27]

24. Don Domingo de San Antón Muñón Chimalpahin Quauhtlehuanitzin, *Die Relationen Chimalpahin's zur Geschichte México's, Teil 1: Die Zeit bis zur Conquista 1521*, ed. Günter Zimmermann (Hamburg: Cram, de Gruyter and Co., 1963), and Chimalpahin, *Die Relationen, Teil 2*. And see *CC*, 6 (forthcoming), for a comprehensive bibliography of works by Chimalpahin and related secondary scholarship.

25. Don Francisco de San Antón Muñón Chimalpahin Cuauhtlehuanitzin, *Relaciones originales de Chalco Amaquemecan*, trans. and ed. Silvia Rendón (Mexico City: Fondo de Cultura Económica, 1965).

26. Glass, *Compendio de la historia* and *Historia mexicana*.

27. Jacqueline de Durand-Forest, *L'histoire de la Vallée de Mexico selon Chimalpahin Quauhtlehuanitzin (du XIe au XVe siècle)*, vol. 1 (Paris: Éditions L'Harmattan, 1987), and *Troisième*

With all that is known by Chimalpahin available in transcription and English translation, along with additional applications of James Lockhart's "New Philology,"[28] we anticipate and welcome scholarly refinements of the materials presented here.

---

relation et autres documents originaux de Chimalpahin Quauhtlehuanitzin, vol. 2 (Paris: Éditions L'Harmattan, 1987).

28. James Lockhart, *The Nahuas after the Conquest: A Social and Cultural History of the Indians of Central Mexico, Sixteenth through Eighteenth Centuries* (Stanford: Stanford University Press, 1992), 375.

Vellum spines of all three volumes, Bible Society MSS 374. Reproduced by permission of Bible Society's Library at Cambridge University Library. Copyright British and Foreign Bible Society, 1995.

✠ Aqui comiença La chronica, y Antiguedad de los Mexicanos &c

Izcatqui Nican ompehua yn chronica Mexica yotl. ynoncan quitzaca Teneuhtoc y nintzo ca ynin tlacatiliz ynhuel yehuatl yhuin tzintiliz pehualiz yhuan ynin huallaliz ynitnecaliz in ye huaxtin. Ynicanizpanin nueua es pahia motenehua omotecaco yhuan oquimocehuico ymioxca ynixquich yehuan yehual auh yhuan ynicotzinco ynicopehua ynicon elhua yohuac in huey altepel yn Mexi co tenochtitlan. Ca ynintoca Mexitin yehuan me ca aztlan tlaca chicomoztoca auh yniquac ynin ca huin amo huel motocamiqui yniquihquehua me

Auh ca huel yehuatzin y tlaxequilitzin tica yncenquiz ca huel ye yn huey tzintli teul Dios Jesuchristo, ynin ye huantin hecoz que hualaz que mo tecaquihui onoquihui ynixeli eca yopan yncema tlahuatl. auh ompa y teuco ya ynihuicopa yn tzayauh yca lluqui yampa ompa oncate cehue yye yantli ynoncan onohua ya auh can yeoncate qui ynaxcan cahuijca ynamocan quexquich ynantocar tlayohuah ynal tepet. ynonca ye onoque in yehuantinin Mexe huantin yniuh axcan mota yn me yecan ynepapa tlalipan cemana huac auh ynta yn catca quitlla uhtia ya quiteomatia yna yin quitoca yohicaye tetzahuitl huitzilopochtli. catlehdohua ya yehuan otza ya. Yhuan oquintlanc oquin moc niuhtia ye in yehua tin aztteca. ynic yehua yni xyolihuic ynica quizon xiquizitili in teyolia ynteanimashuan yn quin huica ya ompa mictlan auh ynipampa yn yni yn ynpehuilco ca yes. oquimocuic titino yncen

Chimalpahin, from *Tlatolpeuhcayotl* (Beginning of the Account), Bible Society MS 374, vol. 3, fol. 20r. Reproduced by permission of Bible Society's Library at Cambridge University Library. Copyright British and Foreign Bible Society, 1995.

Page typical of Chimalpahin's style, from *Historia o chronica mexicana* (Mexican History or Chronicle), Bible Society MS 374, vol. 3, fol. 9r. Reproduced by permission of Bible Society's Library at Cambridge University Library. Copyright British and Foreign Bible Society, 1995.

Physical Description of the Manuscripts

Wayne Ruwet

The following is a brief itemized description of the contents of the three vol-
umes of Mexican historical materials in the Bible Society Library. All three
volumes are miscellaneous compilations of documents. The first two are in
Spanish, while the third represents assorted native-language accounts. It ap-
pears that the volumes were compiled, or at the least bound, by don Carlos
de Sigüenza y Góngora. There are a number of other works that have been
inserted in the volumes but are not bound into them; these are indicated in
the description as being loose.

Bible Society Manuscript, BFBS MSS 374
(Volume 1)

Binding	Vellum with two suede ties.
Front Cover	Inscription:
	212
Spine	Inscription:
	——ment^{os} d. hist. Mexicana
	Label:
	<u>24</u>
	Historia o
	Chronica
	Mesicana
	————
	Vol. II.

1.

fol. I	Blank foreleaf.
fols. 1–143	[*Historia de la nación chichimeca.*]
fol. 1r	[*Dedicatoria.*]
fol. 1r and v	*Prólogo al lector*
fols. 2–58v	Chapters 1–48

Chapter 19 was not originally numbered.
The following chapters (20–35) were misnum-

bered 19–34. The error was noted, and number 19 was inserted after its chapter heading and the other chapter numbers were corrected.

These folios are numbered twice. The original foliation is in the upper right corner. Folio 21 was originally misnumbered as 19 and this error continued to folio 31, which was numbered 29. This error was then corrected. The second foliation is a continuous sequence through the whole work (1–144).

fols. 59–144   Chapters [49–95]

There are chapter headings for each chapter but they have not been numbered.

The original foliation is in the lower right corner, numbered 1–86. Folios 77 and 78 were misnumbered 20 and 19 respectively and then corrected to 19 and 20.

Folios 141 and 142 are bound upside down, so that the original rectos are now the versos. The original folio number is located on the lower right corners of the original recto sides, but the later numbering has the folio numbers on the upper right corners of the current rectos (the original versos).

The second section (of the *Historia de la nación chichimeca*), folios 59–144, was written at a different time and possibly by a different scribe since folios 1–58 average 49.5 lines per page, with no page having less than 40 lines. The second group (folios 59–144) averages 29.8 lines per page, with no page having more than 40.

fols. 145–146   Blank.

2.   fols. 147–214r   [*Compendio histórico del reino de Texcoco.*]
The text is arranged in 13 *relaciones*.
The folios are numbered 1–68 in the upper right corners.
Top of folio 147r is a note signed by don Carlos de Sigüenza y Góngora.

fol. 214v   Blank.

Rear Cover	No inscription.

Bible Society Manuscript, BFBS MS 374
(Volume 2)

Binding	Vellum with two suede ties.
Front Cover	Inscription:

199

Este Libro es de la Famosa

Colleccion de D. Carlos

Siguenza y Gongora

Spine	Inscription:

——— nt^os. d . hist^a. Mexicana

Label:

24

Libro

de la

famosa

Coleccion

de D. Carlos

de Siguenza

y Gongora

Mexican [?]

3.	unpaginated leaf	Letter signed "El riego" (loose).
	fol. I	Blank foreleaf.
4.	fol. 1–17r	*Sumaria relación de todas las cosas que han suce-dido en la Nueva España, y de muchas cosas que los tultecas alcanzaron y supieron desde la creación del mundo, hasta su destrucción y venida de los terceros pobladores chichimecas, hasta la venida de los españoles, sacada de la original historia de esta Nueva España.*
		Folios numbered 1–17 in the upper right corners.
5.	fol. 17v–81v	*Historia de los señores chichimecos hasta la venida de los españoles.*
		Folios 18–40 are numbered in the upper right corner. The remaining folios are unnumbered.
	fol. 76r	*Pintura de México.*

	fol. 76v	[*Noticias cronológicas.*]
	fols. 77r–77v	Continuation of the text from folio 75v.
		Folio 77 numbered 7 in the upper right corner.
	fols. 77v–78v	*Las ordenanzas que hizo Negahualcoyotzin.*
		Folio 78 numbered 12 in upper right corner.
	fol. 78v	[*Noticias sobre Negahualpilli.*]
	fol. 78v	*La orden y ceremonia para hacer a un señor, las cuales constituyó Topiltzin, señor de Tula es lo que se sigue.*
	fol. 78v–80r	*La venida de los españoles a ésta Nueva España.*
		Folios 79 and 80 numbered 13 and 14.
	fol. 80r–81v	*Entrada de los españoles a Texcoco.*
		Folio 81 numbered 15.
6.	fols. 82–83r	Blank.
	fol. 83v	The verso has a seven line description of the volumes (loose).
	fol. 84–152	*Suma y epíloga de toda la descripción de Tlaxcala.*
7.		The folios of the Suma are numbered 1–69.
	2 unfoliated folios between folios 92/93	Two unfoliated pages of notes (loose). Dated 22 August 1612. The verso is blank.
	1 unfoliated folio between folios 96/97	Latin letter (loose).
	fols. 100v–101v	Blank. Folio 101 is unnumbered; folio 102 is numbered 19.
	fols. 146v–148	Blank.
	fol. 152	Only the upper fore-edge quarter remains.
8.	fols. 153–59	*Relación de la jornada que hiso don Francisco de Sandoval Acaxitli, cacique y señor natural que fué del pueblo de Tlalmanalco, provincia de Chalco, con el Señor Visorey don Antonio Mendoza cuando fué a la conquista y pacificación de los indios Chichimecas de Xuchipila.*
		Pedro Vázquez's Spanish translation of Gabriel de Castañeda's Nahuatl account of the Mixtón war.
		The folios are numbered 2–8.
	fol. 159v	Rubric of Pedro Vázquez.
	fol. 160	Blank.
9.	fols. 161–75	*Sumaria relación de la historia general de esta Nueva España desde el origen del mundo hasta la era de agora, colegida y sacada de las historias, pinturas y caracteres de los naturales de ella, y de los cantos antiguos con que la observaron.*
		Folios are numbered 1–15.

	1 unfoliated folio between folios 162/163	Half-sheet of chronological notes.
	fol. 176	Blank.
10.	fols. 177–85	[*Relación sucinta en forma de memorial de las historias de Nueva España y sus señorios hasta el ingreso de los españoles.*]
	fol. 185v	Signature of Fernando de Alva Ixtlilxochitl.
	fol. 186	Blank.
11.	fols. 187–91	Document concerning Núño de Guzmán's conduct in the torture and execution of Caltzontzin, ruler of Michoacan. Dated 24 January 1532.
12.	fols. 192–203	*Cédula* signed by Philip II returning lands belonging to Isabel Moteucçoma to her daughter María de Cano Moteucçoma. This is the reply to her second appeal and is dated to 1579.
13.	fol. 204	Document from Tacuba dated 1579 that was used in the appeal of María de Cano Moteucçoma. Signed by Cristóbal Hernández and others.
	Rear Cover	No inscription. Loose portion of endpaper missing.

Bible Society Manuscript, BFBS MSS 374
(Volume 3)

Binding	Vellum with two suede ties.
Front Cover	Inscription:
	157
Spine	Inscription:
	——mentos de historia Mexicana
	Label:
	<u>24</u>
	-istoria o
	—ronica
	-exi—

| | fols. I–II | Blank foreleaves. Fol. I is paste down. |
| 14. | fols. 1–16v | *Historia o chronica mexicana y con su calendario de los meses que tenian y de la manera que tenian encontar los años los mexicanos en su infidelidad.* Spanish chronicle for the years 1064–1526. |

		Fols. 2–5 detached from binding.
	fol. 17	Blank.
15.	fols. 18–63r	[*Crónica mexicáyotl.*]
	fols. 18–19	[Introduction to the *Crónica mexicáyotl.*] Nahuatl text (1609).

fols. 20–63r

$+$

tlatolpeuhcayotl

Aqui comiença la chronica y antiguedad de los mexicanos.

Crónica mexicáyotl. Text in Nahuatl.

16.	fols. 63v–64r	[Calendars, native and Christian; signs of the zodiac.] Text in Nahuatl.
17.	fols. 64r–65r	[Rulers of Tenochtitlan and their conquests.] Text in Nahuatl.
18.	fols. 65r–67v	[Lineage of the Valderrama de Moteucçomas and the Sotelo de Moteucçomas.] Text in Nahuatl.
19.	fols. 68r–70v	[Various high Tenochca and Tlatelolca lineages.] Text in Nahuatl.
20.	fols. 71r–72v	[Connections between ruling houses of Azcapotzalco, Coatl Ichan, and Tlatelolco.] Text in Nahuatl.
	fol. 73	Blank.
21.	fols. 74–80r	[Don Gabriel de Ayala's year count.] Nahuatl annals for the years 1243–1562.
22.	fol. 80v	Title in Spanish *Relaciones en lengua mexicana . . .*
23.	fol. 81	Blank.
	fols. 82r–86v	[Rulers of Tenochtitlan, Tlacopan, and Texcoco.] Text in Nahuatl.
24.	fols. 87r–104r	[*Historia o chronica con su calendario mexicana de los años; 1064–1521.*]

Also known as the *Compendio de la historia mexicana.* These are Nahuatl annals for the years 1064–1521.

	fol. 101v	Blank.
	fols. 104v–10v	Blank.
25.	fols. 111r–24v	Huitzimengari, Constantino
		Noticios sacadas de una información judicial . . . con el objecto de probar la extensión de sus dominios.
	fol. 120v	Blank.
	fols. 125r–26r	Blank.

26.	fol. 126v	Document in the Tarascan language dated 1543.
	fol. 127r	Blank.
27.	fol. 127v	Native place names distributed on the page like a map.
28.	fols. 128r–31v	[Juan de San Antonio's letter to don Pablo de Santa María Ahuachpaintzin and others asking for land; dated 13 December 1564.]
29.	fols. 132r–37	[Texcocan accounts of conquest episodes.]
A.	fols. 132r–32v	[1. Mainly concerning Coanacochtzin.]
B.	fols. 133v; 137r; 133r; 137v	[2. Mainly about Spaniards in Texcoco.]
C.	fols. 135v–35r	[3. Don Francisco de Andrada or don Pablo Ahuachpain or both tell of the misfortunes befalling Texcoco.]
D.	fols. 134r–34v 136r–36v	[4. Complaint by don Lorenzo and other sons of Neçahualpiltzintli about the rulership of don Hernando Velázquez in Texcoco.]
		[all of the above are incomplete; pages tentatively rearranged]
30.	fols. 138r–37v	[Descent of don Pedrillo.]
	fols. 139r–39v	Blank.
31.	fols. 140r–44v	[Record of the arrival of the Mexica Azteca.]
		Also known as the *Memoria en lengua náhuatl de la venida de los mexicanos.* These annals cover the years 1064–1316.
32.	fols. 145r–47r	[Conquest of Tlatelolco.] Text in Nahuatl.
33.	fols. 147r–48v	[Parentage and progeny of don Diego de San Francisco Tehuetzquititzin.] Text in Nahuatl.
34.	fols. 149r–50v	[Escape of Moteucçoma Ilhuicamina and his companions from imprisonment and death in Chalco.] Text in Nahuatl.
35.	fols. 150v–51v	[Two brief statements by don Hernando de Alvarado Teçoçomoctzin.]
A.	fols. 150v–51r	[1. Concerning the war against Chalco in Axayacatzin's time.]
B.	fol. 151r	[2. A sort of song of triumph.]
36.	fols. 151r–51v	[Early rulers of Tlatelolco.] Text in Nahuatl.
37.	fol. 151v	[Names of founders of Tenochtitlan and Tlatelolco.] Text in Nahuatl.
38.	fols. 151v–58v	[Various Tenochca-Culhuaque lineages.]
A.	fols. 151v–53r	[1. Acamapichtli: some of his wives and sons.]
B.	fols. 153r–54r	[2. A second account of the same.]

C.	fols. 154r–55r	[3. Some of Moteucçoma Xocoyotl's descendants through his daughter Isabel.]
D.	fols. 155r–55v	[4. Circumstances of Acamapichtli's birth.]
E.	fols. 155v–57v	[5. Coxcoxtli's descendants—Culhuaca-Tenochca connections.]
F.	fols. 157v–58r	[6. Reigns of Acamapichtli, Huitzilihuitl, Chimalpopoca, Xihuitl Temoc, Moteucçoma I; death of Çaca.]
G.	fols. 158v–58r	[7. Descendants of Çaca (incomplete).]
39.	fols. 159r–62v	[Ancient Mexican month count and ceremonial calendar.] Text in Nahuatl.
	fol. 163	Blank.
40.	fols. 164r–72v	*La decendencia y generacion de los reyes y senores y naturales de la pueblo de Culhuacan y tambien de aqui de los reyes y senores naturales en esta gran compuesto por los senores de Culhuacan.*

This is an account of the descent and lineage of the kings and lords and natives of Culhuacan and . . . Tenochtitlan. The Nahuatl text covers the years 670–1521.

	fol. 173	Blank.
41.	fols. 174–201	Spanish theological (?) account. This is a fragment of a larger work, for the loose gathering is numbered 50–77.
	fol. 202	Blank.
	Rear Cover	No inscription.

Codex Chimalpahin

Volume 1

Transcription and Translation

[1 recto] *H*istoria. o chronica Mexicana. y con su Calendario de los meses que Tenian y de la manera que Tenian en conTar los años. los Mexicanos en su infidelidad.

*E*n la Qual se contienen sus Antiguedades Gradezas y cosas Memorables en ella acontecidas desde su fundacion y de los señores que Reynaron en Mexico hasta que los Reyes de Spaña començaron a Reynar en ella hasta nuestros Tiempos.

*C*on mas El Discurso de su estado en todo este progresso de Tiempo, assi en lo Ecclesiastico, como en lo Secular.

*E*l lugar y asiento y rrenombre y apellido de la muy noble y muy leal la gran ciudad de Mexico Tenuchtitlan se llama en lengua Mexicana.

*M*exico Tenuchtitlan atlihtic. yn Tultzallan. yn acatzallan. yn Tenuchtli ycacan. in Quauhtli yneçehuiayan ynequetzayan. Quauhtli ypipitzcayan. ytlanquiquiçayan. Quauhtli ynetomayan[1] ypahpaquian. Quauhtli ytlacuayan. ynetomahuayan. yn cohuatl yçomocaya,[2] yn Michin ypatlanian, yn matlallatl yn Tozpallatl ynepaniuhyan, yn atlatlayan, yn a **[1 verso]** Tl ixicco. yn atl icallaquian, yn Tulli yn acatl ycoyocayan,[3] yn iztac acoconhua ynnemian yn iztac cueyatl ynemian. yn iztac ahuehuetl ycacan, yn iztac quetzalhuexotl ycacan, yn motenehua yn oncan yhiyotl machoco. yn Tultzallan yn acatzallan, yn iyolloco yn itzontecompa in motenehua yancuic cemanahuatl ynin nican catqui ycallaquiapa tonatiuh, yn oncan chiello namico yn nauhcampa nepapan tlaca. que es dezir. en Romance.

1. *ynetomayan:* Domingo de San Antón Muñón Chimalpahin Quauhtlehuanitzin, "Historia mexicana: A Short History of Mexico," in *Contributions to the Ethnohistory of Mexico,* 2, *Lesser Writings of Chimalpahin,* pt. 5, ed. John B. Glass (Lincoln Center, Mass.: Conemex Associates, 1978), 9, has "relaxes" as the translation of *toma* in *ynetomayan,* meaning more specifically, "to open loosely (the wings)." Fernando Alvarado Tezozomoc, *Crónica mexicáyotl,* trans. and ed. Adrián León (Mexico City: Instituto de Investigaciones Históricas, Universidad Nacional Autónoma de México, 1975; hereafter Tezozomoc), 3, in a similar passage, has *donde . . . despliégase.*

2. *yçomocaya:* perhaps to be read *icomocayan.*

3. *ycoyocayan:* read *iicoyocayan.*

[Mexican History or Chronicle]

Mexican history or chronicle,[1] with its calendar of the months and the way of reckoning the years of the Mexicans in their heathendom:

In which are included their ancient traditions, the grandeur, and the memorable things that took place in [Mexico] from the time of its founding; and the lords who reigned in Mexico until the kings of Spain began to reign [here], up to our times;

With, besides, an account of the state of both ecclesiastical and secular affairs during all this passage of time.

The location, site, titles, and names of the very noble, very loyal, great city of Mexico Tenochtitlan are called in the Mexican tongue:

Mexico Tenochtitlan in the midst of the waters among sedges and reeds where the rock nopal stands, where the eagle reposes, where it rests; where the eagle screeches, where it whistles; where the eagle stretches, where it is joyful; where the eagle devours, where it gluts; where the serpent hisses, where the fishes swim, where the blue waters join with the yellow, where the waters are afire—there at the navel of the waters, where the waters go in; where the sedge and the reed whisper; where the white water snakes live, where the white frog lives; where the white cypress stands, where the most precious white willow stands; there where it is said that suffering comes to be known among sedges and reeds at the heart, at the head, of what is called

---

1. The opening of the second *Historia o chronica* ("History or Chronicle with Its Calendar of the Mexica Years," below) parallels the first six paragraphs of this *Historia o chronica*. The Nahuatl text in Fernando Alvarado Tezozomoc, *Crónica mexicáyotl*, trans. Adrián León (Mexico City: Instituto de Investigaciones Históricas, Universidad Nacional Autónoma de México, 1975; hereafter Tezozomoc), 3–4, is similar to that of the fifth paragraph of this opening section and the corresponding text of the second *Historia o chronica*.

Judging by Chimalpahin's command of and difficulties with Spanish, even at this date (1621) a good many in the educated native population must have been having trouble with Spanish grammar, and especially syntax, while they may have done quite well with Spanish vocabulary.

*M*exico Tenuchtitlan, denTro del gran lago de agua o laguna lugar del Tural[4] y cañaberal. lugar de tan nombrado Tunal en el para y descansa del aguila. lugar que el aguila se alarga y estiende se huelga despereza[5] con alegria. lugar que engorda el aguila y come Toda abe bolante.[6] Y lugar ado rronca la cunlebra. y lugar adonde boela el pescado y lugar y assiento y oJo de donde está Juntas de dos generos mesclados de agua azul y tozpallatl agua preciada y otro genero de agua que llama el agua de fuego. y ombligo de agua de donde entra el agua que vienen en muchas partes, do haze el ruydo con ayre del Tural y cañaberal y lugar de acipres ahuehuetl blanco, y sau[7] **[2 recto]** ses blanco, lugar donde anda las cunlebras blancos, y Ranas blancos, lugar donde padece o se adquiere con mucho trabajo[8] lo necessario a la vida ~~y se allega la gente~~ dentro del dicho Tural y cañaberal, y cenTro y cabeça que llama del nueuo mundo de la nueua españa, en este mar occeano. o poniente lugar de donde los aguarda y espera a todas las gentes y naçiones que ay y vienen en ella de quatro partes del mundo.

*P*or auer llamado assi esta la illustrissima grā ciudad de Mexico Tenuchtitlan. Como los primeros Antiguos viejos ballientes pobladores[9] fueron Gente robustissima sapientissima y belicosissima llamados Teochichimecas. azteca. Mexitin. chicomoztoca quinehuayan tlaca. Salidos y venidos de su tierra de hazia el norte que se dize la gran Prouincia y ysla de la ciudad de Aztlan, y luego vinieron a salir el lugar de chicomoztoc Siete cuebas. que es lugar de sacrificio de demonios dioses mill y sesenta y quatro años despues del nacimiento de christo, en el año de ce Tecpatl xihuitl que es la cuenta de los Mexicanos. a desde alli de chicomoztoc salidos vinieron con vn capitan general y caudillo que los guiauan llamado chalchiuhtlaTonac, salieron a buscar adonde poblassen, por paz. or por guerra. que anduuieron haziendo guerra. por donde entrauan quando salieron de su tierra ~~Juntandose~~ eran de siete **[2 verso]** barrios. el primer barrio se llama yopica, el segundo barrio se llama

4. *Tural:* read *tular.*

5. *despereza:* Chimalpahin, "Historia mexicana," 12, has *de pereza.* The differences and omissions in Glass's version may aid in indicating whether Glass's sources were copied from this version, whether all are copies of a still earlier version, or whether Glass's sources are copies of this version, which in turn is a copy or a second draft, as seems possible or perhaps even likely.

6. *lugar* to *bolante:* not in ibid., 12.

7. In anticipation of the following folio: *ses.*

8. In writing *con mucho trabajo,* Chimalpahin seems to have derived *ihiouia* from the *ihiyotl* in the corresponding part of the preceding Nahuatl paragraph. Cf. also *ihiotia* (with *nite*) in Rémi Siméon, *Dictionnaire de la langue nahuatl ou mexicaine* (Graz: Akademische Druck- u. Verlagsanstalt, 1963), 162.

9. Tentative arrangement and translation.

the New World, here where the sun's setting place is; where from all four directions are awaited, are met, various peoples. Which means, in Spanish:

Mexico Tenochtitlan within the great watery lake or lagoon, site of reed fields and cane fields, site of the famed prickly pear, where the eagle resides and reposes, where the eagle outstretches, expands, takes its pleasure, stretches wings out with joy; site where the eagle grows fat and devours every bird as it flies; and the site where snakes buzz; and the site where fish fly; and the site and the seat and the spring where are joined the two sorts of water, blue and yellow—the waters most valued—and water of different kind called the water of fire; and the navel of water where the waters go in, which come from many parts; where wind rustles through the reed field and the cane field; the site of the cypress, white cypress, white willows; site where the white serpents and frogs glide; the site where one suffers; the site where life's needs are acquired with much work within the aforesaid reed and cane fields; the center and head of what has been named the New World of New Spain, here in this Ocean Sea or the West; where are awaited, where are expected, all the people there are and who will come from the world's four directions.

Thus this most illustrious, great city of Mexico Tenochtitlan was named [by] the first ancient, old, brave founders. They were a most robust, wise, and warlike people named Teochichimeca, Azteca, Mexitin, Chicomoztoca, people of Quinehuayan. Having emerged and come from their land in the north, called the great province and island of the city of Aztlan, they then came out at the site of Chicomoztoc or the Seven Caves, site of sacrifices, of demons, of gods, one thousand and sixty-four years after the birth of Christ, the year One Flint as it is in the Mexican reckoning. And having emerged from Chicomoztoc they came with a captain general, a *caudillo* named Chalchiuhtlatonac, who guided them. They came forth to seek where they might settle in peace or through warfare. They waged war wherever they penetrated. When they left their land, they were formed of seven barrios. The first barrio was named that of the Yopica; the second barrio was named that of the Tlacochcalca; the third barrio was named Huitznahuac; the fourth barrio was named that of the Cihuatecpaneca; the fifth barrio was named that of the Chalmeca; the sixth barrio that of the Tlacatecpaneca; the seventh barrio was named that of the Izquiteca. Joining with their women and children, many warriors entered the province of Michhuacan, where half of them remained and settled what is now called Pátzcuaro. And then the rest of them traveled from there. They arrived in Culhuacan, which is next to Itztapalapan. They entered it in the year Two Reed, which was the year of our salvation 1299. This was when one named Coxcoxtli reigned in the aforesaid town of Culhuacan. And these Mexicans were there in Culhuacan for twenty-five years as vassals of that king, until later when another king came to eject them from there through warfare. So when they went into this town of Culhuacan they had by now been away from their land and province of Aztlan and Chico-

Tlacochcalca el Tercer barrio se llama huitznahuac, el quarto barrio se llama cihuaTecpaneca, el quinto barrio se llama chalmeca, el sexto barrio Tlacatec-paneca, el septimo barrio se llama Yzquiteca, Juntandose muchos hombres de guerra con sus mugeres y hijos. enTraron Por la Prouincia de michhuacan donde quedaron la mitad dellos y poblaron donde es agora que llama baz-cuallo. y luego de alli caminaron los demas dellos. llegaron en culhuacan que es Junto a ytztapalapan enTraron en ella en el año de ome acatl xihuitl que es el año de nuesTra Redempcion 1299 / que es quando Reynauan en el dicho pueblo de culhuacan que se dezia Coxcoxtli y alli estouieron los dichos me-xicanos. veinte y cinco años. en culhuacan Por vassalos del dicho Rey hasta despues de otro Rey que vino a echarllos de alli con gerras, de manera que quando enTraron en este dicho pueblo de culhuacan ya auia salido desde de su Tierra y Prouinicia de aztlan y ^chicomoztoc siete cuebas. Por espasio de Ti-empo dozientos y treynta y seys años Caminaron y anduuieron por diuersas Tierras y Prouincias. hasta que llegaron en este dicho lugar y año. por donde estouieron veinte y cinco años. hasta que ^les echaron de alli por otro Rey. y en el dicho mismo año que llegaron de alli los Mexicanos en culhuacan Tiça-apan luego enTre[10] **[3 recto]** ellos[11] Eligieron vn mayoral y capitan general y caudillo se llamaua Tenuchtzin, que es como señor y Gouernador sobre todos los Mexicanos. aduenedizos. y este fue septimo capitan General o Gouernador y Justicia mayor enTre los dichos Mexicanos aduenedizos. no se cuenta de aqui el Rey viejo huitzilihuitl que vuo enTre los dichos Mexi-canos[12] que los Gouerno quãdo estouieron en chapultepec Por tiempo de veinte y mas años. y este dicho Rey viejo huitzilihuitl captiuaron en chapul-tepec. por los culhuacanos quando Tuieron guerra con ellos en este dicho año de ome acatl xihuitl. y lo lleuaron dentro de su pueblo de culhuacan por donde lo mataron por los proprios culhuacanos, y assi se acabo su Reyno no tuuo hijos. ni hijas. y no procuraron mas Elegir Rey, enTre los dichos Mexi-canos. sino con cosentimiento enTre Todos ellos. Eligieron y pusieron[13] vn capitan general y Justicia mayor que les gouernase sobre todos los Mexi-canos aduenedizos. que fue el dicho Tenuchtzin, y al cabo de veinte y cinco años que estauan de alli los dichos mexicanos por muchas ^causas y ocasiones Tuuieron otra vez guerra con los dichos culhuacanos. hasta que vino el Rey de alli que se dezia Xihuitl Temoc a echarlos y los echo con guerras. y luego deste[14] alli vinieron y llegaron a vn cierto lugar en Medio **[3 verso]** desta gran laguna de Tenuchtitlan, que se dize Temazcaltitlan, donde esta la ygle-sia del señor S. Pablo, Entraron en ella En el año de ome calli xihuitl. que es

---

10. In anticipation of the following folio: *ellos.*
11. *entre ellos:* not in Chimalpahin, "Historia mexicana," 16.
12. *que vuo* to *Mexicanos:* not in ibid.
13. *y pusieron:* not in ibid.
14. *deste:* read *desde.*

moztoc or the Seven Caves for a time lapse of two hundred and thirty-six years. They traveled and wandered over various lands and provinces until reaching the aforesaid site and year, where they were for twenty-five years, until the other king ejected them from there. And in the same year that the Mexicans arrived there in Culhuacan Tiçaapan, they then elected from among themselves a leader, captain general, and caudillo named Tenochtzin, who was like a lord and governor over all the Mexican immigrants; and he was the seventh captain general or governor and chief magistrate among these Mexican immigrants. Here King Huitzilihuitl the elder, who was from among the aforesaid Mexicans and had governed them for twenty years and more when they were in Chapultepec, is not taken into account. This said King Huitzilihuitl the elder was taken captive in Chapultepec by the Culhuacanos when they warred with [the Mexicans] in this aforesaid year of Two Reed. They carried him off into their town of Culhuacan; there the Culhuacanos themselves killed him. Thus his kingdom came to an end. He had neither sons nor daughters, and the said Mexicans tried no more to elect their own king, but by common consent among themselves they elected and placed [in office] a captain general and chief magistrate to govern all the Mexican immigrants. He was the aforementioned Tenochtzin. And at the end of the twenty-five years that these Mexicans were there, because of many reasons and events they again were at war with the Culhuacanos until the king of that place, named Xihuitl Temoc, came to eject them, and through warfare did eject them. And then from there they came to and arrived at a certain site called Temazcaltitlan in the middle of this great lagoon of Tenochtitlan, where there [now] is the church of [our] Lord St. Paul. They entered it in the year Two House, which is the year of our salvation 1325. Thus they had traveled for two hundred and sixty-two years since emerging from their land of Aztlan and Chicomoztoc or the Seven Caves, until coming to and arriving at this great lagoon where they founded the great city that they called Mexico Tenochtitlan, head of New Spain. This was because the said ancient Mexicans found and saw, in the middle of the great field of reeds and canes, a small hill upon a rock, and upon the rock a prickly pear; and upon it they saw an eagle eating a viper. This was the site, title, and name: *Mexico Tenochtitlan atlihtic atl ixicco.* For they founded it over the waters or by the lagoon called *atlihtic* that surrounds this great city. Those who first came to found and settle in this great city of Mexico Tenochtitlan, which is a second Venice, were thirteen as it were chiefs and great Teochichimeca captains. And especially among these captains came their chief captain and commander, called, as I have said, Tenochtzin. He came as governor over all the Mexicans, as their lord and leader, though not titled their king, but as captain general and chief magistrate among them. I have already said that in the aforesaid year, when they entered the town of Culhuacan, these same Mexicans elected [him] and that no king or prince came among them. Thus was the very noble and very loyal city of Mexico Tenochtitlan founded. And this is according to

el año de[15] nuestra Redempcion de 1325. de manera que caminaron dozientos y sesenta y dos años deste[16] que salieron de su Tierra aztlan y chicomoztoc siete cuebas hasta que vinieron y llegaron en esta gran laguna que la fundaron la Gran ciudad la llamaron Mexico Tenuchtitlan, cabeça de la nueua españa, es porque hallaron y vieron los dichos viejos Mexicanos en Medio del grã Tural[17] y cañaberal y gran laguna vn cerrito pequeño ençima de la peña vna peña y encima de la peña vn Tunal y encima della vieron vna aguila comiendo vna biuora que fue asiento y rrenombre y apellido MeMexico Tenuchtitlan. atlihtic atlixicco. porque la fundaron sobre agua o por la laguna llamada athihtic que rodea esta gran ciudad, los que Primeramente vinieron a fundar y poblar este dicho gran ciudad de Mexico tenuchtitlan. que es otra venecia Eran Treze como Principales y grandes capitanes Teochichimecas, y en especial entre estos dichos capitanes vino el Principal capitan y caudillo dellos ya dixe llamado Tenuchtzin, que vino Gouernando sobre Todos[18] **[4 recto]** los Mexicanos. como señor y mayoral dellos. Pero no con titulo de Rey dellos. sino capitan general y Justicia mayor. entre ellos ya dixe que los mesmos dichos Mexicanos eligieron en el dicho año quando enTraron en el pueblo de culhuacan y no vino ningun Rey ni Principe enTre ellos. desta manera se fundo del dicho la muy noble y muy leal ciudad de Mexico Tenuchtitlan, Y esto segun conforme a como es notorio y publico EnTre todos que saben cosas de Antiguedades de los Tiempos pasados.

El dicho capitan general y cauDillo de los Mexicanos llamado Tenuchtzin, que fue El Principal fundador y poblador de mexico Tenuchtitlan con los dichos Treze viejos capitanes Primer fundadores y pobladores que vinieron desta ciudad y murio el dicho capitan general Tenuchtzin en este dicho ciudad de Mexico Tenuchtitlan, año de Ce atl xihuitl que es el año de nuestra Redempcion 1363. el qual viuio y gouerno y Tuuo senorio y capitania sobre Todos los Mexicanos en esta grã ciudad de Mexico Tenuchtitlan Treynta y nueue años en paz y quietud y no vuo guerras en su Tiempo. y no se sabe por las historias este d͞h͞o capitan general si tuuo hijos o no.

desendençia de los Reyes naturales de Mexico Tenuchtitlan.[19]

𝒴 despues que murio el dicho capitan general Tenuchtzin. En Tres años no eligieron a ningun **[4 verso]** capitan general o mayoral enTre los Mexicanos antes de comun conconsentimiento y acuerdo procuraron Tener vn Rey entre ellos como las demas gentes Tenian. y assi hasta en el año de macuilli acatl

---

15. *ome calli* to *de:* not in Chimalpahin, "Historia mexicana," 16.

16. *deste:* read *desde.*

17. *Tural: tunal* in Chimalpahin, "Historia mexicana," 16.

18. In anticipation of the following folio: *los.*

19. This phrase appears to have been inserted between paragraphs. We take it to be a heading.

and consistent with what is general and common knowledge among all who know matters pertaining to antiquities and past times.

This aforesaid captain general and commander of the Mexicans, named Tenochtzin, was the chief founder and settler of Mexico Tenochtitlan, with the aforesaid thirteen old captains, first founders, and settlers who came to this city. This captain general Tenochtzin died in this city of Mexico Tenochtitlan in the year One Reed, which was the year of our salvation 1363. He had lived and governed and held lordship and captaincy over all the Mexicans in this great city of Mexico Tenochtitlan for thirty-nine years in peace and quiet. There were no wars in his time. And from the histories of this captain general, it is not known whether he had children.[2]

Descent of the native kings of Mexico Tenochtitlan

After this captain general Tenochtzin died, for three years they elected no captain general or leader from among the Mexicans. Rather, by common consent and agreement they undertook to obtain a king of their own, such as the rest of the nations had. Thus [matters remained] until the year Five Reed, which was the year of our salvation 1367, when now the Mexicans had been placed in the middle of the lagoon of Mexico Tenochtitlan for forty-three years. Being there, as they had neither lord nor prince of their own, they therefore then undertook to find some lord who would be their king. At that time

---

2. However, a daughter married Acamapichtli. See p. 37.

xihuitl que es el año de[20] nuestra Recempcion 1367. ya que estauan los Mexicanos medidos[21] en medio de la laguna de Mexico Tenuchtitlan quarenta y tres años. estando alli como no tenian entre ellos ningun Señor ni Principe y assi entonces Procuraron de buscar algun señor que fuese Rey dellos y a la sason Reynauan en culhuacan vn Rey llamado Teuhctlamacazqui nauhyotl se dezia por entonses Tener consigo a vn Primo hermano suyo, hijo de vna tia suya llamada Atotoztli esta hija fue del Rey de culhuacan que se dezian cuxcoxtli. Y la dicha señora Atotoztli, quando alli dentro del pueblo de culhuacan estuuieron por veinte y cinco años los dichos Mexicanos, entonces se caso con vno de los dichos Mexicanos[22] capitanes famosos chichimecos que venian a fundar de la gran ciudad de Mexico llamado Opuchtli yztahuatzin, aunque no lo fue [ni] vino a ella. sino que se quedo y murio en el dicho pueblo de culhuacan quando de alli los echaron los Mexicanos. con guerras, antes que llegasse a Tenuchtitlan.[23] **[5 recto]** y la dicha infanta Atotoztli, y su marido opuchtli yztahuatzin dellos nacio El Principe que le pusieron Por nombre Acamapichtli, nombre de su tio que fue Rey de culhuacan, llamado el viejo Acamapichtli, que fue Padre del Rey ya nombrado arriba Teuhctlamacazqui nauhyotl segundo deste nombre de los rreyes de culhuacan, y porque muy bien sabian los dichos viejos Mexicanos que el Principe Acamapichtli el Monço[24] ~~en ambas partes naciones salia y decencia~~ de la misma gente hombre Principal de alta linage de parte de la madre ya dixe señora de culhuacan. y aunque Por via de Padre no. Pero [Mexicano] y en ambas partes naciones salia y decendia, y por esta causa los dichos Mexicanos le fueron a Pedir al Rey de culhuacan nauhyotl Teuhctlamacazqui, endentiendo que lo tenia consigo. del dicho Primo hermano suyo. Acamapichtli el monço que fuese su Rey Porq̄ muy bien sabian los Mexicanos que era nieto suyo dellos. hijo de Opuchtli yztahuatzin Mexicano como ellos que se quedo y murio de alla en culhuacan. y el Rey Nauhyotl Teuhctlamacazqui, oyda la peticion de los Mexicanos. Pero no se los dio. Porque no estaua de alli con el Rey antes los enbio de Aculhuacan cohuatl ychan, en casa del Rey que se desia el viejo Acolmiztli. Porq̄ alla consigo Tenia de su Primo[25] Acamapichtli el moço [a] quien pedian los mexicanos[26] que le crio desde niño, el dicho Rey Aculmiztli, por su hermana yllancueytl, que lo tenia por hijo suyo. siendo tia suya, porque yllancueytl fue Muger del viejo **[5 verso]** Acamapichtli Rey de culhuacan, y quando se fue la Reyna yllancueytl de aculhuacan cohuatl ychan en casa de su hermano Aculmiztli por sellos de su marido, [siendo ella esteril] y lo lleuo con-

---

20. *macuilli acatl* to *de:* not in Chimalpahin, "Historia mexicana," 18.

21. *medidos:* read *metidos.*

22. *entonces* to *Mexicanos:* not in Chimalpahin, "Historia mexicana," 20.

23. In anticipation of the following folio: *y la.*

24. *Monço:* read *mozo.* A word (illeg.) above *Monço* is crossed out.

25. *su Primo:* not in Chimalpahin, "Historia mexicana," 20.

26. *a quien* to *mexicanos:* the phrase is not in ibid.

there reigned in Culhuacan a king named Teuhctlamacazqui Nauhyotl, of whom it was said that at about that time he had with him a first cousin of his, son of an aunt of his named Atotoztli, daughter of the king of Culhuacan named Coxcoxtli. And when these Mexicans were in the town of Culhuacan for twenty-five years, the aforementioned Lady Atotoztli had then married one of the famous Mexican Chichimeca captains who were coming to found the great city of Mexico, named Opochtli Iztahuatzin—though he was not [one of its founders], nor did he come to it; he stayed and died in the said town of Culhuacan when [the Culhuacanos] ejected the Mexicans from there by waging war, before they reached Tenochtitlan. And to this Princess Atotoztli and her husband Opochtli Iztahuatzin was born a prince to whom they gave the name Acamapichtli, the name of his uncle, who was king of Culhuacan, named Acamapichtli the elder, father of the king already named, Teuhctlamacazqui Nauhyotl, second of the kings of Culhuacan of that name. And because these old Mexican men knew well that Prince Acamapichtli the younger [was] an important man of the same nation, of exalted lineage through his mother (who, I have already said, was a noblewoman of Culhuacan) though not through his father, who, however, was Mexican, and [because Acamapichtli] came and descended from both nations, these Mexicans therefore went to ask the king of Culhuacan, Teuhctlamacazqui Nauhyotl, [for him] (understanding that he had this first cousin Acamapichtli the younger with him) so that he might be their king. For the Mexicans knew well that he was their grandson, son of Opochtli Iztahuatzin, a Mexican like them, who had stayed and died there in Culhuacan. But having heard the petition, King Teuhctlamacazqui Nauhyotl did not grant it, because [Acamapichtli] was not there with the king. Rather, he sent them to Aculhuacan Coatl Ichan, to the house of the king who was named Acolmiztli the elder, for there he had with him his cousin Acamapichtli the younger, for whom the Mexicans were asking, whom the said King Acolmiztli had educated through childhood, through his sister Illancueitl, who, [though] being [actually] his aunt, considered him her son. For Illancueitl had been the wife of Acamapichtli the elder, king of Culhuacan, and when Queen Illancueitl went to Aculhuacan Coatl Ichan to the house of her brother Acolmiztli, because of the jealousy of her husband (since she was sterile), she took with her her nephew, the child Acamapichtli, son of her sister-in-law Atotoztli. Thus they took him to Coatl Ichan, where they educated [him] until the time when the aforesaid Mexicans went to ask [for him]. So with this the king of Culhuacan dismissed the Mexicans, and they went to ask the king of Aculhuacan Coatl Ichan to condescend to give them the young man Acamapichtli, whom he had with him. Having heard the petition of the Mexicans, that king then gave them the young man Acamapichtli. And these Mexicans also asked the said King Acolmiztli for his sister, who, as I have said, was named Lady Illancueitl, to be the wife of this young man Acamapichtli; to be lady and queen of the Mexicans, as previously she had been queen of Culhuacan when the first

sigo de su sobrino el niño Acamapichtli, hijo de su cuñada a͞otoztli, desta manera la[27] lleuaron en cuhuatl ychan adonde criaron hasta en este tiempo quando fueron los dichos mexicanos a pedir y assi con esto despidio el Rey de culhuacan a los Mexicanos y fueronse a Rogar al Rey de Aculhuacan cohuatl ychan, dicho Aculmiztli fuese seruido de dalles al mançebo Acamapichtli, el que tenia consigo. oyda la peticion de los Mexicanos el dicho Rey y luego les dio el mancebo Acamapichtli, y tambien le pidieron los d͞hos mexicanos al dicho Rey Aculmiztli, a su hermana ya dixe se llamaua ylancueytl la señora para que fuese muger del dicho mancebo. Acamapichtli, y para que fuese su señora y Reyna de los mexicanos como de antes que Era Reyna de culhuacan quando era viuo del primer marido que tuuo el viejo Acamapichtli. tambien les dio a su hermana ylancueytl como lo pidieron los dichos mexicanos y assi los Truxeron a Mexico Tenuchtitlan en el dicho año de macuilli acatl xihuitl

Como tengo dicho fue el infante Acamapichtli hijo de opuchtli Yztahuatzin Mexicano particular, y de su muger Atotoztli infanta hija del Rey de culhuacan coxcoxtli, fue el Prime[28] [6 recto] ro Rey de Mexico Tenuchtitlan el dicho Acamapichtli el monço entro en ella con su muger ylancueytl Reyna en el año de nuestra redempcion de 1367. venido desta ciudad del Rey Acamapichtli, natural de culhuacan como tengo dicho alli dexo su padre Opochtli yztahuatzin que era niño chiquito y murio del dicho su padre y de alli despues lleuaron a Aculhuacan cohuatl ychan en casa como tengo d͞ho. el Rey acolmiztli adonde el lo criaron hasta despues y de alli fueron por el los mexicanos truxeron vino a esta ciudad de Mexico a Reynar. adonde Tubo asiento el Rey Acamapichtli y su muger ylancueytl, que no Tuuo hijos ningunos en ella Por ser esteril la Reyna ylancueytl, saluo de vna muger que vino de Azcaputzalco a bender berduras que vuo vn hijo que fue llamado Ytzcohuatl y de aqui en el vienen los Reyes y Emperadores y Principes de la casa de Mexico Tenuchtitlan, y del por linea masculina de padre a hijo desciende Don Pedro Tesifon de la cueba de Mutecçuma cauallero del auito de S. Tiago oy año del señor de mil y seiscientos y veinte y vn año viue en españa. se desconsolaron los mexicanos por la madre de ytzcohuatl quieren dezir que era esclaua alliende que por ellos estauan puesto que de los decendientes Deste Rey Acamapichtli, avian de salir Todos los Reyes de Mexico y no se a de Procurar que sea de muger esclaua, ni hijos bastardos. y que començase en ellos de Todos Su generacion y decendencia y asi le di [6 verso] eron de sus hijas. y asi le dio el Principal[29] Acacihtli vna hija llamada Tezcatlan miyahuatzin. otra hija le dio Tençacatetl llamada huitzilxutzin,[30] oTra hija le dio Ahatl llamada xiuhcuetzin, oTra hija le dieron Tenuchtzin q̄ fue capitan general ya di-

27. *la:* read *lo* or *le.*
28. In anticipation of the following folio: *ro.*
29. *Principal: principe* in Chimalpahin, "Historia mexicana," 24.
30. *otra hija* to *huitzilxutzin:* not in ibid.

husband she had, Acamapichtli the elder, had been alive. [Acolmiztli] also gave them his sister Illancueitl, as these Mexicans had asked; and so they brought them to Mexico Tenochtitlan in the said year, Five Reed.

As I have said, Prince Acamapichtli was the son of Opochtli Iztahuatzin, a Mexican private citizen, and of his wife, Princess Atotoztli, daughter of Coxcoxtli, king of Culhuacan. This Acamapichtli the younger was the first king of Mexico Tenochtitlan. King Acamapichtli entered [the city] with his wife, Queen Illancueitl, in the year of our salvation 1367, having come to this city [as] a native of Culhuacan. As I have said, his father Opochtli Iztahuatzin left [him] there, he who was a small child, and his aforesaid father died. From there they later took [him] to Aculhuacan Coatl Ichan, as I have said, to the house of King Acolmiztli, where they educated him until eventually the Mexicans went there for him, brought [him away, and] he came to reign in this city of Mexico, where King Acamapichtli and his wife, Illancueitl, had their seat. He had no children by Queen Illancueitl, since she was sterile; only by a woman who came from Azcapotzalco to sell vegetables he had a son who was named Itzcoatl. From here, from him, have come the kings, emperors, and princes of the House of Mexico Tenochtitlan, and from him, by the male line, from father to son, has descended don Pedro Tesifón de la Cueva de Moteucçoma, knight of the Order of Santiago, who in this year of our Lord 1621 is living in Spain. The Mexicans were pained about Itzcoatl's mother; that is to say, that she was a slave. Besides, it was agreed by them that all the kings of Mexico were to come from the descendants of this King Acamapichtli and that they should not derive from one who was a slave woman, nor from bastard sons, nor that all their lineage and descent should start in them. And so they gave him their daughters. So the head man Acacihtli gave him a daughter named Tezcatlan Miyahuatzin. Tençacatetl gave him another daughter, named Huitzilxotzin. Ahatl gave him another daughter, named Xiuhcuetzin. Another daughter that they gave him was [that of] Tenochtzin, the captain general, who was now dead. Ahuexotl gave him another daughter. Ocelopan gave him another daughter. By Acacihtli's daughter he had a son who was named Huitzilihuitl the younger. From here, from him, also come the kings, emperors, and princes of the House of Mexico

fundo, oTra hija le dio Ahuexotl, oTra hija le dio ocelopan, de la hija de Aca-
cihtli vuo vn hijo que fue llamado huitzilihuitl el monço y de aqui en el
vienen tambien los Reyes y emperadores y Principes de la casa de Mexico
Tenuchtitlan, de los que avido y los ay de sus decendientes hasta el dia de oy
Presente año de 162j. años Por via de vemenina y masculina

de la hija de Tençacatetl vuo otro hijo que se llamo Tlahtolçaca este caso con
Matlalxutzin hija del Rey o Duque de Tiliuhcan que es junto de la ciudad de
Tlacopan que agora se llama de los sanctos y el Rey de alli se llamaua Tla-
cacuitlahuatzin, de los quales nascieron de los Tres Principes llamados
Cahualtzin, y Tetlepanquetzatzin, y Tecatlapohuatzin.

de le hija de Ahatl oTro hijo que se llamo Quatlecohuatl de la qual Proceden
y desciende de los Principales de Mexico y no los que fueron Reyes ni Em-
peradores / sino los que fueron capitanes y soldados.[31]
[7 recto] de la hija de Tenuch vuo otro hijo que se llamo Epcoatl, de la hija de
Cuauhtliquetzqui vuo otro hijo que se llamo el viejo tlacahuepan

de la hija de Xomihmitl vuo oTro hijo que se llamo yhuiltemoc.
de la hija de [blank space] vuo otro hijo que se llamo Tlacacochtoc.[32]

de la hija de Ahuexotl vuo otra llamada Matlalxuch hija sola y esta la de-
mando[33] Por muger vn señor o Duque de ytzcahuacan en tlalmanalco de la
Prouincia de chalco, y el señor o Duque se llamaua QuaTeutl.[34] y En nacien-
dio que nascia algun hijo o hija[35] se acostaua la ylancueytl con la criatura
como si ella la pariera por ser esteril de esta manera vuo Acamapichtli Todos
estos hijos y hijas para que estos señorearan Por señores de Mexico Tenuch-
titlan, de 8. mugeres que tuuo el Rey vuo 8. hijos. o. 9.
Acamapichtli fue el primero senor de Mexico Tenuchtitlan, el qual Tuuo
señorio de Mexico veinte y vn años. En paz y quietud y no vuo guerras en su
tiempo y murio en el año de matlactlomome acatl xihuitl que es el año de
nuestra Redempcion 1387.
Y despues que murio el dicho Rey Acamapichtli En Tres años. no eligieron
Rey enTre los Mexicanos.
hasta en este año de Ey acatl xihuitl que es el año de nuestra Redempcion
1391. Eligieron los Mexicanos por Rey suyo A huitzilihuitl el monço segundo
deste nombre hijo segundo del Rey Acamapichtli, y fue el segundo Rey de

---

31. In anticipation of the following folio: *de la.*

32. In Chimalpahin, "Historia mexicana," 24, *Cochtoc* replaces the blank space as a name, and the son is named *Tlaco.*

33. *demando: pidio* in ibid., following two of his sources (Bibliothèque Nationale, Paris, 42, hereafter BNP; and BNP 419).

34. *Quateutl: Quateuh* in ibid.

35. *o hija:* not in ibid.

Tenochtitlan, those that there have been and those that there are of his descendants until the present day, the year 1621, through both female and male lines.

By Tençacatetl's daughter he had another son, who was named Tlatolçaca. He married Matlalxotzin, daughter of the king or duke of Tiliuhcan, which is next to the city of Tlacopan [and is] now named De los Santos, and its king was named Tlacacuitlahuatzin. From [Tlatolçaca and Matlalxotzin] were born the three princes named Cahualtzin, Tetlepanquetzatzin, and Tecatlapohuatzin.

By Ahatl's daughter [was born] another son, who was named Quatlecoatl, from whom issued and descended the head men of Mexico, not those who were kings or emperors but those who were captains and soldiers.

By Tenoch's daughter he had another son, who was named Epcoatl; by Cuauhtliquetzqui's daughter he had another son, who was named Tlacahuepan the elder.

By Xomimitl's daughter he had another son, who was named Ihuitl Temoc.

By the daughter of [blank space] he had another son, who was named Tlacacochtoc.[3]

By Ahuexotl's daughter he had another child, named Matlalxoch, an only daughter. A lord or duke of Itzcahuacan, in Tlalmanalco, of the province of Chalco, asked for her to be his wife. The lord or duke was named Quateotl. And whenever a son or daughter was born, Illancueitl lay with the child, as if she had borne it; for she was sterile. In this way Acamapichtli had all these sons and daughters, so that they would rule as lords of Mexico Tenochtitlan. By eight wives whom the king had, he had eight children, or nine.

Acamapichtli was the first lord of Mexico Tenochtitlan. He held dominion over Mexico for twenty-one years in peace and quiet. There were no wars in his time. And he died in the year Twelve Reed, which was the year of our salvation 1387.

And when this King Acamapichtli died, the Mexicans elected no king from among themselves for three years.

[Not] until the year Three Reed, which was the year of our salvation 1391, did the Mexicans elect as their king Huitzilihuitl the younger, the second of this name, and second son of King Acamapichtli. And he was the second king of Mexico Tenochtitlan. He held dominion for twenty-five years. And he started the wars; he fought against the people of Culhuacan. And he died in the year One Reed, which was the year of our salvation 1415, and left

3. In Domingo de San Antón Muñón Chimalpahin Quauhtlehuanitzin, "Historia mexicana: A Short History of Ancient Mexico," in *Contributions to the Ethnohistory of Mexico*, 2, *Lesser Writings of Chimalpahin*, pt. 5, ed. John B. Glass (Lincoln Center, Mass.: Conemex Associates, 1978), 24, *Cochtoc* replaces the blank space as a name, and the son is named *Tlaco.*

Mexico Tenuchtitlã [**7 verso**] El qual tuuo señorio veinte y cinco años y el començo las guerras y peleo con los de culhuacan. y murio año de Ce acatl xihuitl que es el año de nuestra Redempcion 1415. y dexo muchos y hijos y hijas. Pero los ᵐᵃˢ señalados hijos fueron los Tres cuyos nombres son estos. el hijo mayor fue Chimalpupoca. el segundo hijo fue Tlacaeleltzin, el Tercer hijo fue el viejo Mutecçuma ylhuicamina chalchiuhtlatonac. especialmẽte estos dos hermanos mas menores que despues hizieron cosas los mas memorables como se vera luego en este libro. // y En este mismo d̄h̄o año de ce acatl xihuitl Eligieron los Mexicanos por Rey suyo A chimalpupoca. hijo mayor del Rey huitzilihuitl.

El dicho chimalpupoca fue el Tercero señor de Mexico Tenuchtitlan. y lo fue doze años. y murio ᵐᵃᵗᵃʳᵒⁿ, ˡᵒˢ ᵗᵉᵖᵃⁿᵉᶜᵃˢ ᵃ ᵗʳᵃʸᶜⁱᵒⁿ año de matlactlomome Tochtli xihuitl que es el año de nuestra Redempcion 1426. y dexo muchos hijos y hijas.

principio del imperio Mexicano.-³⁶

Y luego En su lugar pusieron en el año de matlactlomey acatl xihuitl que es el año de nuestra Redempcion 1427. ᵉˡⁱᵍⁱᵉʳᵒⁿ Por su Rey de Mexico Tenuchtitlan a ytzcoatzin. este ytzcoatl fue hijo mayor bastardo del Rey Acamapichtli. y fue el quarto Rey de Mexico Tenuchtitlan y lo fue catorze años. el qual soJuzgo con guerras a los de azcaputzalco ᵀᵃᶜᵒᵖᵃ ᵃᵗˡᵃᶜᵘⁱʰᵘᵃʸᵃⁿ ᶜᵘʸᵒʰᵘᵃᶜᵃ̃, y a los de xuchimilco. cuitlahuac, mizquic, Tetzcuco. y cuauhnahuac, el Rey ytzcohuatzin.³⁷ y tlacaeleltzin siendole. pues³⁸ ya todo obedientes y sujetos, se hizo gran señor y emperador el d̄h̄o ytzcohuatzin y especialmente el d̄h̄o tlacaeleltzin llamandose el gran capitan. y atempanecatl, y tlacochcalcatl. otros³⁹ titulos tuuo luego. y a sus hermanos y tios de tlacaeleltzin. los mas valerosos ~~an sido~~ soldados an sido en las guerras tambien les dio titulos y apellidos. el Rey ytzcohuatzin [**8 recto**] este dicho ytzcohuatzin fue vltimo Rey de los que Gouernaron de Mexico Tenuchtitlan, y El Primer Emperador de ella. fue varon tan Excelente que no ay bastante lengua para sus alabanças. y assi su nombre fue y sera en esta ciudad perpetuamente celebrado Porque este varon como arriba hemos referido accrecento muchas haziendas a esta casa de Mexico Tenuchtitlan y la Juridicion Temporal. y aunque estas obras son mucho para ensalçar, lo que es, y lo principal de todas sus obras, y lo que es mas digno de perpetua alabança es hauer ensalçado mucho tiempo su linage a tan alto punto de gloria, Por via del gran capitan su sobrino Tlacaeleltzin, hijo de su hermano huitzilihuitl,

36. This phrase, added between paragraphs, is probably meant to be a heading.

37. *el Rey* to *ytzcohuatzin:* added at the foot of the page and the right margin, between *Tetzcuco* and *y cuauhnahuac.* We have placed *y cuauhnahuac* after *Tetzcuco,* where it belongs.

38. *pues:* Chimalpahin, "Historia mexicana," 28, has *puso.*

39. *otros:* ibid. has *tres.*

many sons and daughters. But the ᵐᵒˢᵗ celebrated sons were the three whose names are these: the eldest son was Chimalpopoca; the second son was Tlacaeleltzin; the third son was Moteucçoma Ilhuicamina Chalchiuhtlatonac the elder. It was especially these two youngest brothers who later did the most memorable things, as will be seen later in this book. In this same year, One Reed, the Mexicans elected Chimalpopoca, eldest son of King Huitzilihuitl, as their king.

The said Chimalpopoca was the third lord of Mexico Tenochtitlan, and was so for twelve years. He died—the Tepaneca killed [him] treacherously—in the year Twelve Rabbit, which was the year of our salvation 1426, and left many sons and daughters.

Beginning of the Mexican Empire

And then, in this place, in the year Thirteen Reed, which was the year of our salvation 1427, they installed and ᵉˡᵉᶜᵗᵉᵈ Itzcoatzin as their king of Mexico Tenochtitlan. This Itzcoatzin was the bastard eldest son of King Acamapichtli. He was the fourth king of Mexico Tenochtitlan and was so for fourteen years. In war he conquered those of Azcapotzalco, ᵀˡᵃᶜᵒᵖᵃⁿ, ᴬᵗˡᵃcuihuayan, Coyoacan, Xochimilco, Cuitlahuac, Mizquic, Texcoco, and Quauhnahuac. As for King Itzcoatzin and Tlacaeleltzin, [these nations] being obedient and subject to them, the said Itzcoatzin made himself the great lord and emperor; and the aforesaid Tlacaeleltzin [became an] especially [great lord], calling himself the great captain, *atempanecatl*, and *tlacochcalcatl*, and he later had other titles. And King Itzcoatzin also gave titles and special names to Tlacaeleltzin's brothers and uncles and to the bravest soldiers who were in the wars. This Itzcoatzin was the last king who governed Mexico Tenochtitlan and its first emperor. He was so excellent a man that there is not sufficient language for his praises, and so his name has been and will be perpetually celebrated in this city. For this man, as we have related above, greatly increased the properties and the temporal power of this House of Mexico Tenochtitlan. But though these accomplishments are much to be praised, what is the most important of all his works and what is most worthy of perpetual praise is his having exalted for a long time his lineage to such a high degree of glory through his nephew, the great captain Tlacaeleltzin, son of his brother Huitzilihuitl.

Porque de la casa de ytzcohuatzin especialmēte es la casa mayor Por sus descendientes, Proceden y desciende de los señores Reyes y Emperadores y Principes Pasados Mexicanos de los que señorearon de la mayor parte de los Reynos y señorios que ay en todo lo que agora se llama nueua españa en especialmente de los Tres nietos suyos de ytzcohuatzin hijos que fueron de su hijo llamado del Principe huehue Teçuçomoctzin que fueron Emperadores despues llamados Axayaca, y Tiçocicatzin, y Ahuitzotzin. y el gran Mutecçuma segundo deste nombre fue vis **[8 verso]** nieto de ytzcohuatzin, Porque de Mutecçumatzin fue hijo del Emperador Axayaca. como arriba ya hemos referido Reyno ytzcohuatzin de Mexico catorze años. y murio año de matlactlomey tecpatl xihuitl que es el año de nuestra Redempcion 1440. y dexo muchos hijos y hijas. y en especialmente los Tres hijos varones muy señalados llamados cuetlahuatzin este fue señor o Duque de ytztapalapan, El segundo llamado chalchiuhtlatonac que fue señor o Duque de xilotepec, y el Tercer hijo ya nombramos arriba llamado huehue Teçuçomoctzin que fue el Padre de Tres emperadores El quarto hija fue cuyo nombre no se sabe que fue señora o Duquesa de aTotonilco.

Comiença la vida de huehue Mutecçuma ylhuicamina chalchiuhtlatonac, Primero deste nombre, y de Tlacaeleltzin su hermano mayor su companero En el imperio con el qual tambien impero tlacaeleltzin.

Luego que murio El emperador ytzcohuatzin en el mismo dicho año En su lugar pusieron Eligieron Por su Emperador de Mexico Tenuchtitlan huehue Mutecçuma ylhuicamina chalchiuhtlatonac sin contradiccion del imperio Mexicano y siendo recebido y hechas las solenidades acostumbradas, y començando a administrar y gouernar el imperio, el Tomo y señalo por companero ygual suyo en el a tlacaeleltzin su hermano mayor[40] **[9 recto]** y estos dos hermanos fueron los primeros que en Mexico Tenuchtitlan imperaron Juntos y con ygual poder.

Tlacaeleltzin cihuacohuatl fundador del imperio y monarchia Mexicana, de cihuacohuatl quiere dezir Presidente del consejo supremo del imperio Mexicano y Juez mayor y condestabre de Mexico.

Aqui se declara como el tlacaeleltzin cihuacohuatl, fue hijo del Rey huitzilihuitl y que era Presidente y Juez mayor del Rey su hermano viejo Mutecçuma ylhuicamina y segunda persona en su reyno. // El Presidente del Reyno tlacaeleltzin. se dezia con titulo cihuacohuatl de cihuacohuatl que quiere dezir Presidente y Juez mayor: tlacaeletzin, hombre inbensible muy gran valeroso, y segunda persona en el Reyno de Mexico despues del Rey. su hermano menor viejo Mutecçuma ylhuicamina.[41]

40. In anticipation of the following folio: *y.*

41. This paragraph is written on the left margin of the page without indication of where or whether it belongs in the text. It appears to expand the preceding statement, probably meant to be a sort of heading.

For the House of Itzcoatzin especially is the most important House, because of its descendants. From it issued and descended the Mexican kings, emperors, and princes of the past times who ruled over most of the kingdoms and dominions in all of what now is called New Spain; especially Itzcoatzin's three grandsons, sons of his son named Prince Teçoçomoctzin the elder, who later were emperors. They were named Axayaca, Tiçocicatzin, and Ahuitzotzin. And the great Moteucçoma, the second of that name, was a great-grandson of Itzcoatzin; for Moteucçomatzin was a son of Emperor Axayaca. As we have related above, Itzcoatzin reigned over Mexico for fourteen years, and he died in the year Thirteen Flint, which was the year of our salvation 1440, and left many sons and daughters. Three sons were most especially celebrated. [The first], named Cuitlahuatzin, was lord or duke of Itztapalapan; the second, named Chalchiuhtlatonac, was lord or duke of Xilotepec; and the third son, whom we have mentioned above, named Huehue Teçoçomoctzin, was the father of the three emperors. A fourth [child], a daughter whose name is not known, was lady or duchess of Atotonilco.

Here begin the lives of Huehue Moteucçoma Ilhuicamina Chalchiuhtlatonac, first of this name, and of Tlacaeleltzin, his elder brother and his companion in the empire, along with whom Tlacaeleltzin also ruled.

As soon as Emperor Itzcoatzin died, in that same year, in his place, without opposition in the Mexican Empire they set and elected Huehue Moteucçoma Ilhuicamina Chalchiuhtlatonac as their emperor of Mexico Tenochtitlan, and being accepted, the usual solemnities having been observed, and beginning to administer and govern the empire, he took and introduced his elder brother Tlacaeleltzin as his companion and equal in [the empire]. And these two brothers were the first who ruled together and with equal power in Mexico Tenochtitlan.

Tlacaeleltzin cihuacoatl, founder of the Mexican Empire and Monarchy; cihuacoatl means president of the supreme council of the Mexican Empire, chief judge, and constable of Mexico.

Here it is stated that Tlacaeleltzin cihuacoatl was a son of King Huitzilihuitl and that he was president and chief judge for the king, his brother Huehue Moteucçoma Ilhuicamina, and the second personage in his kingdom. The president of the kingdom, Tlacaeleltzin, was distinguished by the title of cihuacoatl. Cihuacoatl means president and chief judge. Tlacaeleltzin the man was invincible, a great hero, and the second personage in the Kingdom of Mexico after the king, his younger brother, Huehue Moteucçoma Ilhuicamina.

ser Tlacaeleltzin cihuacohuatl. el primero de quien me conuiene Iratar: por-
que aunque fue çihuacohuatl, y no se llamo Rey o Emperador, = en el signifi-
cado de señor que aunque en su compañia estuuo del Rey ytzcohuatl su tio.
Todauia fue el Principio y origen desta Monarchia, Porque si no fuera Por el
nunca se hiziera nada ni fuera imperio desta Monarchia Mexicana. sino que
se quedara siempre como hasta aqui a estado en tiempo de los Tres Reyes
passados sujetos En azcaputzalco, y culhuacan. y en aculhuacan cohuatl
ychan. y En chalco. que son quatro partes Tributauan. los Mexicanos hasta
en este Tiempo que vino a determinar De tlacaeleltzin de hazerles guerras
conTra el Rey Maxtlaton de azcaputzalco, y contra el Rey aculnahuacatl tza-
cualcatl de Tlacopan, Por mandado y consejo de su tio ytzcohuatzin siendo
muy viejo,

valerosa deTerminacion de Tlacaeleltzin.

Temeridad y osadia de Tlacaeleltzin, Por donde fue de hazerles guerras con-
tra los Tepane [9 verso] cas. con pocos Soldados Todos eran Principes her-
manos suyos. y sus tios hijos de su abuelo Acamapichtli, no fueron ningunos
Por soldados los Mexicanos comunes. hasta despues quando vieron que
tenia victoria tlacaeleltzin, conTra los Tepanecas. entonces fueron los Mexi-
canos a ayudar a sus señores. y en esta guerra passaron muchos recuentros,
escaramuças. y batallas, en las quales Tlacaeleltzin se vio en grandes peli-
gros, hasta al cabo con su buena ventura, y esfuerços los vencio en una
grande batalla, en que murieron munchissimos hombres de los enemigos y
tlacaeleEleltzin quedo señor del campo.
y Juntamente lo mismo hizo con los de tlacopan aunque despues el señor de
alli que se llamaua aculnahuacatl tzacualcatl se rindio y el mesmo vino A
Mexico a reconocer y dar la obediencia en nombre de su pueblo al Rey ytzcohu-
atzin, y a Tlacaeleltzin, y entonces quedo Por consejero de Mexico del Rey de
tlacopan y sus succesores para siempre hasta que vino del capitan don fer-
nando Cortes. y lo mismo hizo con los de cuyohuacan con guerras gano a
tlacaeleltzin, y a xuchimilco. y a cuitlahuac y aunque despues de alli de los
quatro señores que gouernauan de la Republica de qua⁴² [10 recto] tro cabe-
çeras o Principales barrios. que tiene se rindieron de los dichos quatro
señores los mesmos vinieron a mexico a darles a la obediencia y a reconocer
Por sus soperiores al Rey ytzcohuatl, y a tlacaeleltzin, y lo mismo assi lo hizo
el Rey o Duque de mizquic, el mesmo vino a Mexico a dar la obediencia con
los dichos señores, y lo mismo assi lo hizo del Rey de Tetzcuco neçahualco-
yotzin no quiso guerras sino que el mesmo vino a Mexico a dar la obediencia
en nombre de su ciudad a su pariente ytzcohuatzin, y a su tio tlacaeleltzin
hermano de su madre, y entonces tambien quedo Por consejero de Mexico
del Rey de tetzcuco y sus succesores para siempre hasta que vino el capitan

42. In anticipation of the following folio: *tro.*

Tlacaeleltzin cihuacoatl is the first [of these] of whom it is fitting that I treat; for though he was cihuacoatl and did not call himself king or emperor in the sense of lord, though he was in King Itzcoatl's company, yet he was the beginning and origin of this monarchy. For if it had not been for him, nothing would have been done; this Mexican Monarchy would not have been an empire, but always would have remained, as it had been up to then, in the time of the three past kings, subject to Azcapotzalco, Culhuacan, Aculhuacan Coatl Ichan, and Chalco, the four entities [to which] the Mexicans paid tribute up to this time when Tlacaeleltzin came to the decision to wage war against King Maxtlaton of Azcapotzalco and against King Aculnahuacatl Tzaqualcatl of Tlacopan on the orders and with the advice of his uncle Itzcoatzin, who was very old.

Tlacaeleltzin's heroic determination

[With] rashness and audacity Tlacaeleltzin went to wage war against the Tepaneca with few soldiers. All were princes, his brothers and his uncles— sons of his grandfather, Acamapichtli. None of the Mexican commoners went as soldiers until later, when they saw that Tlacaeleltzin had been victorious over the Tepaneca; then the Mexicans went to help their lords. In this way there came to pass many clashes, skirmishes, and battles, in which Tlacaeleltzin found himself in great danger, until the end, when with his good fortune and courage he defeated them in a great battle in which very many of the enemy men died and Tlacaeleltzin remained master of the field.

And along with [this] he did the same to those of Tlacopan, though later its lord, who was named Aculnahuacatl Tzaqualcatl, surrendered and he himself came to Mexico to acknowledge and render obedience to King Itzcoatzin and to Tlacaeleltzin in the name of his nation, and then the king of Tlacopan and his successors remained forever members of Mexico's council until Captain don Hernando Cortés came. And he did the same with those of Coyoacan, whom Tlacaeleltzin conquered in the war, and with Xochimilco and Cuitlahuac. And although after this the four lords who governed the republic [formed of] the four provincial or regional capitals that it had surrendered, these aforesaid four lords themselves came to Mexico to render obedience and acknowledge King Itzcoatzin and Tlacaeleltzin as their masters; and thus likewise did the king or duke of Mizquic, who himself came to render obedience to the said lords; and thus likewise did Neçahualcoyotzin, king of Texcoco, who wished no wars: he himself came to Mexico to render obedience in the name of his city to his kinsman Itzcoatzin and to his uncle Tlacaeleltzin (his mother's brother), and then the king of Texcoco and his successors also remained members of Mexico's council forever until Captain don Hernando Cortés came. On his victory over King Maxtlaton of Azcapotzalco and

Don fernando cortes.⁴³ victoria de tlacaleltzin contra el rey Maxtlaton de azca-
putzalco. y de tlacopan aculnahuacatl tzacualcatl, de azcaputzalco se boluio a Me-
xico y entro Triumphando de la guerra del dicho azcaputzalco,

Vino pues tlacaeleltzin el mas poderoso, Temido y estimado hombre de
quantos hasta aquel dia el mundo auia visto, auiendo domado y conquistado
mayor parte del con poco exercito y fuerça de armas, que en ygual tiempo
parece que otro pudiera andar en buenas Jurnadas siendole pues ya todo
obedientes. y sujetos con su tio⁴⁴ [10 verso] ytzcohuatzin. Tlacaeleltzin, por
su gran estado y por ser persona muy señalada, le dio titulo de atempanecatl
que es maestre del campo. y despues le dio titulo de tlacochcalcatl que es con-
destable de Mexico tenuchtitlan, y assi acabo de hazerce señores y monarcha
de ytzcohuatl sin contradicion del imperio Mexicano auiendo poco menos
de seys años que lo començara y este fue el orige de los Emperadores. y des-
pues de muerto del Rey ytzcohuatl. tlacaeleltzin no quiso llamar Rey sino a
su hermano menor huehue Mutecçuma ylhuicamina, y el dho tlacaeleltzin
contentose con se llamar atempanecatl, que es maestre del campo o laguna,
y tlacochcalcatl que es condestable.

El Rey huehue Mutecçuma ylhuicamina chalchiuhtlatonac, y tlacaeleltzin
siendole pues ya Todos obedientes. y sujetos, se hizo gran señor y Emper-
ador el dicho huehue Mutecçuma, y en especialmente el dicho gran capitan
tlacaeleltzin, por mas ventaja se hizo llamandose cihuacohuatl perpetuo de
Mexico. y assi acabo de hazerse señores, y monarchas, auiendo poco menos
de diez años que lo començara, y este fue el origen de los Emperadores, Y El
dicho Capitan Tlacaeleltzin, contentose con se llamar cihuacohuatl perpetuo
que es dezir Presidente del consejo supremo del imperio⁴⁵ [11 recto] Mexi-
cano. y Juez mayor, y tambien Rey. o Emperador como su hermano. aunque
no Por nombre de dignidad. y señorio, como su hermano el viejo Mutecçuma,
sino como appellido de cihuacohuatl que denotaua auer sido vencedor en las
guerras, y batallas, Porque en este significado se daua a los grandes capi-
tanes Mexicanos señores, quando alcançauan alguna muy señalada victoria.
pero despues de tlacaeleltzin cihuacohuatl, Todos los que le sucedieron, lo
tomaron este apelllido de cihuacohuatl, y se preciaron de llamar de cihuaco-
huales,⁴⁶ y quedo consagrado por el mas alto Titulo, y dignidad del mundo
despues del Emperador. y siempre feuron sus descendientes de tlacaeleltzin.

43. After *cortes*, *de azcaputzalco* is crossed out and *victoria* to *tzacualcatl* is written above
the line and on the right margin. In Chimalpahin, "Historia mexicana," 32, this passage
and the rest of the paragraph are thus rearranged: "Se volvió á Mexico, y entro triunphando
de la guerra el dicho Tlacaeleltzin contra el rey Maxtlaton de Azcaputzalco, y de Tlacopan
Aculnahuacatl tzacualcatl."
44. After *tio*, a word, possibly *vmano* (i.e., *humano*) or *ermano* (i.e., *hermano*) is crossed out.
45. In anticipation of the following folio: *Mexi*.
46. *Todos* to *cihuacohuales*: not in Chimalpahin, "Historia mexicana," 34.

King Aculnahuacatl Tzaqualcatl, Tlacaeleltzin returned and entered Mexico, triumphant in war over the said Azcapotzalco.

Tlacaeleltzin then came as the most powerful, feared, and esteemed man of all that the world had seen up to that time, having subdued and conquered the greater part of it with little army or force of arms in the same length of time, it seems, that [any] other leader could cover in many a day of marching. Now that all were obedient and subject to Itzcoatzin, his uncle, because of Tlacaeleltzin's high rank and because he was a very celebrated personage, [Itzcoatzin] gave him the title of atempanecatl, that is, field marshal, and then gave him the title of tlacochcalcatl, that is, constable of Mexico Tenochtitlan. Thus did they accomplish making themselves lords and Itzcoatzin the unopposed monarch of the Mexican Empire, less than six years having passed since they started to do so. This was the origin of the emperors. And after King Itzcoatl had died, Tlacaeleltzin did not wish to name king anyone but his younger brother, Huehue Moteucçoma Ilhuicamina, and the aforesaid Tlacaeleltzin was content to be named atempanecatl, that is, field or lagoon marshal, and tlacochcalcatl, that is, constable.

All now being obedient and subject to King Huehue Moteucçoma Ilhuicamina Chalchiuhtlatonac and Tlacaeleltzin, this Huehue Moteucçoma was made the great lord and emperor, and especially that great captain Tlacaeleltzin to his greater advantage had himself named perpetual cihuacoatl of Mexico. Thus they accomplished making themselves lords and monarchs, a little less than ten years having passed since they started to do so. This was the origin of the emperors. And the said Captain Tlacaeleltzin was content to be named perpetual cihuacoatl, that is, president of the supreme council of the Mexican Empire, and chief judge, and also king or emperor like his brother, though not with [the same] high title or lordship as that of his brother Huehue Moteucçoma, but with the [special] name of cihuacoatl, which denoted his having been victorious in wars and battles; for with this meaning [the title] was given to the great Mexican captains and lords when they attained some very celebrated victory. But after Tlacaeleltzin cihuacoatl, all those who succeeded him took this [special] name of cihuacoatl and gloried in being called cihuacoatl, and it remained consecrated as the highest title and rank in the world after that of emperor. And they were always Tlacaeleltzin's descendants who held this office of cihuacoatl. Such was his son Tlilpotonqui, whom, after his father Tlacaeleltzin died, the Mexicans elected in place of his father; he held the office his father had held, that of president of the supreme council of the Mexican Empire. And [the Mexicans similarly elected] his grandson Tlacaeleltzin cihuacoatl the younger; and Tlacotzin cihuacoatl, who later became a Christian and was named don Juan Velásquez, was also a grandson of [the first] Tlacaeleltzin cihuacoatl.

los que Tuuieron este oficio de cihuacohuatl, como fue su hijo Tlilpotonqui, que despues de muerto su Padre tlacaleleltzin lo eligieron los Mexicanos en lugar de su Padre Tuuo el oficio que tenia su Padre de Presidente del consejo supremo del imperio Mexicano, y a su nieto tlacaleleltzin cihuacohuatl el monço, y a tlacotzin cihuacohuatl que despues fue christiano[47] y se llamo Don Juan Velazquez Tambien fue nieto de tlacaleleltzin cihuacohuatl.

El dicho Tlacaleleltzin cihuacohuatl la demado por muger a vna señora llamada Maquiztzin, hija de huehue quetzalmaçatzin chichimeca Teuhctli Rey de ytztlacoçauhcan En Amaquemecan Prouiancia de chalco, y tuuo en e [11 verso] lla Tres hijos varones ya referimos arriba que despues de muerto de tlacaleleltzin, el vno de ellos llamado tlilpotoncatzin[48] lo eligieron los grandes Mexicanos en lugar de su Padre, Tuuo el oficio de Presidente del consejo supremo del imperio Mexicano como fue su Padre, y el otro hijo mayor llamado cacamatzin tlacochcalcatl fue condestable de Mexico Tenuchtitlan y despues fue a morir en la conquista de michhuacan, en las guerras lo cautiuaron los trascos, y mataron.

fueron los hechos y hazañas deste hombre tlacaleleltzin tan grandes y tantas, que parece para mi tan difficil, traerlas a breuedad, como escriurlas y contarlas. Tratandolo con alguna priessa y breuedad, aunque por ser este el principio y fundamento deste edificio, sera necessario vn poco alargarlo y dilatarlo, mas que las cosas de adelante Entre los grandes hechos que deste incomparable varon de tlacaleleltzin cihuacohuatl se pueden contar, a mi parecer, el mayor de todos y el que mas admiracion me pone, es, que Tuuiesse este hombre animo E aTreuimiento para pensar y despues acometer y al cabo salir con hazerse señores del pueblo y Republica Mexicana señora y domadora de lo mas y mejor de Todo el nueuo Mundo. y de quanto[49] ella en trezientos y ochenta y quatro años, atras[50] [12 recto] auia podido domar y soJuzgar (que tanto fue el tiempo, y aun algo mas que passo desde la fundacion de Mexico hasta que tlacaleleltzin cihuacohuatl ocupo la Republica) los Trezientos y Tres debaxo de capitanes generales, y luego sesenta y dos gouernaron debaxo de Reyes harto[51] breue espacio por cierto, para constituyr y conquisTar tan grande imperio como fue el que los Mexicanos auian alcançado quando el cihuacohuatl tlacaleleltzin lo reduxo de libre y comun a señorio de vno. El qual sin duda ninguna fue el mayor, assi en grandeça y poder de quantos el nueuo mundo ha visto, y los hombres han alcancado[52] y assi lo aproeuan y afirman todos los Autores viejos Mexicanos y historias verdaderas.

47. *que* to *christiano:* not in ibid.
48. *el* to *tlilpotoncatzin:* not in ibid., 36.
49. *de quanto: cuando* in ibid.
50. In anticipation of the following folio: *auia.*
51. *harto: hasta* in Chimalpahin, "Historia mexicana," 36.
52. *alcancado:* read *alcançado.*

The aforesaid Tlacaeleltzin cihuacoatl asked for the hand of a lady named Maquiztzin, daughter of Huehue Quetzalmaçatzin Chichimeca *teuhctli*, king of Itztlacoçauhcan in Amaquemecan (province of Chalco), to be his wife. By her he had three sons. We already have related above that when Tlacaeleltzin died, the Mexican grandees elected one of them, named Tlilpotoncatzin, [to take] his father's place. He held the office of president of the supreme council of the Mexican Empire, as his father had. And the other elder son, named Cacamatzin tlacochcalcatl, was constable of Mexico Tenochtitlan and later died in the conquest of Michhuacan. The Tarascans captured him in the war and killed him.

So great and so many were the achievements and deeds of this man Tlacaeleltzin that it seems as difficult for me to reduce them to brevity as to write and tell about them. As to treating of them with some dispatch and brevity, however, because he was the beginning and foundation of this edifice, it will be necessary to extend and expand [their treatment] more than that of matters ahead [of us]. Among the great achievements of this incomparable man Tlacaeleltzin that may be told of, in my opinion the greatest of all and the one that most arouses my admiration is that this man had the spirit and daring to think of and then undertake and in the end succeed in making [himself and Itzcoatzin] lords of the Mexican people and republic, mistress and subduer of the greater and best part of all the New World, and of as much as [that nation] had been able to subdue and conquer in three hundred and eighty-five years (for such, and even a little more, was the length of time that had elapsed since the founding of Mexico until Tlacaeleltzin cihuacoatl took over the republic); three hundred and three years under captains general, and then sixty-two under government by kings. This was indeed a very short space of time to form and conquer as great an empire as the one the Mexicans had achieved when the cihuacoatl Tlacaeleltzin converted it from a free commonwealth to the rulership of one. It was without doubt the greatest in both size and power of any that the New World had seen or that men had achieved. Such do all the ancient Mexican authors and truthful histories affirm and attest.

*h*uehue Mutecçuma ylhuicamina chalchiuhtlatonac, el primer Mutecçuma fue el quinto señor de Mexico Tenuchtitlan el qual Gouerno a los de Mexico y sus Prouincias veinte y nueue años. y el y a su hermano mayor tlacaeleltzin cihuacohuatl Tambien ᶫᵉˢ hizieron guerras de la gran prouincia de chalco, y a los de cuauhnahuac. y a Todos los sujetos de d̄h̄a cabecera, y a los de Maça-huacan, en sus Tiempos vuo muy grande hambre por espacio de quaTro años. en el año de ce tochtli xihuitl que es el año de nuestra Redempcion 1454. y se dixo necetochhuiloc Por lo qual los de Mexico y los de Tepaneca, y los de Aculhuacan. se derramaron a otras partes para **[12 verso]** buscar su vida, auiendo Pues este Rey o emperador Mutecçuma ylhuicamina gouer-nado veinte y nueue años y gozado de grande Prosperidad y muchas victo-rias le vencio la muerte contra cuya fuerça no ay Resistencia fallecio en el año de ome Tecpatl xihuitl que es el año de nuestra Redempcion 1468. y dexo muchas hijas y vn hijo solamente que se dezia yquehuacatzin tlacateccatl. de tlacateccatl. quiere dezir que fue capitan general. y enTre muchas hijas que dexo del Emperador Mutecçuma ylhuicaminatzin, la vna se llamaua Ato-toztli, = esta señora la demando por muger que ya hemos referido arriba el Principe huehue Teçuçomoctzin fue hijo del Rey ytzcohuatl, y fueron Padres de los Tres Principes Axayacatzin, y tiçucicatzin, y ahuitzotzin, que despues fueron Emperadores de Mexico, como luego veremos

Y luego en el siguiente año de Ey calli xihuitl que es el año de nuestra Re-dempcion. 1469. El gran Presidente Tlacaeleltzin cihuacohuatl el mesmo lo eligio Por Emperador de Mexico. el nieto menor del emperador muerto que se dezia Axayacatzin, y fue sexto señor de Mexico y tercer Emperador della. y del comun pueblo de Mexico Tenuchtitlan. lo queria elegir Por su Emper-ador El mesmo Tlacaeleltzin cihuacohuatl oyda la demanda los Mexicanos. y no quiso el antes nombro a axayacatzin como dixe Por Emperador Por ser muy valeroso hombre⁵³ **[13 recto]** auiendo pues el Emperador Axayacatzin⁵⁴ Reynado Treze años. con mucho valor y Prudencia fallecio en el año de ome calli xihuitl que es el año. de nuestra Redempcion 1481. y dexo muchos hijos y hijas, señaladamente de aquellos Tres hijos que fueron el gran Mutecçuma segundo deste nombre que despues fue Emperador de Mexico, y cuetla-huatzin Tambien segundo deste nombre y fue tambien señor o Duque de ytzta-palapan. y el Principe Teçuçomoctzin aculnahuacatl tambien segūdo deste nombre.

Y en el mismo dicho año de ome calli xihuitl sucedio en el imperio otro del setimo señor de Mexico. y quarto Emperador della. llamado Ticucicatzin, por fin y muerte del Emperador Axayacatzin, El gran Presidente Tlacae-leltzin cihuacohuatl el mesmo lo eligio Por Emperador de Mexico. vn her-mano mayor del Emperador muerto llamado Tiçoçicatzin, el qual demas de

---

53. In anticipation of the following folio: *auiendo.*

54. *como* to *Axayacatzin:* not in Chimalpahin, "Historia mexicana," 40.

Huehue Moteucçoma Ilhuicamina Chalchiuhtlatonac, the first Moteuc-
çoma, was the fifth lord of Mexico Tenochtitlan. He governed the people of
Mexico and its provinces for twenty-nine years. He and his elder brother, Tla-
caeleltzin cihuacoatl, also waged war against the great province of Chalco,
the people of Quauhnahuac and all who were subjects of that regional capi-
tal, and the people of Maçahuacan. And in his time there was a very great
famine for four years, [beginning] in the year One Rabbit, which was the
year of our salvation 1454. It was called *necetochhuiloc*. Because of it the peo-
ple of Mexico, the Tepaneca, and the people of Aculhuacan scattered into
other areas to make a living. When this king or emperor Moteucçoma Ilhui-
camina had governed for twenty-nine years and enjoyed great prosperity
and many victories, death, against whose strength there is no resistance,
overcame him. He died in the year Two Flint, which was the year of our sal-
vation 1468, and left many daughters but only one son, who was named
Iquehuatzin *tlacateccatl* (tlacateccatl means that he was captain general). Of
the many daughters whom Emperor Moteucçoma Ilhuicaminatzin left, one
was named Atotoztli. A son of King Itzcoatzin, Prince Huehue Teçoçomoc-
tzin, to whom we have referred above, asked for her hand in marriage. They
were the parents of the three princes, Axayacatzin, Tiçocicatzin, and Ahui-
tzotzin, who afterward were emperors of Mexico, as we shall presently see.

And then in the following year, Three House, which was the year of our
salvation 1469, the great president, Tlacaeleltzin cihuacoatl, himself chose as
emperor of Mexico the youngest grandson of the dead emperor, who was
named Axayacatzin. He was the sixth lord of Mexico and its third emperor.
The commoners of Mexico Tenochtitlan wanted to elect Tlacaeleltzin cihua-
coatl himself as their emperor. He heard the Mexicans' demand but did not
wish [to acquiesce]; rather, as I have said, he named Axayacatzin emperor,
since he was a very brave man. Having reigned with much valor and pru-
dence for thirteen years, Emperor Axayacatzin died in the year Two House,
which was the year of our salvation 1481, and left many sons and daughters.
Prominent among these were three sons: the great Moteucçoma, second of
this name, who later was emperor of Mexico, and Cuitlahuatzin, also second
of this name, who was also lord or duke of Itztapalapan, and Prince Teçoço-
moctzin Aculnahuacatl, also second of this name.

And in the same said year of Two House the seventh lord and fourth
emperor of Mexico succeeded to the empire on the death of Emperor Axa-
yacatzin. He was named Tiçocicatzin. The great president, Tlacaeleltzin cihua-
coatl, himself chose an elder brother of the dead emperor, named Tiçocica-
tzin, to be emperor of Mexico. Because he was little disposed to be warlike,
the Mexicans were displeased, and therefore they took his life by poisoning
him, in the year Seven Rabbit, which was the year of our salvation 1486,
when he had ruled only five years. He left many sons, most prominently two
sons, Tepehuatzin tlacochcalcatl and Tezcatl Popocatzin.

ser[55] de poco velicoso Por lo qual estauan los Mexicanos. descontentos y asi le quitaron la vida con veneno en el año de chicome Tochtli xihuitl que es el año de nuestra Redencion 1486. auiendo imperado no mas de cinco años. y dexo muchos hijos y en especialmente de dos hijos que fueron de Tepe-huatzin tlacochcalcatl y Tezcatl pupocatzin.

𝒴en el mismo dicho año. sucedio en el imperio otro no ynferior a el en esfuerço y virtudes. octauo = señor de Mexico. y quinto Emperador della lla [13 verso] mado Ahuitzotzin, Por fin y muerte del Empeador Tiçoçicatzin, El gran Pres-idente Tlacaeleltzin cihuacohuatl, aun todauia estaua viuo en este tiempo el mesmo lo eligio Por Emperador de Mexico vn hermano menor del Emper-ador llamado Ahuitzotzin,

𝒴en este siguiente año. de chicuey acatl xihuitl que es el año de nuestra Re-dencion 1487. murio el gran capitan tlacaeleltzin cihuacohuatl. y Presidente supremo del consejo Real del imperio Mexicano y Juez mayor. y hizierole[56] obsequias Tan solemnes como si fuera Rey o Emperador. Porque se deuia casi Toda la gloria del imperio Mexicano y dexo muchos hijos y hijas y señal-adamente de tres hijos legitimos que dexo que ya ha zido grandes capitanes en las guerras llamados el mayor cacamatzin tlacochcalcatl, y Tlilpoton-catzin, y toyaotzin, y en este mismo dicho año de chicuey acatl xihuitl quedo en su oficio el dicho tlacaeleltzin a vn hijo suyo ya nombramos el mas valeroso hombre ha zido en las guerras llamado Tlilpotoncatzin. se hizo ci-huacohuatl que es el oficio de Presidente supremo del consejo Real del im-pero Mexicano. Por esso se dizen cihuacohuatl,

ħauiendo pues imperado diez y siete años fallecio. en el año de matlactli tochtli xihuitl que es el año de nuestra Redempcion 1502. dizen las histor-ias[57] [14 recto] de los Mexicanos que la muerte deste Emperador Procedio de hauerse herido en la cabeça Por salir huyendo de vnos aposentos vaxos Por vna grande avenida de agua que sobrevino en Mexico q̄ llama acuecuexatl[58] en el año de chicome acatl xihuitl. que es[59] el año de nuestra Salud. 1499. causo la muerte deste Emperador harto sentimiento en el imperio Mexicano Porque era muy amado de Todos. y dexo muchos hijos y hijas Pero los mas[60] señalados hijos que tuuo eran los dos el vno se llamaua chimalpilli y fue señor

---

55. After *ser*, ibid. inserts: [*muy muchacho, le notaron*], following Henrico Martínez, *Repor-torio de los tiempos e historia natural de Nueva España* (Mexico City: Secretaría de Educación Pública, 1948), 130, chap. 20.

56. *hizierole*: perhaps actually *hizierōle;* a serif from a word in the line above may cover a tilde.

57. In anticipation of the following folio: *de*.

58. *q̄ llama acuecuexatl:* q̄ is added at the end of the line; the next two words are written above the next line, to the left.

59. *el* to *es:* not in Chimalpahin, "Historia mexicana," 44.

60. *mas:* not in ibid.

And in that same year, on the end and death of Emperor Tiçocicatzin, another not inferior to him in strength and virtues, named Ahuitzotzin, succeeded to the empire as eighth lord and fifth emperor of Mexico. The great president, Tlacaeleltzin cihuacoatl, who was still alive at this time, himself chose a younger brother of the emperor, named Ahuitzotzin, to be emperor of Mexico.

And in the following year, Eight Reed, which was the year of our salvation 1487, the great Captain Tlacaeleltzin cihuacoatl, supreme president of the Mexican imperial council and chief judge, died. They performed for him funeral rites as solemn as if he had been king or emperor, because [to him] was due almost all the glory of the Mexican Empire. He left many sons and daughters, most prominently three legitimate sons who had been great captains in the wars, the eldest of whom was named Cacamatzin tlacochcalcatl; [the others were] Tlilpotoncatzin and Toyaotzin. And in this same said year, Eight Reed, one of his sons, called Tlilpotoncatzin, whom we have already named as the most valorous man there had been in the wars, was appointed to Tlacaeleltzin's posts. He was made cihuacoatl, which is the post of supreme president of the royal council of the Mexican Empire. Hence [supreme presidents] are called cihuacoatl.

Having ruled for seventeen years, [Ahuitzotl] died in the year Ten Rabbit, which was the year of our salvation 1502. The histories of the Mexicans say that the death of this emperor resulted from his having been injured in the head on having come fleeing out of some low-roofed rooms during a great flood of water, called Acuecuexatl, that overcame Mexico in the year Seven Reed, which was the year of our salvation 1499. The death of this emperor caused great sorrow in the Mexican Empire, since he was much loved by all. He left many sons and daughters, but the most celebrated sons that he had were two. One, named Chimalpilli, was lord or duke of Ecatepec. The second son, named Atlixcatzin tlacateccatl, was a captain general and later was a gentleman close to Emperor Moteucçoma II, his cousin. A third son was named Quauhtemoctzin; he was later lord of Mexico. And there was a daughter whose name is not known, who was a wife of the said Emperor Moteucçoma, and mother of Tecuichpotzin, who later became a Christian and was named doña Isabel de Moteucçoma.

de hecaTepec. o Duque. El segundo hijo llamado Atlixcatzin tlacateccatl fue capitan general. y despues fue gentilhombre en la boca del Emperador Mutecçuma segundo su primo, el tercer hijo llamado quauhtimoctzin q̃ despues fue señor de Mexico.[61] y a vna hija cuyo nombre no se sabe que fue muger del dicho Emperador Mutecçuma y fue Madre de Tecuichpotzin que despues fue christiana y se llamo Doña isabel de Mutecçuma,

Y en el mismo dicho año sucedio en el imperio otro el nuueno señor de Mexico y sexto Emperador della. llamado Mutecçuma segundo deste nombre y vltimo Emperador de Mexico.

por fin y muerte del Emperador Ahuitzotzin, El gran Presidente Tlilpotoncatzin cihuacohuatl, el mesmo lo eligio y a peticion del comun pueblo, Por Emperador de Mexico vn hijo que ya hemos referido arriba del Emperador Axayacatzin, llamado Mutecçumatzin. fue venturoso en la guerra y llego el imperio Mexicano en su tiempo a la cumbre de su grandeça mas como Todas las cosas [14 verso] deste mundo cresen y menguan sin Perseruerar mucho tiempo en vn[62] estado començo a declinar y antes que susediese esto huuo algunos indicios dello y se vieron muchos Prodigios segun se dira.

Y En este siguiente año de matlactlonce acatl xihuitl que es el año de nuestra Redempcion 1503. murio el capitan general Tlilpotoncatzin cihuacohuatl, y Presidente supremo del consejo Real del imperio Mexicano, y dexo muchos hijos y hijas. señaladamente de vna hija que dexo llamada tzihuacxochitzin, que fue tambien muger del dicho Emperador Mutecçumatzin segundo y fue Madre de dos hermanas Doña leonor de mutecçuma y doña Maria de Mutecçuma

Y en este mismo dicho año de matlactlonce acatl xihuitl quedo en su oficio y vn Primo hermano[63] suyo llamado Tlacaeleltzin el monço segundo deste nombre. fue hijo de cacamatzin tlacochcalcatl. se hizo cihuacohuatl, que es el oficio de Presidente. y lo fue hasta que vino el capitan Don fernando Cortes. a ella.

hauiendo imperado el ēperador Mutecçuma diez y nueue años en grande prosperidad haziendose seruir y Respetar con demaçia vsando de enormes crueldades y sacrificios quiso Dios nuestro señor castigarle y abatir sus altos y soberuios Pensamientos y derrocar el imperio del demonio que tanto se estendia en este nueuo Mundo Permitiendo su diuina Magestad huuiese antes[64] [15 recto] dello viçiones estraños Prodigios y casos temerosos que vieron los Mexicanos antes de la cayda de su imperio.

hauiendo pues imperado diez y nueue años, fallecio en el año de ome tecpatl xihuitl. que es el año de nuestra Redempcion 1520. y dexo muchos hijos y hijas

61. el tercer to Mexico: added on right margin without indication of whether or where it belongs in the text. Logically, it fits the context here.

62. vn: su in Chimalpahin, "Historia mexicana," 44.

63. hermano: not in ibid., 46.

64. In anticipation of the following folio: de.

And in the same said year another, named Moteucçoma, the second of this name, succeeded to the empire as its ninth lord and sixth emperor. He was the last emperor of Mexico.

On the end and death of Emperor Ahuitzotzin, the great president Tlilpotoncatzin cihuacoatl himself and ^{at the demand} of the community chose a son of Emperor Axayacatzin named Moteucçomatzin, to whom we have referred above, to be emperor. He was successful in war, and in his time the Mexican Empire reached the summit of its greatness. But as everything in the world waxes and wanes without remaining long in any one state, it started to decline. But before this there were some indications of it, and many portents were seen, as will be told.

And in the next year, Eleven Reed, which was the year of our salvation 1503, the captain general, Tlilpotoncatzin cihuacoatl, supreme president of the royal council of the Mexican Empire, ^{died}. He left many sons and daughters. Most noted was one daughter whom he left, called Tzihuacxochitzin, who ^{also} was a wife of the said Emperor Moteucçomatzin II and was the mother of two sisters, doña Leonor de Moteucçoma and doña María de Moteucçoma.

And in this said same year, Eleven Reed, a first cousin of [Tlilpotoncatzin], named Tlacaeleltzin the younger, second of this name, was appointed to his post. He was a son of Cacamatzin tlacochcalcatl. He was made cihuacoatl, which is the office of president, and he was such until Captain don Hernando Cortés came.

Emperor Moteucçomatzin having ruled for nineteen years in great prosperity, causing himself to be served and respected to excess through the use of enormous cruelties and sacrifices, it was the will of our Lord God that he be punished, that his high and proud designs be humbled, and that the empire of the devil that was so extensive in this New World be demolished, his divine Majesty permitting that beforehand there be visions, strange portents, and fearsome events, which the Mexicans saw before the fall of their empire.

Having ruled for nineteen years, [Moteucçoma II] died in the year Two Flint, which was the year of our salvation 1520, and he left many sons and daughters. The most celebrated children that he left were Tlacahuepantzin Ihualicahuaca, who later became a Christian and was named don Pedro de Moteucçoma; don Martín Cortés Neçahualtecolotzin; doña Isabel de Moteucçoma Tecuichpotzin, who married Pedro Gallego, a Spaniard and conquistador (and the said doña Isabel de Moteucçoma married, a second time,

y los mas señalados hijos que dexo son Tlacahuepantzin yhualycahuaca que despues fue christiano y se llamo Don Pedro de Mutecçuma. y a Don Martin cortes neçahualTecolotzin, y a Doña isabel de Mutecçuma Tecuichpotzin. que se caso con Pedro Gallego español y conquistador, y despues segunda vez casose la dicha Doña isabel de Mutecçuma con gozalo cano de caceres. español, y a su hermana Doña leonor de mutecçuma se caso con christoual Barderrama español y conquistador, y otros hijos cuyos nombres no sabemos.

Y luego que murio el dicho Emperador Mutecçumatzin segundo, en el mismo dicho año de ome tecpatl xihuitl En su lugar pusieron Eligieron, a vn hermano suyo llamado cuetlahuatzin que antes era señor o Duque de ytztapalapan, Por su Emperador de Mexico, y Juntamente con el en su coronacion, los Mexicanos Eligieron por quarto Presidente supremo del consejo Real del imperio Mexicano a otro hermano suyo llamado Matlatzincatzin se hizo cihuacohuatl

Y El dicho cuetlahuatzin, auiendo imperado no **[15 verso]** mas de ochenta dias, y luego murio en el mismo dicho año con de virguelas. que vuo en aquel año y dexo vn hijo llama yxhuetzcatocatzin que despues fue christiano y se llamo Don Alonso Axayacatzin. tomo el nombre de su abuelo el Emperador Axayaca. y fue tambien señor de ytztapalapan.

Y El Presidente Matlatzincatzin cihuacohuatl estuuo con su hermano en el oficio de Presidente no mas tambien de ochenta dias. y luego que murio el dicho su hermano tambien el dexo el oficio que tenia de Presidente supremo del consejo.

Y En este siguiente año de Ey calle xihuitl. que es el año de nuestra Redempcion 152j años. sucedio En el imperio otro el onzeno señor de Mexico llamado Cuauhtimoctzin que despues fue christiano. y se llamo Don hernando de aluarado fue hijo del Emperador Ahuitzotzin. y fue en su tiempo quando gano ~~Mexico~~ el capitan Don fernando cortes a Mexico Tenuchtitlan martes a Treze de Agosto dia de San Hipolito. En el mismo dicho año. 152j.

Y en este mismo dicho año Juntamente con el cuauhtemoctzin quando coronaron Por Rey de Mexico Tambien Eligieron los grandes de Mexico Por capitan general a tlacotzin que despues fue christiano y se llamo Don Juan Velaz[65] **[16 recto]** quez. que fue el mas valeroso hombre lo hizieron cihuacohuatl y vltimo cihuacohuatl de Mexico que es el oficio de Presidente supremo del consejo Real del imperio Mexicano. fue nieto de aquel que ya hemos referimos[66] de arriba del gran tlacaeleltzin cihuacohuatl Primero deste nombre fundador del imperio Mexicano

ſa muerte de don hernando de aluarado, Quauhtimoctzin Rey de Mexico Tenuchtitlan. y tlatilulco, y don Pedro Tetlepanquetzatzin Rey de la ciudad de tlacopan

---

65. In anticipation of the following folio: *quez.*
66. *hemos referimos [sic]: hemos* is not in Chimalpahin, "Historia mexicana," 48.

Gonzalo Cano de Cáceres, a Spaniard); her sister doña Leonor de Moteuc-
çoma, who married Cristóbal Valderrama, a Spaniard and conquistador;
and other children whose names we do not know.

And after this Emperor Moteucçoma II died, in that same year of Two
Flint, in his place they put [and] chose to be their emperor of Mexico a
brother of his named Cuitlahuatzin, who previously had been lord or duke
of Itztapalapan, and together with him, at his coronation, the Mexicans
elected another of his brothers, named Matlatzincatzin, to be the fourth su-
preme president of the royal council of the Mexican Empire. He was made
cihuacoatl.

Having ruled no more than eighty days, this Cuitlahuatzin died in that
same year of smallpox, which was prevalent in that year. He left a son named
Ixhuetzcatocatzin, who later became a Christian and was named don Alonso
Axayacatzin (he took the name of his grandfather Axayaca). He also became
lord of Itztapalapan.

President Matlatzincatzin cihuacoatl was with his brother in the post of
president also for no more than eighty days; as soon as that brother of his
died, he also gave up the office he held as supreme president of the council.

And in the following year, Three House, which was the year of our salva-
tion 1521, another succeeded to the empire as eleventh lord of Mexico, named
Quauhtemoctzin; later he became a Christian and was named don Her-
nando de Alvarado. He was a son of Emperor Ahuitzotzin. It was in his time
that Captain don Hernando Cortés conquered Mexico, on Tuesday, 13 August,
Saint Hippolytus's Day, in that same year of 1521.

And in this same year, along with Quauhtemoctzin, when they crowned
him king of Mexico, the Mexican grandees also elected Tlacotzin as captain
general. Later he became a Christian and was named don Juan Velásquez.
Since he was the most valiant man, they made him cihuacoatl, Mexico's last
cihuacoatl, the office of supreme president of the royal council of the Mexi-
can Empire. He was a grandson of the great Tlacaeleltzin cihuacoatl, the first
of that name, founder of the Mexican Empire, to whom we have already re-
ferred above.

Death of don Hernando de Alvarado Quauhtemoctzin, king of Mexico
Tenochtitlan and Tlatelolco, and of don Pedro Tetlepanquetzatzin, king of
the city of Tlacopan

Quando fue el capitan don fernando cortes, a la conquista de Higuerras y Honduras. con todos lleuo los señores de Mexico, y en el camino los ahorcon[67] los dos Reyes que los lleuaua consigo don hernando de aluarado cuauhtimoctzin y a don Pedro Tetlepanquetzatzin Por vn falso testimonio que los lleuando a vn indio llamado christoual cotzteMexi natural de tlatilulco, en que dezia que queria alçarse otra vez. los dichos Reyes. y por esta causa fueron ahorcados los dichos Reyes.[68] Hizose esta Justicia por carnestollendas del año de chicome calli xihuitl. que es el año de nuestra Redecion de mil y quinientos y veinte y cinco. en izancanac. huey mollan, Don her **[16 verso]** nando de aluarado Cuauhtimoctzin, auiendo Reynado quatro años y seys meses en Mexico tenuchtitlan. Juntamente con tlatilulco que es otro señorio. Era don hernando cuauhtimoctzin hijo de Ahuitzotl octauo señor que fue de Mexico. y quinto Emperador de ella.

y luego en su lugar el capitan don fernando cortes Eligio a Don Juan Velazquez tlacotzin cihuacohuatl el que era Presidente y capital general Por señor de Mexico Tenuchtitlan, aunque no boluio en ella, sino que se murio en el camino donde llama el pueblo, achiyotlan, boluiendo a Mexico con el capitan don fernando cortes año de chicuey tochtli xihuitl que es el año de nuestra Redempcion 1526. Era Don Juan Velazquez tlacotzin cihuacohuatl, nieto del gra capitan tlacaeleltzin cihuacohuatl, fundador del imperio Mexicano, y Presidente supremo del consejo y Juez mayor fue de muchos años—[69] gouerno no mas de vn año y v̄ mes Entre los Mexicanos Principales soldados en estas dichas guerras que hizieron con el dicho capitan Don fernando Cortes. de higueras y honduras [70] el capitan cortes hizo señor de Mexico Tenuchtitlan a don Andres Mutelchiuhtzin con voluntad. y pedimiento de la ciudad.[71] Y despues de aca en Mexico luego ansi como[72] llegaron Cortes. y Mexicanos. En su lugar del dicho Don Juan Velazquez tlacotzin cihuacohuatl. en el mismo dicho año de comun consentimiento de la ciudad Eligieron a vn particular Mexicano no viene de la casa de los señores de Mexico llamado Don Andres Mutelchiuhtzin Por mayoral y capitan general de Mexico Tenuchtitlan como

---

67. *ahorcon [sic]: ahorcó con* in ibid., 50.

68. *y por* to *dichos Reyes:* not in ibid.

69. *Era don Juan* to *muchos años:* added on right margin with no indication whether or where it belongs in the text. The context suggests this possible location. In ibid., 54, it is another end note.

70. *de higueras y honduras:* not in ibid., 52.

71. *el capitan* to *ciudad:* added on left margin with no indication whether or where it belongs in the text. The context suggests this possible location. In ibid., 54, it is another endnote.

72. *como: que* in ibid., 52.

When Captain don Hernando Cortés set forth on the conquest of Higueras and Honduras, he took with him all the lords of Mexico and on the way hanged the two kings he was taking with him, don Hernando de Alvarado Quauhtemoctzin and don Pedro Tetlepanquetzatzin, on account of a false declaration [made by] an Indian he was taking with him, named Cristóbal Cotztemexi, a native of Tlatelolco: that the said kings again planned to rise in revolt. For this reason were those kings hanged. This execution was carried out during Shrovetide in the year Seven House, which was the year of our salvation 1525, in Izancamac, Huey Mollan. Don Hernando de Alvarado Quauhtemoctzin had reigned for [a total of] four years and six months in Mexico Tenochtitlan together with Tlatelolco, which was another dominion. Don Hernando Quauhtemoctzin was a son of Ahuitzotl, who was Mexico's eighth lord and fifth emperor.

And then in [Quauhtemoc's] place Captain don Hernando Cortés chose don Juan Velásquez Tlacotzin cihuacoatl, he who had been president and captain general, to be lord of Mexico Tenochtitlan. However, he did not return to [that city], for he died on the way at a town named Achiyotlan as he was returning to Mexico with Captain don Hernando Cortés in the year Eight Rabbit, which was the year of our salvation 1526. Don Juan Velásquez Tlacotzin cihuacoatl was a grandson of the great captain, Tlacaeleltzin cihuacoatl, founder of the Mexican Empire and for many years supreme president of the council and chief judge. He governed only a year and a month among the Mexican lords and soldiers in these said wars that they fought with Captain don Hernando Cortés in Higueras and Honduras. At the desire and request of the city, Captain Cortés made don Andrés Motelchiuhtzin lord of Mexico Tenochtitlan. And afterward, in the same said year, as soon as Cortés and the Mexicans arrived here in Mexico, with the general consent of the city, in place of the said don Juan Velásquez Tlacotzin cihuacoatl, they elected a Mexican private citizen not related to the House of Mexico's lords, named don Andrés Motelchiuhtzin, as leader and captain general of Mexico Tenochtitlan as. . . .[4]

4. The text breaks off here. Chimalpahin, "Historia mexicana," 54, continues with a passage from Chimalpahin's *Conquista,* which seems to fit logically.

+

[18 recto] *N*̧ican mitohua motenehua yn quenin oacico. ocallaquico. yn hue-
huetque in mitohua motenehua Teochichimeca aztlan tlaca mexitin chicomoz-
toca. yn tlaltemoco yn tlalmacehuaco yn nican ypan huey altepetl ciudad.
Mexico tenochtitlan. ytenyocan ymachiyocan yn tenochtli ymancam. yn atlih-
tic yn quauhtli ynequetzayan yn quauhtli ypipitzayan. yn quauhtli yneto-
mayan. quauhtli ytlaquayan. y cohuatl yçomocayan. yn michin ypatlanian.
yn matlallatl yn tozpallatl yn inepaniuhyan yn atlatlayan. yn oncan yn ihi-
yotl ~~yn quimati~~ ^machoco^ 73 yn toltzallā yn acatzallan yn innamicoyan yn
inchiyelloyan ^nauhcāpa^ y nepapan tlaca. yn oncan acico motlallico yn ma-
tlactlomeyntin Teochichimeca yn cococayotica motlallico ynic oacico.

<u>v</u>   *Y*zcatqui nican ^vmpehua nican^ mottaz nican ycuiliuhtoc yn cenca qualli yn
cenca nezcaliltlahtolli yn itauhca yn ipohualloca yn itlahtollo. yn inelhuayo
yn itepecho. yn iuh peuhtica yn iuh tzintitica. yn motenehua huey altepetl
ciudad mexico tenochtitlan yn atlihtic yn tultzallan yn acatzallan. yhuan mi-
tohua motenehua tolli ycoyocayan acatl ycoyocayan ynan yta ^itzōteco^ mochi-
uhtica yn mochi yxquich yc nohuian altepetl. in yancuic nueua⁷⁴ españa. yn
iuh quitotiaque yn iuh quitlallitiaque yn intlahtol. yhuan otechmachiyotiliti-
aque texamapan⁷⁵ yn huehuetque yllamatque. catca yn tocihuan tocolhuan
yn tachtōhuan yn tomintonhuan yn top[?]~~lhuan~~piptonhuā yn tochichi-
cahuan yn iuhqui yn innenonotzal [18 verso] mochiuhtiuh yn otechcahui-
cahuilitiaque yn axcan tonnemi yn intech tiquiça auh ayc polihuiz ayc ylca-
huiz. yn oquichihuaco yn oquitlallico yn intlillo yn intlapallo yn intenyo yn
imitolloca yn imilnamicoca. yn oc ompa titztihui ayc polihuiz ayc ylcahuiz
mochipa ticpiezque in tehuantin yn titepilhuan yn titeyxhuihuan yn tite-
teyccatotonhuan yn titemintotonhuan yn titepiptotonhuan yn titechichi-
cahuan. yn titetlapallohuan yn titeheçohuan quitotihui quiteneuatihui yhuan
yn oc yollizque yn tlacatizque yn mexica tepilhuan yn tenochca tepilhuan.
auh ynin tlahtolli tenochtitlan ~~teepan~~ pielli. yn oncan omotlahtocatilloco yn
izquintin yn huehueyntin. in tlaçohuehuetque yn tenochca teteuhctin. yn te-
nochca tlahtoque. Reyesme.

<u>v</u>   *A*uh yn tlatilolco ayc ompa ticuililozque ca nel amo ynpiel mochiuhtiuh auh

---

73. *ihiyotl* in Tezozomoc, 3; *ihiyotl machoco* is translated as *lugar donde padece o se adquiere
con mucho trabajo lo necessario a la vida* on fol. 4, in which case *ihiotl* appears to be related in
meaning to *ihiouia*. Cf. Siméon, *Dictionnaire*, 163–64.

74. *yancuic* and *nueua*: probably an inadvertent repetition.

75. *texamatl: pergamino* in Tezozomoc, 4; "sorte de papier fait avec des feuilles d'arbres
collées ensemble" according to Siméon, *Dictionnaire*, 487.

[Introduction]

Here it is told and put forth how the ancient ones, those called and named Teochichimeca, people of Aztlan, Mexitin, Chicomoztoca, as they sought and merited the land here, arrived and came into the great altepetl, the altepetl of Mexico Tenochtitlan, the place of renown, the sign, the site of the rock tuna cactus, in the midst of the waters; the place where the eagle rests, where the eagle screeches, where the eagle stretches, where the eagle eats; where the serpent hisses,[5] where the fish fly, where the blue and yellow waters mingle—where the waters burn; where suffering came to be known among the sedges and reeds; the place of encountering and awaiting the various peoples of the four quarters; where the thirteen Teochichimeca arrived and settled, where in misery they settled when they arrived.

Behold, here begins, here is to be seen, here lies written, the most excellent, most edifying account—the account of [Mexico's] renown, pride, history, roots, basis, as what is known as the great altepetl began, as it commenced: the city of Mexico Tenochtitlan in the midst of the waters, among the sedges, among the reeds, also called and known as the place where sedges whisper, where reeds whisper. It was becoming the mother, the father, the head of all, of every altepetl everywhere in New Spain, as those who were the ancient ones, men and women, our grandmothers, grandfathers, great-grandfathers, great-great grandparents, great-grandmothers, our forefathers, told and established in their accounts and exemplified for us on paper what was done in their accounts, what they left for us who now live, who have issued from them. And what they came to do, what they came to establish, their writings, their renown, their history, their memory will never perish, will never be forgotten in times to come. They will never perish, will never be forgotten; we shall always guard them, we sons, grandsons, younger brothers, great-great-grandchildren, great-grandchildren, we, their descendants, their offspring; and those children of the Mexica, those children of the Tenochca yet to live, yet to be born, will go on telling of them, will go on celebrating them. And Tenochtitlan was the repository of these accounts when all the great ones, the highborn ancient ones, the Tenochca lords, rulers, kings, were installed as rulers.

And as for Tlatelolco: never will [these accounts] be taken from us, for

5. In Bernardino de Sahagún, *Florentine Codex: General History of the Things of New Spain*, trans. and ed. Arthur J. O. Anderson and Charles E. Dibble, 12 vols. (Santa Fe and Salt Lake City: School of American Research and University of Utah, 1950–82), 2:82, a similar phrase is translated as "where the serpents are wrathful." On folio 4 of this document (not shown here), the translation is "lugar ado rronca la culebra." Eduard Seler in *Einige Kapital aus dem Geschichtswerk des Fray Bernardino de Sahagún übersetzt*, ed. Caecilie Seler-Sachs, Walter Lehmann, and Walter Krickeberg (Stuttgart: Strecker und Schroeder, 1927), 118, whom we follow here, translates it as "wo die Schlangen zischen."

ynin huehuenenonotzaliztlahtolli ynin huehuenenonotzalizamoxtlacuilolli[76]
~~yn tietlallia eenea miequintin yn tipipiltin~~ mexico yn oticahuililotiaque yn
huel topial ynin tlahtolli ynic no tehuantin oc ceppa yn topilhuan yn toxhui-
huan yn teçohuan yn totlapallohuā yn totechcopa quiçazque ynic mochipa
no yehuātin quipiezque. tiquincahuilitiazque yn iquac titomiquilizque O ca
yehuatl in ynin tlahtolli huehuetque yn nican tictlallia yn antopilhuan nican
anquittazque yhuan yn amixquichtin yn āmexica yn antenochca nican an-
quimatizque yn iuh peuhticatqui yn iuh tzintiticatque[77] yn octicteneuhque in
huey altepetl ciudad mexico tenochtitlan yn atlihtic yn tultzallan. yn aca-
tzallan yn oncan otiyolque otitlacatque in titenochca.

*a*uh yn tictlalia ynin[78] **[19 recto]** Amoxtlacuilolli yc otiquitoque tlacpac cenca
timiequintin yn tipipiltin. yn oc tocnopil tomacehual omochiuh yn achtopa
axcan yn otopan[79] acico yn ihiyotzin yn itlahtoltzin. yhuan yn huel nelli
mellahuac ytlanextzin. y nelli tt. Jesu christo. y nelli ypiltzin Dios. o yehuatl
in nican tlami yn intlahtol huehuetque yn achto christianosme catca yn achto
momachtianime pipiltin catca.

*a*uh yn axcan ypan xihuitl de 1609. años ye no nehuatl Don hernando de alu-
arado teçoçomoc. nixhuiuh yn tlacatl[80] catca huey tlatohuani Moteuhcçoma-
tzin xocoyotl. yn omotlapiellico yn oquimopachilhuico huey altepetl nican
Mexico tenochtitlan. ytlaçoychpochtzin ytech oniquiz. yn tlacatl cihuapilli
nonantzin ytocatzin Doña Fran^ca de Moteuhcçoma ynamictzin catca yn tla-
catl Don Diego de aluarado huanitzin niccauhtzin.[81] notatzin. yehuātzitzin
onechmochihuilique. huel ninpiltzin. yn nicā ye ninotocatenehua. ça nocel y
nihuehuetlacahualli y nihuehuenenonotzalle yn oc nechonmochicahuilia
tt.º Dios. yn axcan ypan xihuitl omoteneuh ynic ye no nehuatl nicneltilia nic-
chicahua yn intlahtol yn inhuehuetenonotzaliz yn oquitlallitiaque yn otech-
cahuilitiaque yn tlacpac omoteneuhque yn huhuetq̄ yn Mexica pipiltin catca
yn oquinmopolhui[82] yn oquinmohuiquilli yn tt.º. Dios. yn tleyn oquitoti-

---

76. Tezozomoc, 6: *antiguo escrito amonestativo. Nenonotzalli* is translated as "Reconcilia-
tion, racommodement, entente, accord" in Siméon, *Dictionnaire,* 293, and as "reconciliacion
de los que estauan reñidos" in Alonso de Molina, *Vocabulario en lengua castellana y mexicana
y mexicana y castellana,* ed. Miguel León-Portilla (Mexico City: Editorial Porrúa, S. A., 1970),
fol. 68v.

77. *yn iuh tzintiticatque* is omitted in Tezozomoc, 6.

78. In anticipation of the following folio: *amoxtlacuilolli.*

79. *otopan: otepan* in Tezozomoc, 6.

80. *tlacatl: tlacat* in Tezozomoc, 7.

81. *niccauhtzin:* Cf. Leonhard Schultze Jena, "Gliederung des Alt-Aztekischen Volks in
Familie, Stand, und Beruf aus dem Aztekischen Urtext Bernardino de Sahagun's übersetzt
und erläutert," in *Quellenwerke zur alten Geschichte Amerikas aufgezeichnet in den Sprachen der
Eingeborenen,* 5, ed. Gerdt Kutscher (Stuttgart: W. Kohlhammer Verlag, 1952), 3; literally,
"my younger brother."

82. *oquinmopolhui: los perdonó* in Tezozomoc, 8.

he ancient ones, this book of their accounts in Mexico, we have inherited.
These accounts are indeed in our keeping. Therefore we too, but especially
our sons, our grandsons, our offspring, those who will issue from us, they
too will always guard them. We shall leave them for them when we die. Note
well these accounts [of] the ancient ones that we set down here; you who are
our children will see them here; and all of you Mexica, you Tenochca here
will know that such was the beginning, such was the origin of what we have
called the great altepetl, the altepetl of Mexico Tenochtitlan in the midst of
the waters, among the sedges and the reeds, where we Tenochca have lived,
[where] we were born.

And we set down [in] this book, [as] we have already said above, that very
many of us are the noblemen whose reward, whose merit, it even now is that
to us there first came the breath, the word, the truly genuine light of our true
Lord Jesus Christ, true son of God. With this, here ends the account of the an-
cient ones who were the first Christians, the noblemen who were the first
neophytes.

But now this is the year 1609. I, don Hernando de Alvarado Teçoçomoc, am
also a grandson of the late lord, the great ruler Moteucçomatzin Xocoyotl,
who guarded and governed the great altepetl here, Mexico Tenochtitlan. I is-
sued from his beloved daughter, the lady, the noblewoman, my mother,
named doña Francisca de Moteucçoma. She was the wife of the lord don
Diego de Alvarado Huanitzin, my parent, my father. They begot me; I am in-
deed their child, I who declare my name. I myself am the ancient ones' sur-
vivor, I who possess the accounts of the ancient ones, I whom our Lord God
even now strengthens. Now in the aforesaid year I therefore also authenti-
cate and affirm the statements and accounts that the ancient ones set down,
that they left for us: the aforenamed ancient ones who were Mexica noble-
men, whom our Lord God has effaced and taken away. What they have said,
what they have set down in their writings, has all come to pass; all is the
truth. It is not a lie; they did not just make it up; they did not just create false
accounts of what the ancient ones set forth.

aque yn tleyn oquitlallitiaque yn imamatlacuilolpan ca mochi mochiuh ca mochi neltiliztli amo yztlacatiliztli amo çan quiyollohuique amo çan quipipicque yn inhuehuetlahtol yn oquitlallitiaque //

auh ynic no nehuatl Don hernando de aluarado teçoçomoc. ynic niquintlaneltililia ynic niquintlachicahuilia yn omoteneuhque huehuetque camo çan acame yncamac oniccac[83] yn çan no iuhqui tlahtolli y nicnenehuilia ynic niquinnamictilia yn intlahtol yn omoteneuhque yn otlatecpatiaque huehuetque. ca y nehuatl nopial nixcoya [19 verso] Nicpixtica ca huel yntlahtoltzin huel yncamacpatzinco niccac oyuh quimitalhuitiaque yn tlaçotlahtoque yn tlaçopipiltin. yn omonemiltico in ye quin nican mohuica yn oquinmopolhui[84] tt.o Dios. yc mononotzinohuaya quimolhuitzinohuaya nepanol yn iuhqui matticatca yn iyollotzin yn inhuehuenenonotzaltzin yn tlacatlahtoque Don diego de aluarado huanitzin niccauhtzin. Don P.o tlacahuepantzin notlatzin. Don diego de S. Fran. co tehuetzquititzin. yhuan oc cequintin tlaçopipiltin yn oniquincaquilli yn huel mellahuac quimatia y̅ huehuenenonotzaliztli. yn nican niccuic yn intlatoltzin.

ynic axcan ye nitlaneltilia nicnamictia yn intlahtol yn oc cequintin yn aquique yn tleyn totoca yn achto christianosme momachtianime yn tlacpac omoteneuhque yn huel cenca quimatia yn iuh ye onneciz yn iuh oquitecpantiaque y nehuatl axcan niquinneltilia niquinchicahuilia yn intlahtol. ma iuh macho.[85] O ca ye ixquich ynic tamechonpehualtilia yn ticneltilia yn ticchicahua huehuetlahtolli. huel xiccaquican xicanacan yn antepilhuan yn anteyxhuihuan yn anMexica yn antenochca. yhuan y mochintin yn çaço ac yehuantin yn amotech quiçatihui in yollizque in nemitihui in amotlacamecayohua̅ yezque

+

tlatolpeuhcayotl

[20 recto] ¶ Aqui comiença La chronica, y Antiguedad De los Mexicanos.etts[a].

—\\\—   —\\\—

v Yzcatqui Nican ompehua yn chronica Mexicayotl. yn oncan quitauhcateneuhtoc yn intemoca[86] yn intlacatiliz. yn huel yehuatl yn intzintiliz i̅pehualiz yhuan yn inhuallaliz yn imecoliz. in yehuantin. y nican ipan in nueua españa motenehua omotecaco yhuan oquimacehuaco y mochi yn ixquich yc huey. yehuatl. auh yhuan ynic otzintic ynic opeuh ynic onelhuayohuac in huey altepetl yn Mexico tenochtitlan. ca yn intoca.[87] Mexitin

---

83. *oniccac: niccac* in Tezozomoc, 8.

84. *oquinmopolhui: los perdonó* in Tezozomoc, 9.

85. *macho: maco* in ibid., 9.

86. *intemoca: intecoma* in Tezozomoc, 11.

87. *yn* is omitted in ibid.

And therefore also I, don Hernando de Alvarado Teçoçomoc, thus authenticate them; I thus affirm the said ancient ones. I did not take [or] hear from just anyone's mouth this same account that I am comparing and matching, for the accounts that the aforesaid ancients arranged are in my own personal safekeeping. I have indeed heard their account from their very mouths as the highborn rulers and the highborn noblemen told them, they who came here to live, [who] later departed, they whom our Lord God has effaced. Thus they agreed and told it among themselves, as they understood their ancient ones' accounts. I listened to the rulers don Diego de Alvarado Huanitzin, my parent, don Pedro Tlacahuepan, my uncle, don Diego de San Francisco Tehuetzquititzin, and other highborn noblemen who indeed rightly understood the ancient ones' accounts. Here I took their statements.

In order now to provide authentication and compare the accounts of any others as to what the first Christian neophytes mentioned above emphasized—they who indeed knew well how what they arranged was to appear, I now authenticate and affirm them in their accounts. May they thus be known. Take note of all that we arouse you with as we authenticate and affirm the ancient ones' accounts. Listen well; accept them, you children and grandchildren, you Mexica and Tenochca, and all whosoever will issue from you, who will live, who will exist, who will be of your lineage.

Beginning of the Account

Here Begins the Chronicle of Mexica Antiquity

Behold, here begins the Chronicle of the Mexica altepetl, which puts forth the renown, the descent, the genesis, the very commencement, the beginning and the coming, the arrival of those who came to spread out here in what is known as New Spain and to merit all and everything great; and also how the great altepetl of Mexico Tenochtitlan commenced, began, and was rooted. The names of [those who came] are Mexitin, Chichimeca, people of Aztlan and of Chicomoztoc. But it is not remembered when, in what times, it was.

chichimeca aztlan tlaca chicomoztoca. auh yn iquac yn ipā cahuitl amo huel molnamiqui yn iquin quehma

v Auh ca huel yehuatzin ytlanequilitzintica yn cenquizcahuecapā. hueytzintli teutl Dios. Jesu christo. ynic yehuantin hecozque huallazque. motecaquihui. onoquihui yn ixeliuhcayopan yn cemanahuatl. auh ompa ytechcopa yn ihuiccopa yn tonatiuh ycallaquiyampa ompa oncatca cēca huey yeyantli yn oncan onohuaya auh çan ye oncatqui yn axcan ca huipa yn amo çan quex-quich yn amo çan tlapohualli yn altepetl. yn oncan onoque in yehuantin in Macehualtin yn iuh axcan motta yn miyeccan y nepapā tlallipan cema-nahuac.

auh yntlapial catca quitlatlauhtiaya quiteomatia yn aquin quitocayotiaya tetzahuitl huitzilopochtli. ca tlahtohuaya. quinnotzaya. yhuan oyntlan ne oquinmocniuhtiaya. in yehuātin azteca. ynic yehica yn ~~yehuantin yn~~ ixpolihuia yn izquitzonxiquipilli in teyollia yn teanimashuan yn quinhuicaya ompa mictlan

auh yn ipampa yn ynic ynpallehuilloca yez. quimonequiltitzino yn cen **[20verso]**quizcahueyhuecapan yn atlancatzintlī yn atzonquizqui. yn iteoyo-tzin Dios. ynic moxexellozque yn inyeyan yn innetlaliayan ynic ye hual-lazque in ye nican ᵐᵉ omotecaco omoçecenmanaco y nepapan nohuiampa tlallipan. ynic ynpan yez. ynpan huallaz ynpan motlalliquiuh y mellahuac tlanextli. yhuan ynic quinhualmatizque in yehuātin españolesme. ynic quin-nemilizcuepaquihui. yhuan ynic huel momaquixtizque yn inyollia yn iman-imashuan. yn iuh quichiuhque ye huecauh in yehuātin rroma tlaca. yhuan yn ompa tlaca españa yn españolesme yn huel ixquich yc omocenmanque in ipā cemanahuatl.

v Auh ca yuhqui yn quenin yn iuh quimacicama in yehuatl yn tlacatecolotl yniqu iuh yehuātin mexica yezque in cenca machiyoque yezque ynic tlama-mauhtizque. ymacaxozque in ye nican nohuian yhuan yn ixquich yn amo çan quezquitzonxiquipilli inteyollia yn teanimahuan. yn quinhuicaz ompa mictlan ynin ca Mexica. ynic conan yn inyeliz yn intlamanitiliz yn iuh nican motocatoc tecpantoc.

v Capitulo achto oncan mitohua yn inhuallaliz yn imecoliz in yehuantin Me-xica in nicā ypan yacuic nueua españa. yhuan yn ixquich tlacatl yn oquihual-huicaque calpoleque. yhuan yn quenin quihualhuicac ytlan hualla in ye-huatl yn çan tlapic teutl huitzilopochtli. yn ihueltiuh ~~huitzilopochtli~~ ytoca Malinalxoch

¶ Inic quizque yn chichimeca yn azteca ynic ompa hualquizque yn ichan az-tlan ypan i. ce tecpatl xihuitl. 1064.[88] años. ye yuh nepa ontzontli[89] **[21 recto]** ypan matlacpohualli ypan yepohualli ypan nauhxihuitl motlacatillitzino y nelli Dios. ytlaçopiltzin Jesu christo.

---

88. *1064: 1069* in Tezozomoc, 14.

89. In anticipation of the following folio: *ypan.*

And it was in and by the will of the most high, the great deity, God, Jesus Christ, that they were to arrive, to come hither, to spread out, to extend when the world was partitioned. And there on toward the sun's setting place, there was a very great abode where there extended and are now ranged innumerable, countless altepetl where the common folk are, as is to be seen in many places in the various lands of the world.

And in their keeping was he to whom they supplicated, whom they considered a god, he whom they named the portent Huitzilopochtli. He spoke; he conversed with the Azteca; he lived among them and was their friend. Hence, therefore, perished so many hundreds of thousands[6] of people's spirits and souls that he carried away to Mictlan.

And because it would help them, the most perfectly sublime, infinite, eternal divinity of God willed that they should be dispersed [from] their abode, their home, so that they might come hither, spread, expand everywhere over various lands; so that in their time there would exist, come, and be established the true light [of Christianity]; and so that the Spaniards would go to them and change their way of life, and so that their spirits and souls would be saved, in the way that in times past the people of Rome brought it about, as well as the people of Spain, the Spaniards who then expanded over all the world.

And thus the devil knew perfectly well how the Mexica would therefore be great examples; that they would be terrified, awe-stricken here and everywhere, and that he would carry off all, countless hundreds of thousands, of the spirits and souls [of] these Mexica to Mictlan when he took over their [way of] being, their customs, as is here laid out and disposed.

First Chapter, in which is told the coming, the arrival, of the Mexica here in New Spain and of all the *calpulli* people who brought them hither; and how the completely false god Huitzilopochtli brought hither with him his elder sister named Malinalxoch, who came with him.

When the Chichimeca Azteca came forth, when they emerged from their home in Aztlan, it was the year One Flint, 1064. The true God's beloved son Jesus Christ had been born 1,064 years previously.

6. Literally, 400 x 8,000 (3,200,000).

*a*uh ynic ompa cenca huecahuaque ynic ompa catca onoca chichimeca azteca yn aztlan. ontzonxihuitl ypan matlacpohualxihuitl ypan matlactli onnahui xivitl yn iuh neztica yntlapohual huehuetque. ynic niman ompa ye huallehua ye huallolini[90] ynic nicā ye hualnenemi.

v *Y*zcatqui nicān *o*pehua nicā ycuiliuhtoc yn intlahtollo in Mexica. yn huehuetque

*A*uh yn ompa yn inchan ytocayocan aztlan. yehica yn intoca azteca yhuā yn ompa yn inchan ynic ontlamantli ytocayocan chicomoztoc. auh ynin ~~azteca~~ yntoca azteca yhuan yntoca mexitin. auh yn axcan ça mellahuac yn mitohua yn intoca Mexica. Auh ca quin nicā quicuitacico yn intoca tenochca.

v *A*uh yn ompa huallaque yn Mexica yn itocayocan aztlan ca hanepantla yn ompa huallehuaque ca chiconcalpoltin

v *Y*n aztlan huehue Mexico.[91] yn axcan quitocayotia yancuic Mexico. yn ompa tlahtohuani catca ytoca Moteuhcçoma. ynin tlahtohuani oncatca omentin ypilhuan. auh yn iquac ye miquiz niman ye yc quintlahtocatlallitiuh yn omoteneuhque ypilhuan yn tetiachcauh amo huel momati yn itoca yehuatl yntlahtocauh yez yn cuixteca = auh yn teteyccauh yn Mexicatl. çan mitohua Mexi. ytoca chalchiuhtlatonac yehuatl ye quīmaca. yn Mexitin. yn tlahtoca yez. Yn oMoteneuh yn chalchiuhtlatonac.

*a*uh yn iquac in ye **[21 verso]** yntlahtocauh yn Mexitin. yn chalchiuhtlatonac. auh niman ye yc quicocolia. yn itiachcauh yn intlahtocauh cuixteca ye quitohua camo huelitiz[92] yn ce yntlatocauh yez. yn Mexitin ca çan moch niquincenpachoz nehuatl yn Mexitin.

*A*uh yn Mexitin. niman ye yc ye huallamacehua yn oncan ytocayocan quinehuayā yn tzotzompa. yn quihualtemaya yn imacxoyauh anoço acxoyatl. nauhpa ylloque yn oncan yn ceppa hualhui yn quihualitta ca cecenmantoc yn acxoyatl. yn aquin quihualcecenmana niman ic oncan quihto yn Mexi yn chalchiuhtlahtonac tocnihuane quimilhui yn Mexica. ma ye yc otihuallaque. ma ye yc otihualquizque yn tochan aztlan. auh yc nimā quitlacamatque yn Mexica. ~~oncan motlallique~~

v *A*uh ynic huallamacehuaya acaltica yn hualhuia ynic hualpanoya yn quihualtemaya yn imacxoyauh yn oncan omoteneuh ytocayocan quinehuayan. oztotl. oncan ca Motenehua chicomoztoc yn oncan quizque chiconcalpoltin. Mexitin.

v *A*uh ynic quizque yn ompa omoteneuh yn motocayotia quinehuayan chicomoztoc. yn motenehuaya teochichimeca azteca mexitin. quihualhuicaya yn tleyn intlapial yn intlaquimilol catca yn quimoteotiaya quicaquia yn tlahtohua, auh quinanquiliaya yn azteca auh[93] yn amo quittaya yn quename quinnotzaya

---

90. *ynic niman ompa ye huallehua ye huallolini* is omitted in Tezozomoc, 14.
91. *Mexico: Mexica* in ibid., 15.
92. *huelitiz: huelitzin* in ibid., 16.
93. *auh* is omitted in ibid., 17.

And so they had stayed there a long time; so the Chichimeca Azteca had existed there, had been in Aztlan for 1,014 years, as is evident in the ancestors' [year] count, until they then came away, moved, traveled hither.

Behold, here begins, here lies written, the history of the ancient Mexica.

Their home was the place named Aztlan; hence their name is Azteca. And the second name of their home was Chicomoztoc. And their names were Azteca and also Mexitin. But now their name is really said to [be] only Mexica. And later they arrived here taking as their name Tenochca.

And from the place named Aztlan in the midst of the waters came the Mexica; from there the seven calpulli [groups] departed.

Aztlan [or] Old Mexico they now name New Mexico. He who was ruler there was named Moteucçoma. There were two sons of this ruler. And when he was about to die he then installed these aforesaid sons of his as rulers. The elder brother, whose name is not known, was to be ruler of the Cuexteca. And to the younger brother, a Mexica, called just Mexi [though] named Chalchiuhtlatonac, he gave the Mexitin. Their ruler was to be the said Chalchiuhtlatonac.

And when Chalchiuhtlatonac was now ruler of the Mexitin, he then hated his elder brother, the ruler of the Cuexteca. He said: This cannot be. There is to be one ruler of the Mexitin. I shall govern all, every one, of the Mexitin.

And the Mexitin thereupon performed penances there at the place named Quinehuayan Tzotzompan. They laid down their fir branches, or the fir branch. Four times they returned; once they came to where they saw the fir branches lying scattered about or whoever scattered them about. There Mexi Chalchiuhtlatonac then spoke: Our friends—he said to the Mexica—for this have we come; for this have we emerged from our home in Aztlan. And so the Mexica then obeyed him.

And to perform the penances they came in boats to cross the water and laid down their fir branches there at the aforesaid place called Quinehuayan. A cave is there, called Chicomoztoc, whence the seven Mexitin calpulli issued.

And when the said Teochichimeca Azteca Mexitin issued from what is called and named Quinehuayan Chicomoztoc, they brought what was in their keeping, their bundle. To it they prayed; to it the Azteca listened when it spoke, and they answered it; but they did not see in what way it talked to them.

auh yn ompa yn quinenehuayan chicomoztoc motocayotia. yn texcalli ca chicoccan yn coyōqui yn oztotl tepetlamimiloli yn itech[94] catq̄[95] **[22 recto]** yn oncan quiçaco Mexitin. yncicihuahuan quinhualhuicaque ynic hualloomequizque chicomoztoc. yn ōcan ca cenca temamauhtican camo çan quexquich yn ompa onoque yn ompa tlapia yn tequanime yn cuecuetlachtin. yn ocelome. yn mimiztin yn cocohua yhuan tzihuacyotoc nequameyotoc çacayotoc yn chicomoztotl. ca cenca hueca amo aca oc huel onmatia yn çatepan yn ompa yn canin chicomoztoc. ca yuh quitotiaque yn ompa hualquizque. yn motocayotiaya teochichimeca huehuetque.[96] ca yn iquac ompa hualolinque ynic ompa huallehuaque. ca nohuian quauhtlan tepetlan. atlauhtla. teocontla. xihuallacatla tzihuactla. nequametla. çacatla. cuillotla y nohuian yn hualnentiaque yn huallacxipetlatiaque.[97] ca maçatl. tochtli. tequani. cohuatl. tototl. yn quiminaya yn quihualqua~~tiaque~~tiaque ymehuatilma hualyetia. yhuan tonacayotl yn intech hualmonectia. yn iuh ye onneciz. quinhualnotztia yn tleyn intlapial yn intlaquimilol quihualhuicaya yn quimoteotiaya. //

Auh ynic hualpanoque yn aztlan yn azteca mexitin. acico oncan yn culhuacan quin oncā quihualantiquizque in diablo. tetzahuitl huitzilopochtli. yn huallaque ce cihuatl ytoca chimalma. ompa quihualhuicaque yn aztlan chicoccā hualquiztiaque ynic hualnenenque

v Auh yn ompa yc huallehuaque azteca yn culhuacan nahuintin yn quihualmamaque yn tetzahuitl huitzilopochtli. topco[98] hualonotia. yn teomamaque ce tlacatl. ytoca yztac mixcohuatzin **[22 verso]** Auh ynic ome ytoca apanecatl. yniquey ytoca tezcacohuacatl ynic nahui cihuatl ytoca chimalma yehuantin y motenehua teomamaque //

v Auh ~~nima~~ yn oacico yn quahuitl ytzintlā. nimā ye yqu itzintlan oncan onmotlallique yn oncan icac cenca tomahuac yn quahuitl yn ahuehuetl niman oncā contlallique yn tlalmomoztli ypan quitlallique yn tetzahuitl huitzilopochtli. yn ocontlallique auh in ye yquezquilhuitiyoc niman conmamilique. yn imitac. niman ye tlaquazquia. niman ye quicaqui aquin quinnotza yn icpac huallahtohua. ahuehuetl quimilhuia yn oncan ancate onximiquanican.[99] amo amopan huetziz. ca moztla huetziz yn ahuehuetl niman ic quicauhque. yn quiquaya cenca huecauh yn totoloticatca niman ic omiquanique oquitlalcahuique yn ahuehuetl. oneltic yn otlathuic omotzineuh yn impā poztec yn quahuitl. yn ahuehuetl. oncan oc nauhxiuhtique yn catca azteca mexitin. ynic oncan motlallico ytzintlan mocehuiaya yn ahuehuetl

---

94. *yn itech: intech* in ibid.

95. In anticipation of the following folio: *yn ōcan.*

96. *huehuetque: hualquizque* in Tezozomoc, 17.

97. *huallacxipetlatiaque:* probably to be read *huallacxipetlauhtiaque.*

98. *topco: tonco* in Tezozomoc, 19.

99. *ximiquanican: ximicanican* in ibid.

And there at Quinehuayan, what was named Chicomoztoc was a crag hollowed [with] caves in seven places. They were on a mountain slope. It was from there that the Mexitin issued. They brought their women with them, so that they came issuing from Chicomoztoc in pairs. And it was a very terrifying place there. Countless fierce animals were there; bears, jaguars, mountain lions, snakes were on guard. And there were many pisonias and century plants and much grass. The seven caves are very far away; no one knows definitely where Chicomoztoc was. So those who were called the ancient Teochichimeca who emerged said when they moved from there. When they set out, everywhere there were forests, mountain ranges, gorges, many ferrocacti, much reed-grass, many pisonias, many century plants, much grass, many dry sticks in all places as they traveled hither barefoot. With their arrows they shot deer, rabbits, fierce animals, snakes, and birds. They ate them as they went and wore their skins as capes. And [so] there would be sustenance as they needed it, as will appear later on. They carried along the bundle in their keeping, which they worshiped and which spoke to them as they went.

And when the Azteca Mexitin had crossed the water from Aztlan they reached Culhuacan. Out that way they took the devil, the portent Huitzilopochtli, there. As they came, as they arrived hither when they emerged from the seven places in Aztlan, they brought a woman named Chimalman.

And as the Azteca set out from Culhuacan there were four who on their backs carried the portent Huitzilopochtli lying in a coffer. Of the god-carriers one man was named Iztac Mixcoatzin; and the second was named Apanecatl; the third was named Tezcacoacatl. The fourth, a woman, was named Chimalman. These were the aforesaid god-carriers.

And when they reached the foot of a tree, they thereupon seated themselves at its base. A very thick tree stood there, a cypress. They then erected an earthen altar there and upon it set the portent Huitzilopochtli. When they had set him down and a few days had passed, they presented him their travel ration. They would have eaten, [but] then they heard someone talk to them. He spoke from the top of the cypress. He said to them: You who are here, leave [lest the tree] fall on you; tomorrow the cypress will fall. They then left what they were eating; it was a long time [before] they swallowed [food]. They then left, they abandoned the cypress. It came to pass that at dawn it was uprooted; the cypress tree broke over them. Still, the Azteca Mexitin spent four more years there when they settled and rested there at the foot of the cypress.

*α*uh ynin omoteneuh quahuitl yn inpan poztec mexitin çan no yehuantin yntlaaquil mochiuh yn azteca yn iuh quitotihui huehuetque. ye iuh matlactlomome xihuitl oncan cate yn aztlan. yn ipā xij calli xihuitl 61. años. yn iquac caquique quahuitl yn ahuehuetl ye iuh nepa yepohuali ypan cexihuitl motlacatilitzino yn nelli Dios. ytlaçopiltzin Jesu xp̄o. ynic caquique omoteneuh quahuitl. ahuehuetl yn ipan in v. tecpatl xihuitl 1068. años. yn oynpan poztequico yn omoteneuhque azteca mexitin yn otlipan ynic huallaque. auh ynic cenca huecauhtica ynic ycaca yn ahuehuetl. ynic tlaaquilli yhuan ynic poztequico. ynpan mexitin yn ixquichcauhtica ontzonxiuhtica ypan matlacpohualxiuhtica ypan chicuexiuhtica. yn iuh neztica yntlapoval huehuetque.

v *A*uh ye omito. yn quahuitl ytzintla huecauhtica[100] **[23 recto]** yn oc ompa catca yn azteca. çatepan yn ohualpeuhque. yn otlica ympan oacico yn tlatlacatecolo huey comitl ytla[101] huehuetztoque. yhuan cequintin mizquitl ytzintlan huehuetztoque yehuantin yn quintocayotia mimixcohua. chicomentin yn ce tlacatl ytoca xiuhneltzin ynic ome ytoca mimichtzin. ynique ey yn cihuatl ynhueltiuh ytoca teoxahual. auh yn oc nahuintin amo huel momati yn intoca tlatlacatecollo oncan oquinnotz. yn huitzilopochtli. in yehuantin yn azteca yn motenehua teomamaque. ~~ynamon~~ itemamacahuan ynin yztlacateutl. ye otiquitoque tlacpac yn intotoca teomamaque. no yhuan oquinotz in yehuatl yn inteyacancauh yn intlahtocauh in yehuantin azteca Mexitin. yn ompa catca onoya yn ipā yn ihtic yn cenca huey altepetl ciudad. aztlan chicomoztoc. yuhquima tiquitocan yn ipan altepetl. aztlan aztatlan ymonoyan yn aztame ynic motenehua aztlan. yn ompa catqui yn axcan yn aço ye ompa. yn huel ytlan ynahuac yn cenca huey atentli. huey atoyatentli. yn quitocayotia. yn axcā in yehuantin españoles. yancuic Mexico. aztlan chicomoztoc. ye omito oncan quinnotz yn huitzilopochtli yn azteca yn teomamaque quimilhui xiquimonanacan yn huey comitl ytlan cate yehuantī yn yacato[102] tequitizque.

v *A*uh yuh quitotihui yn huehuetque yn ompa aztlā yc hualquizque yn azteca ayemo yntoca catca mexitin. çan oqu ixquich yc monotzaya ynic azteca. auh ye quin oncan in yn titlahtohua. yn quicuique yntoca ynic ye monotza Mexitin auh yuhqui yn ynic macoque yn iuh quitotihui huehuetque. yehuatl quintocamacac yn huitzilopochtli.

v **[23 verso]** *A*uh ca[103] niman oncan oquincuepilli yn intoca yn azteca oquimil[104] yn axcan aocmo amotoca yn amazteca ye anmexitin oncan no quinnacazpotonique ynic oquicuique yn intoca Mexitin. ynic axcā ye mitohua Mexica. yhuan oncan no quinmacac yn mitl yhuan tlahhuitolli. yhuan chitatli yn tleyn aco yauh huel quimina yn Mexitī

---

100. In anticipation of the following folio: *yn oc ōpa.*
101. *ytla:* read *itlan.*
102. *yacato:* read *yacachto.*
103. *ca:* ça in Tezozomoc, 22.
104. *oquimil:* read *oquimilhui.*

And this aforesaid tree that broke over the Mexitin grew from a planting of the Azteca, as the ancient ones have said. After they had been in Aztlan twelve years, in the year Twelve House, the year 61, they then planted the cypress tree. It was sixty-one years after the beloved son of the true God, Jesus Christ, had been born that they planted the aforesaid cypress tree. It was in the year Five Flint, 1068, that it broke over these aforesaid Azteca Mexitin as they came on their way. And so the cypress had stood for a very long time. From the planting to when it broke over the Mexitin was a long time, 1,008 years, as is apparent in the ancestors' [year] count.

And it has already been said that the Azteca were at the foot of the tree for a long time. Later, as they continued on their way, they came to the devils of the barrel cactus; they lay beside it. And at the foot of mesquites lay some seven of those whom they named Mimixcoa. One man was named Xiuhneltzin; the second was named Mimichtzin; the third was a woman, their elder sister, named Teoxahual; and there were four more devils whose names are not known. There Huitzilopochtli spoke to the aforesaid Azteca god-carriers, the god-carriers of this false god. Above we have already told the names of the god-carriers. And also he spoke to the leader, the ruler of the Azteca Mexitin who had been dwelling in the very great altepetl and city of Aztlan Chicomoztoc or, as we name it, Aztlan Aztatlan, the abode of herons. Hence it is known as Aztlan. Now Aztlan Chicomoztoc is perhaps right by or near the very great shore, the great riverbank that the Spaniards now call New Mexico. It has already been said that there Huitzilopochtli spoke to the Azteca god-carriers. He said to them: Take those who are by the barrel cactus. They will be the first to pay tribute.

And as the ancient ones said, when they emerged from Aztlan the name of the Azteca was not yet Mexitin. They all considered themselves Azteca. But we say that it was later that they took their name, that they considered themselves Mexitin. And thus were they given their name: as the ancient ones have said, it was Huitzilopochtli who gave them the name.

And then and there he changed the Aztecas' name for them. He said to them: Now no longer is your name Azteca: you are now Mexitin. There they also applied feathers to their ears when they took their name as Mexitin. Hence they are now called Mexica. And he then also gave them the arrow and the bow and the net carrying-bag. Whatever went [flying] above, the Mexitin could shoot easily.

<u>v</u> Auh in yehuantin teomamaque quinotzque in yehuatl yn tetiachcauh yn
quinyacana. yn intlatocauh azteca mexitin yn itoca catca chalchiuhtlatonac.
auh quilhui in yehuatl huitzilopochtli. yn chalchiuhtlatonac. tla xihuallauh
chalchiuhtlatonactze. ca monequi huel cenca totech monequi ma nima xitla-
tlamachi xitlatecpana yn iuh yez. yn iuh mochihuaz. yn tiquinhuicaz miec
tlacatl. motlan yazque. auh ma yxquich yn chicome calpolli oncan ynpial-
huan mochiuhtiazque yn omoteneuhque yn nicā oaquimanque[105] yn huey
comitl ytlan. ohuehuetztoca. auh yehuantin yn achi cenca tlapaltique chi-
cahuaque mexitin. ma huel cēca hualca yc yxachintin ynic miequintin yn ma-
cehualtin. yehica ypampa ca tiazque titotecatihui titotlallitihui. yhuan tiquin-
pehuatihui. yn ipan huey cemanahuatl. onoque yn macehualtin. auh yehica
ypampa y nehuatl neltiliztica namechilhuia. aompa[106] namechihuatiuh an-
tlahtoque. anpipiltin yn ixquichyca ynic nohuian ompa cemanahuac. auh ynic
antlahtoque anyezque. onyezque anquinpiezque amo can quexquichtin. amo
tzonquizque. amo tlanque yezque. yn amomacehualhuan yn amechtlacalla-
quilizque yn amechmacazque[107] **[24 recto]** yn amo çan quexquich tlapana-
huia hualca. yn chalchihuitl. yn coztic teocuitlatl. yn quetzalli. yn quetzal-
itztli. yn tapachtli. yn tlapaltehuilotl. yn tlaçotlaquētli.[108] auh amotlacahuan
yhuan onyezque anquinnemiltizque.[109] auh yn nepapan yhuitl yhuan
amechmacazq̄. yn xiuhtototl yn tlauhquechol yn tzinitzca. in ye ixquich yn
tlaçoyhuitl. auh y tlapapalcacahuatl yn tlapapalychcatl. ca mochi anquit-
tazque. ca nel notequiuh yc onihualihualoc. auh yehuatl yca ynyn[110] itlahtol
oquinquixti in yehuatl chalchiuhtlatonac chicome calpolli yn macehualtin yn
quinpiaya. yn intlapialhuan yn intlaquimilolhuan yn īteohuan. / /

χij. acatl xihuitl 1075. años. ypan in oncan chiconxiuhtique. yn quinehuayan
chocomoztoc. in mexitin azteca chichimeca huehuetque. ynic niman oncan
no hualquizque chicomoztoc. ynic mitohua chocomoztoca. ynic niman
ohualolinque yn ipan in omoteneuh xij. acatl xihuitl. ynic ye huitze. ynic ye
hualnenemi. ye iuh nepa matlactlomome xihuitl hualquizque. yn ompa
ynchan aztlan ynic oncan omoteneuh quinehuayan chicomoztoc yn ipan ī
omoteneuh xij. acatl.[111] ynic niman oncan huallehuaque. ynic ohualnenen-
que. O ca yhui yn yn hualquizq̄ yn aztlan yn azteca mexitin chichimeca hue-
huetque yn ompa axcan mitohua yancuic mexico / /

oncan tlami yn in itlahtol huehue yn Alonso franco catca nican ychan ypan
altepetl ciudad mexico tenochtitlan auh yn omomiquillico ypan xihuitl de
1602. años. ynin Mestiço catca

---

105. *oaquimanque:* read *oanquimanque*.

106. *aompa:* read *ompa*.

107. In anticipation of the following folio: *yn amo çā quex*.

108. *tlaçotlaquētli: tlaçotlaquētizque* in Tezozomoc, 24.

109. *auh amotlacahuan yhuan onyezque anquinnemiltizque* is omitted in ibid.

110. *ynyn: in* in ibid.

111. After *acatl, xihuitl* is added in Tezozomoc, 25.

And the god-carriers summoned the elder brother who led them, the ruler of the Azteca Mexitin, whose name was Chalchiuhtlatonac. And Huitzilopochtli said to Chalchiuhtlatonac: Come, Chalchiuhtlatonac. It is necessary, it is most necessary for us that you be careful, that you arrange what is to be, what is to be done. You will take many people with you; they will go with you. And in the keeping of all seven calpulli let the said [devils] go who were lying by the barrel cactus, whom you have taken, and the robust, strong Mexitin, the exceedingly numerous commoners. Because it is precisely for this reason that we shall go, spread out, establish ourselves, and conquer the peoples who dwell in the great world. And it is for this reason that with certainty I speak to you and send you rulers and noblemen all over the world. There will be and you will have in your keeping countless, infinite, unlimited commoners who will pay tribute to you, who will give you an immeasurable superfluity of precious green stones, of gold, of quetzal feathers, of emerald-green jade, of spondylus shells, of amethysts, of costly clothing. And they will be your people and you will maintain them. And they will also give you the various kinds of feathers—cotinga, spoonbill, trogon; all the precious feathers; and multicolored chocolate and multicolored cotton. You will find all [of this]. For truly it is my task, for which have I been sent. And with this discourse Chalchiuhtlatonac brought out the seven calpulli, the commoners who were guarding their bundles, their gods in their keeping.

In the year Twelve Reed, 1075, when the ancient Mexitin Azteca Chichimeca had spent seven years in Quinehuayan Chicomoztoc, they then also emerged from Chicomoztoc; hence they are called Chicomoztoca. Then they moved hither. It was in that year of Twelve Reed that they came, that they traveled hither; it was twelve years after they had emerged from their home in Aztlan that in the aforesaid Twelve Reed they then came away and traveled hither from the aforesaid Quinehuayan Chicomoztoc. It is thus that the ancient Azteca Mexitin Chichimeca emerged from Aztlan, from where it is now called New Mexico.

Here ends the account of old Alonso Franco, whose home was here in the altepetl and city of Mexico Tenochtitlan and who died in the year 1602. He was a mestizo.

<u>v</u>   Auh ca cenca nohuian Nenque yn mexica yn chichimecatlalpan yn cana qualcan huecahuaya cenpohualxiuhtia.[112] yn motlallia yn tlahuelmati. yn cana caxtolli xihuitl yn motlallia. yn cana matlacxiuhtia **[24 verso]** yn cana macuilxiuhtia[113] yn motlallia. ȳ cana nauhxihuitl yexihuitl. yn motlallia. yn cana onxiuhtia. yn cana cexiuhtia yn motlallia yn amo tlahuelmati. yn cana cenpohualilhuitl ompohualilhuitl yn motlallia (ompa quiçaco yn cuextecatl ychocayan yhuan cohuatl ycamac) Auh ca nohuian quihualtocatiaque yn tlalli. auh yn quihualquitiaque. yn intech monequia. nacatl yn tonacayotl. yhuā yn etl. huauhtli. chian yhuan chilli. xitomatl.

auh y cana cenca huecahuaya. Moteocaltiaya. oncan quiquetzque yn ical yn inteouh[114] yn huitzilopochtli. auh ca oc no cequintin. yn quinhualhuicac yn inteohuan ynic mitohua yn chicome calpolli yn Mexica in huallaque Auh ynic ce calpolli yopica. ynic ome calpolli tlacochcalca. ynic yey calpolli. huitz-nahuac. ynic nahui calpolli cihuatecpaneca. ynic macuilli calpolli chalmeca. ynic chiquacen calpolli tlacatecpaneca. ynic chicome calpolli[115] yzquiteca.

Auh ye omito ca cēca nohuian hualnentiaq̄. yn chichimecatlalpan yn cana quihualcauhtiaque toctli miahuati. yn cana quihualcauhtehuaque. xilloti helloti. coçahuia. auh yn cana oc quipixca. quihualquatehua yn tonacayotl. auh ca cenca. miyec tlamantli. yn quichiuhque yn otlipā ynic huallaque. no-huian nenque in culhuacan yn hueca culhuacan. Yhuan yn tona[116] yehuacan anoço tonallan ca cenca moch ic nenque. auh ca yncotoncahuan yn mich-huaque. ȳ mexica. Yhuan yn Malinalca. auh ca mochintin huallaque. auh ynic quincauhque. yn michhuaque atlan mahuiltiaya yn oquichtin. yhuan yn cihua. yn oncan bazquallo. ytocayocan. auh quinhualcuilitehuaque yn yntilma yn inmaxtli. yn cihua yn incue yn inhuipil. quincuillique. Auh yn oquichtin aocmo maxtleque. ça tzintlapantinemia. anoço ça tzintlapātinemi maxauhtinemi. auh yn cihua ça yncicuil y comana.[117] auh yn oquichtin. yc huipilleque omochiuhque. o yhui ȳ. yn quincauhque michhuaque

<u>v</u>   Auh in yehuatl yn itoca yn Malinalxoch yn ihueltiuh yn huitzilopochtli. ynic quicauh yn otlipan mochitin[118] **[25 recto]** yn itahuan ca quicochcauhque

---

112. *cenpohualxiuhtia: cempohualxiuhtica* in Tezozomoc, 26.

113. *matlacxiuhtia* and *macuilxiuhtia: matlacxiuhtica* and *macuilxiuhtica* in ibid.

114. *inteouh: iteouh* in ibid.

115. Tezozomoc, 27, omits *chalmeca. ynic chiquacen calpolli.*

116. *tona* (read *tonatiuh*) *yehuacan: tona ichuacan* in ibid.

117. *comana:* read *conana.*

118. In anticipation of the following folio: *yn itahuan.*

And the Mexica traveled widely all over Chichimeca land. In some favorable places they tarried, they spent twenty years, they settled when they were satisfied. In some places it was for fifteen years that they settled. In some places it was for five years that they settled. In some places it was for four or three years that they settled. In some places they spent two years. In some places it was one year that they spent, that they settled. When they were not satisfied, it was for twenty or forty days that they settled ([as when] they issued from Cuextecatl Ichocayan and Coatl Icamac). And everywhere they sowed seeds in the soil, and they ate what they needed: meat and the products of the lands [like] corn, beans, amaranth, chia, chilis, and tomatoes.

And wherever they tarried long they built a temple; there they erected the house of their god Huitzilopochtli. And there were also other gods whom they brought hither, for whom were named the seven Mexica calpulli that came. And the first calpulli was [that of the] Yopica. The second calpulli was [that of the] Tlacochcalca. The third calpulli was Huitznahuac. The fourth calpulli was [that of the] Cihuatecpaneca. The fifth calpulli was [that of the] Chalmeca. The sixth calpulli was [that of the] Tlacatecpaneca. The seventh calpulli was [that of the] Izquiteca.

And it has already been said that they traveled widely everywhere over Chichimeca land. In some places that they left, the new cornstalks had formed tassels. In some places that they left, the new stalks had leafed out; or the ears matured or turned yellow. And in some places they first harvested it; on leaving, they ate the corn. And many kinds of things did they do on the way as they came. They traveled all over Culhuacan, in distant Culhuacan. And all traveled toward where the sun rises, or Tonallan. And the Michhuaque are relatives of the Mexica and the Malinalca. And they all came. And when they left the Michhuaque, the men and women were disporting in the water at a place called Pátzcuaro. And as they went [the Mexica] took from [the men] their capes and breechclouts, and they took from the women their skirts and their shifts. And [so] the men no longer have breechclouts. They just go with buttocks or virile members bare. And the women just take their sleeveless jackets; the men therefore have become skirted. Thus did [the Mexica] leave the Michhuaque.

And when Huitzilopochtli left his elder sister, named Malinalxoch, and all her senior advisers[7] on the way, he abandoned her as she slept because she was evil, she was responsible for great wickedness, was one who sucked

7. Literal translations of Chimalpahin's "kinship" terminology may obfuscate the nature and complexity of the actual Nahua situation. Nevertheless, in most cases and following Chimalpahin as closely as possible, we have furnished literal translations for his filial and other kinship terms, the exception being *itahuan*, "his/her fathers," which, depending upon the context, can refer to second-in-rank officials, senior advisers, priestly auxiliaries, or actual relatives. *Yhueltiuh*, "his/her older sister," is also exceedingly ambiguous. See Arthur J. O. Anderson, Frances Berdan, and James Lockhart, trans. and eds., *Beyond the Codices: The Nahua View of Colonial Mexico* (Berkeley and Los Angeles: University of Cali-

ypampa amo tlacatl cēca tlahuelilocayotl[119] yn quimotequiuhtia teyollo-
quani tecotzanani teyxcuepani. teotlaxiliani. tecochmamani tecohuaqual-
tiani. Tecoloqualtiani. ca mochi quinotza yn petlaçolcohuatl. yn tocatl.
yhuan tlahuipochin mocuepa ca cenca huey tlahuelliloc. auh ca yehuatl ynic
amo cōnec yn huitzillopochtli. ynic amo quihualhuicac yn iVeltiuh. yn itoca
mallinalxoch. yn mochintin yn itahuā yn çan quincochcauhque.
*a*uh niman oquihto yn tlamacazqui. yn huitzilopochtli. auh quimilhuia yn
itahuā yn motenehua yn teomamaque. ye cuel yehuātin yn itoca quauhtle-
quetzqui ynic ome ytoca Axollohua tlamacazqui ynic yei ytoca quauhco-
huatl. ynic nahui ytoca ococaltzin. auh oquimilhui notahuane ca amo note-
quiuh yn quimotequiuhtia yn malinalxoch. yn ompa ynic oniquiçaco ynic
onihuallihualoc ca mitl. ca chimalli. yn onimacoc. ca yaoyotl y notequiuh.
auh ca nelchiquiuh ca notzonteco ynic niquittaz. y nohuian yn altepetl. auh
ca nitechiaz ca nitenamiquiz. yn nauhcampa ca niteatlitiz. ca nitetlamacaz.
ca nican niquinnechicoz. y nepapan tlaca. Auh ca amo çā nen. ca niquin-
pehuaz. ynic niquittaz. yn chalchiuhcalli. yn teocuitlacalli. yn quetzalcalli.
yn quetzalitzcalli. yn tapachcalli. yn tlapaltehuillocalli. y nepapan yhuitl. yn
xiuhtototl. yn tlauhquechol. yn tzinitzca. in ye yxquich yn tlaçoihuitl auh yn
tlapapalcacahuatl. yn tlapapalychcatl ca mochi niquittaz. ca nel notequiuh
ca yc onihuallihualoc. auh ynin notahuane ximitaçatican ma tihuian ca
nechca yn titlamatihui. auh niman hohuallaque yn oncan yn itocayocan yn
ocopipillah. nimā huallehuaque. oncan motlallico yn itocayocan Acahual-
tzinco. oncan huecahuaque oncan yn xiuhmol **[25 verso]** pilli chiuhcnahui
anoço ome acatl yn inxiuhtlapohual yn huehuetque. ye omito yhuan oncan
quizque oncan motlallique yn ocopipilla yhuan yn itocayocan Acahual-
tzinco. auh niman yc acico yn oncan cohuatepec yn ihuicpa yn tullam

v   *A*uh in yehuatl yn ihueltiuh yn huitzilopochtli yn itoca Malinalxoch yn iquac
quicochcauhque yn oquicxicauhque yn ohualliçac niman ye choca yn malli-
nalxoch. quimilhuia yn ittahuan nottahuan campan tiazque ca nel otech-
nahualcauh y noquichtiuh yn huitzillopochtli. campan ohuia yn tlahueliloc
auh ma tictemocan yn tlalli. yn canin tiezque ca ye nohuian onohuac Auh
niman oquittaque yn tepetl ytoca texcaltepetl. yn ipcac omotlallique auh
quintlatlauhtique in yehuantin oncan chaneque yn texcaltepeca. Niman
oquimilhuique ca ye qualli. oncan onximotlallican ycpac yn texcaltepetl. auh
in yehuatl yn Malinalxoch. ye otztli[120] ye huey yn iti. Auh yn otlaçat yn
iconeuh yn Malinalxoch. oquichtli ytoca copil. yn ita ytoca chimalquauhtli
tlatohuani mallinalco.

119. *tlahuelilocayotl: tlahuelilocayoti* in Tezozomoc, 28.
120. *otztli: otli* in Tezozomoc, 31.

people's blood, made them lose their footing, deceived them, made them lose their way, put them to sleep, made them eat snakes, made them eat owls. She summoned all [manner of] centipedes and spiders. And she became a sorceress; she was exceedingly perverse. And therefore Huitzilopochtli did not want her; therefore he did not bring her hither. He just abandoned his elder sister named Malinalxoch and all her senior advisers as they slept.

And then the offering priest Huitzilopochtli spoke; he spoke to his senior auxiliaries known as the god-carriers; to the one named Quauhtlequetzqui; second, the one named Axollohua the offering priest; third, the one named Quauhcoatl; fourth, the one named Ococaltzin. And he said to them: My fathers, what Malinalxoch practices is not my practice. I have come forth from there and been sent hither for this; I have been given the arrow and the shield, for war is my practice, and by means of [the risk I take in battle with] my breast and my head I shall find altepetl everywhere. And I shall await and meet people from the four quarters. I shall give them to drink; I shall give them food. Here I shall gather together the various peoples. And not for nothing shall I conquer them. I shall thus find the house of precious green stone, the house of gold, the house of precious quetzal feathers, the house of emerald-green jade, the house of spondylus shells, the house of amethysts; and various feathers: cotinga, spoonbill, trogon: all the precious feathers; and varicolored chocolate and varicolored cotton. All [these] shall I find, for it is my task, for this I was sent hither. And [do] this, my fathers: provide yourselves with travel rations. Let us go; for we shall go there to take captives. And then they came to the place named Ocopipilla. Then they came away to settle in the place named Acahualtzinco. There they tarried; there there was a binding of the years: Nine or Two Reed [in] the ancient ones' year count. And it has already been said that they went forth and settled at Ocopipilla and the place named Acahualtzinco. And then they reached Coatepec, toward Tollan.

And when they had abandoned Huitzilopochtli's elder sister named Malinalxoch as she slept, when on foot they had abandoned her, when Malinalxoch awoke, she wept. She said to her senior advisers: My fathers, where shall we go? For truly my elder brother Huitzilopochtli has surreptitiously abandoned us. Where has the scoundrel gone? Let us seek the land where we are to be, for everywhere it has been peopled. And then they found the mountain called Texcaltepetl. They settled at its summit, and they impor-

---

fornia Press, 1976), 24–26, for a list of Nahuatl kinship terms; Susan Schroeder, *Chimalpahin and the Kingdoms of Chalco* (Tucson: University of Arizona Press, 1991), 117–197, for an analysis of Chimalpahin's sociopolitical terminology; and Frances Karttunen and James Lockhart, eds., *The Art of Nahuatl Speech: The Bancroft Dialogues* (Los Angeles: UCLA Latin American Center Publications, 1987), 43–51, for a discussion about the use of such terms in speaking.

<u>v</u>   *A*uh yn oc centlamantin in yn oncan omotlallique yn cohuatepec quin oncan
huel omonextique yn mexica chichimeca. auh in yehuantin yn oncan chan-
eque yn otomi. çan quinmotetzanhuia quitohuaya aquique yn campa ohuall-
aque y̅ nican omotlallico. campa ynchan ca amo tlaca ca cenca tlahueliloque

*a*uh in yehuantin yn Mexica. niman ye quiquetza yn inteocal. yn ichan yn
huitzilopochtli. nima̅ ye quimana ᵒⁿᶜᵃ· yn quauhxicalli. yhuan in yopico. yhua̅
tlacochcalco. huitznahuac. tlacatecpan. tzomolco. atempa̅. tezcacohuac. tlama-
tzinco. mollocotlitla. nonohualco. cihuatecpan. yzquitlan. milnahuac. co-
huatl xoxouhcan. aticpac. ca huell oncan[121] **[26 recto]** quincenquixti. quintec-
pan. quinpouh yn ixquichtin tlatlacatecollo. in yehuatl. yn huitzilopochtli. ca
yehica ynteyacancauh ymachauh yn diablosme.
*a*uh in yehuatl yn huitzilopochtli. niman ye quiteca yn itlach nima̅ ye quimana.
yn itzonpan. auh niman ye yc queltzaqua. yn atlauhtli yn tlamimilolli. oncan
omotecac yn atl. otentimoma. ytencopa omochiuh yn huitzilopochtli. auh
niman oquimilhui yn ittahuan yehuantin Mexica. notahuane ca ye omoma yn
atl xicaquican xictocacan huexotl. yhuan yn ahuehuetl yn acatl. yn tolli. a-
tlacueçonalxochitl. yhuan ye quixinachohua yn mimichtin. yn cueyame. yn a-
xollome. yn acociltin. aneneztin. ahuihuitlame yn axaxayacatl.[122] yn quateco-
matl. yoyolli. Auh yhuan yn izcahuitli. yhuan yn totome. yn canauhtli yn
yacacintli[123] yn quechilton. yn acatzanatl acollalauhque. tozcacoztique Auh yn
huitzilopochtli. nima̅ oquihto. Ynin yzcahuitli. ca huel nonacayo. neço notla-
pallo. Auh niman oncan oqueuh yn icuic cuicoya no hualmitotia. yn cuicatl.
ytoca tlaxotecayotl. yhuan tecuilhuicuicatl. yn oncan quitlalli.
*A*uh nima̅ oquihtoque yn itahuan centzonhuitznahuatl. quilhuia in yehuatl
huitzilopochtli. tlamacazque ca ye nican yez. yn motequiuh ynic tihualla. yn
titechiaz. yn titenamiquiz. yn nauhcampa yn tictotopehuaz. yn altepetl. ynic
ticaciz melchiquiuh motzonteco yca. yhuan moyollo meço. motlapallo. ynic
tiquittaz. yn titechtenehuilli y nepahpan chalchihuitl. yn tlaçotetl. yn teo-
cuitlatl. yn quetzalli. y̅ nepahpan tlaçoyhuitl. yn tlapapalcacahuatl yn tlapa-

---

121. In anticipation of the following folio: *quincenquixti.*

122. *axaxayacatl:* in Bernardino de Sahagún, *Florentine Codex: General History of the Things
of New Spain*, trans. and ed. Arthur J. O. Anderson and Charles E. Dibble, 12 vols. (Santa Fe
and Salt Lake City: School of American Research and University of Utah, 1950–82), 11:64,
axaxayacatl is the same as *quatecomatl (Ephidea californica).*

123. *yacacintli:* ibid., 27: *yacacintli* is the same as *quachilton.*

tuned [its] inhabitants, the Texcaltepeca, who then said to them: It is well, settle yourselves on the summit of Texcaltepetl. And Malinalxoch was already pregnant; her belly was already large. And Malinalxoch's child was born, a male named Copil. His father was called Chimalquauhtli; he was ruler of Malinalco.

And the others, who settled on Coatepec, there indeed showed themselves to be Mexica Chichimeca. But the [local] inhabitants, the Otomí, considered them an evil portent. They said: Who are they? Whence have they come, they who have come to settle here? Where is their home? They are evil; they are most perverse.

And the Mexica then erected their pyramid temple, Huitzilopochtli's home. There they then set out the eagle vessel and [the gods of] Yopico, and Tlacochcalco, Huitznahuac, Tlacatecpan, Tzonmolco, Atempan, Tezcacoac, Tlamatzinco, Mollocotitlan, Nonohualco, Cihuatecpan, Izquitlan, Milnahuac, Coatl Xoxouhcan, and Aticpac. Right there Huitzilopochtli assembled, arranged, and counted all the devils. For he was the leader, the chief, of the devils.

And then Huitzilopochtli built his ball court; then he laid out his skull rack. And thereupon they dammed the gorge. There was a slope; there the water spread and filled it up. This was done at Huitzilopochtli's command. And then he said to his senior auxiliaries the Mexica: My fathers, now the water has collected. Listen. Plant, sow willows and cypresses, reeds, sedges, and water lilies. And fish now bred, and frogs, salamanders, crayfish, dragonfly, larvae, swamp worms, winged water insects, [other] insects, and also red shellfish; and birds—ducks, American coots, red grackles, red-backed ones, yellow-throated ones. And Huitzilopochtli then said: These red shellfish are my very flesh, my blood, my offspring. And then and there he chanted his songs. There was singing. Also he danced. The songs were called the Tlaxotecayotl and the Tecuilhuicuicatl. He composed them there.

And then his senior auxiliaries the Centzonhuitznahua spoke: they said to Huitzilopochtli: Offering priest, your task, for which you have come, is to be here, where you are to await and meet the peoples of the four quarters; where with [risking in battle] your breast and head you are to urge on and take possession of the altepetl, which is your heart, your offspring; where you are to find what you have promised us: the various green stones, precious stones, gold, precious quetzal feathers, diverse precious feathers, varicolored chocolate, varicolored cotton, and various flowers and various fruits—various riches. For truly you have given your altepetl its roots and its head here on Coatepec. Let your senior advisers and subjects, the Azteca, the Mexitin, assemble here. [Thus] the Centzonhuitznahua importuned him.

palychcatl. yhuan ȳ nepahpan xochitl. yhuā y nepahpan xochiqualli. yn
nepahpan netlamachtilli ca nel oticnelhuayoti. otictzonteconti. y maltepeuh
ȳ nican cohuatepec. ma ye nican mocentlallicā yn motahuā y momacehual-
huan yn azteca yn Mexitin quitlatlauhtia. in yehuatin[124] yn centzonhuitz-
nahuatl. **[26 verso]**
𝒜uh niman oquallan yn huitzilopochtli. niman oquimilhui tleyn anquitohua
cuix amehuan anquimatin cuix amotequiuh cuix ānechpanahuia ca nehuatl
nicmati yn tlein nicchihuaz. Auh niman ye mochichihua yn huitzilopochtli.
yn oncan yn ichan. yn iteocalticpac. yn onmochichiuh ynic onmoyaochi-
chiuh çan iconecuitl ynic onmoxaxauh yn quimixteyayahualti[125] yhuan
ychimal yn concuic ynic quinnamic yn itlahuan ynic micalque. ᵒⁿᶜᵃⁿ yn inan
huitzilopochtli ytoca coyolxauhcihuatl yn onmoyaochichiuh niman ye huitz.
yn quinpoloquiuh yn quinmictiquiuh yn itlahuan yn centzonhuitznahuatl
oncan yn teotlachco. yn quinqua yn itlahuan Auh in yehuatl yn inan yn qui-
monantica) yn itoca coyolxauhcihuatl catca niᵐā achtopa ytech opeuh yn
quimicti. yn oncan teotlachco. quiquechcoton. oncan quiqua yehuatl yn
iyollo in coyolxauhcihuatl quiqua yn huitzilopochtli.

𝒜uh ca coyolxauh = ca yhueltiuh catca yn centzohuitznahuatl auh yn iquac
yn oquinqua yohualnepantla. auh yn otlathuic tlahuizcalpan. niman oqui-
mittaque yn itahuan yn imacehualhuā yn mexica. ça mochi helcoyontoque
yn coyolxauh. yhuan yn centzonhuitznahua. yn oncan teotlachco. aocmo
tley yn iyollo. mochi oquiqua. yn huitzilopochtli. ca cenca huey tzitzimitl.
huey colleletli omochiuh yn huitzilopochtli.
𝒜uh yn Mexica. cenca omomauhtique auh in yehuantin yn centzonhuitz-
nahuatl ynic momatia yn oncan cohuatepec. oncan yez. yn altepetl. ye oncan
mexico yez. auh ca amo quinec in yehuatl huitzilopochtli. niᵐā quicuitla-
coyoni yn atl quixitini. ynic queltzacca yn atlauhtli. yn oncā catca yn oncā
mania yn atl. niman mochi huac yn ahuehuetl yn huexotl. yn acatl. yn tolli.
yn atlacueçonal[126] **[27 recto]** xochitl. auh mochi micque yn anemia yn michin
yn cueyatl. axollotl. axaxayacatl. yn quateco.matl. yoyolli. yhuan acocillin.
aneneztin. yhuan opoliuhque omochi yahque. yn cacanauhtin. yacacintin.
quachiltin. yn teotzaname. yn aztatl. yn acoltlatlauhque. tozcacoztique. in ye
yxquich totome.
𝒶uh niman ye hualpeuh yn huitzilopochtli. yn quinhualhuicac yn itahuan yn
imacehualhuan yn mexica. auh yn oncā cohuatepec. oncan quilpique yn in-
xiuhtlapohual <u>ce tecpatl</u> ome acatl.
𝒜uh ce tecpatl 1168 yn tonalli ypan tlacat. yn huitzilopochtli. ypan conpe-
hualti yn teyacanalizyotl. yn teomama yn itoca quauhtlequetzqui. ynic qui-
yacan mexica.

---

124. *yehuatin:* read *yehuantin.*
125. *quimixteyayahualti:* read *quimixtenyayahualti.*
126. In anticipation of the following folio: *xochitl.*

And then Huitzilopochtli became angry. He said to them: What are you saying? [What] do you know? Is [this] your task? Are you greater than I? For I know what I shall do. And then Huitzilopochtli adorned himself; in his home there at the top of his pyramid temple he adorned himself. Thus did he adorn himself for war: he painted himself only with his child's excrement as he painted circles about his eyes. And he took up his shield; with it he confronted his uncles as they fought. Huitzilopochtli's mother, named Coyolxauhcihuatl, was there. When he had adorned himself for war he then came and destroyed, killed, his uncles the Centzonhuitznahua in the sacred ball court. He ate his uncles. And it was his mother, she whom he had taken as mother, named Coyolxauhcihuatl, with whom he first of all began; he killed her in the sacred ball court; he cut off her head; Huitzilopochtli ate Coyolxauhcihuatl's heart.

And Coyolxauh was the Centzonhuitznahua's elder sister. And when he ate them it was midnight. And at dawn, in the dawn's light, his advisers and his subjects, the Mexica, then saw that all, Coyolxauh and the Centzonhuitznahua, lay with breasts cut open in the sacred ball court. They no longer had their hearts; Huitzilopochtli had eaten them all. For Huitzilopochtli had become a very great demon of darkness, a great fiend.

And the Mexica were greatly terrified. And the Centzonhuitznahua had expected the altepetl to be on Coatepec; Mexico was to be there. But Huitzilopochtli did not wish it. He then bored through to the water; he destroyed what had dammed the gorge where the water was to be found. Then all the cypresses, the willows, the reeds, the sedges, the water lilies dried up. And all that lived in the water died; the fish, the frogs, the salamanders, the waterfly eggs, the insects, the crayfish, the winged water-insects. And the ducks, the American coots, the boat-tailed grackles, the herons, the red-backed ones, the yellow-throated ones, all the birds vanished; they all went away.

And then Huitzilopochtli left; he brought along his advisers and his subjects, the Mexica. And there on Coatepec they bound their year count [in the year] Two Reed.

And One Flint, 1168, was the day sign in which Huitzilopochtli was born, the time when the god-carrier Quauhtlequetzqui began the leadership, when he led the Mexica.

Auh niman ye huitze acico. yn tollan amo huecauhque yn oncan nimā hual-
miquanique yn atlitlallacyan. hualmiquanique tequixquiac oncan quichiuh-
que yn inchinan quitocaque yn chinamitl

Auh niman huallehuaque motlallico oncan acico in atēco (yn oncan chan-
eque yn tlahtohuani ytoca tlahuizcalpotonqui teuhctli cenca quintlaço-
tlaque yn mexica = quinnamictiaya yn comitl yn caxitl.) nimā on oncan qui-
manque yn intzonpan oncan oquihtoque ynic axcan ytocayocan tzompanco
(oncan quinmacac ychpoch yn tlahuizcalpotonqui teuhctli yn ichpoch ytoca
tlaquilxochtzin. yehuatl quinchiuh oncan ye tlacati. ynic ce cihuatl. ytoca
chimallaxochtzin. ynic ome ya yehuatl yn itoca huehue huitzilihuitl. yni-
quey ytoca tozpanxotzin.) niman onmotlallico. yn mexica yn quachilco. auh
niman acico yn xaltocan oncan yc ye mochinantia oncan quitocaque yn
tlaolli y huauhtli. yn etl. yn ayotli. yn chilchotl. yn xitomatl. nimā ye yc
huitze yn epcohuac. ca no oncā mochinantique.

Auh niman motlallico yn ecatepec. yhuan ytocayocan acalhuacan. niman
huallaque yn oncan tolpetlac. ye no ceppa hualle [27 verso] huaque oncan
motlallico ytocayocan huixachtitla. Auh niman huallaque motlallico ytoca-
yocā tecpayocan oncan ye no ceppa yn xiuhmolpilli ome acatl niman hual-
laque motlallico yn ocā atepetlac. Auh niman huallehuaque oncan motlallico
ytocayocan cohuatl yayauhcan. nimā huallaque yn oncan ytocayocan tete-
panco.[127] huallehuaque oncan motlallico yn itocayocā aculnahuac. niman
huallaque motlallico yn oncan popotlan. auh niman huallaque yn oncan[128]
chapoltepec yn icuitlapilco. ytocayocan techcantitlan quin yehuantin yuh
quitocayotique yn mexica. Auh yn oncan chapoltepec oncan ye no yn xiuh-
quilpique yn xiuhtlapohualli ome acatl

auh nimā oncan ye quinnahuatia yn Mexica in yehuatl yn huitzilopochtli. ye
quimilhuia in yehuantin teomamaque yn itoca quauhtlequetzqui. ynic ome
ytoca axollohua tlamacazqui. yhuan yniquey ytoca ococaltzin. auh in yehuan-
tin in yn teomamaque oquimilhui yn huitzilopochtli. notahuane. yn tleyn
mochihuaz. oc xicchiyecan ca anquittazque. tla oc xicchiyecan ca nehuatl nic-
mati. ximochicahuacan ximotlapallocan. ximochichicahuacan. ximocencahua-
can macamo nican yn tiezque. oc nechca yn titlamatihui yn oncan titlapiez-
que. Ahu inin ma oc tiquinchiyecan yn techpolloquihui. ontlamantin in ye
huitze.

v Auh in yehuatl yn itoca Mallinalxoch. yn ihueltiuh yn huitzilopochtli. oquil-
hui yn iconeuh in yehuatl yn itoca Copil. quilhui nonantzine. ca cenca nic-
mati onca moquichtiuh niman oquilhui ca quemaca ca onca yn motla. ytoca
huitzilopochtli. ynic nechcauh[129] [28 recto] Çan nechcochcauh, nechnahual-
cauh yn otlipan auh nimā yc nican titotlallique yn texcaltepeticpac. niman
oquihto. yn copil ca ye qualli nonantzine ca ye nehuatl nicmati ca nicte-

127. *tetepanco: Tepepanco* in Tezozomoc, 38.

128. *popotlan. auh niman huallaque yn oncan* omitted in ibid.

129. In anticipation of the following folio: *çan nechcochcauh.*

And then they went on. They reached Tollan. They did not tarry. They then departed from there for Atlitlallacyan and departed [from there] for Tequix-quiac. There they made their reed fences; they planted reed fences.

And then they came on, settled, and arrived at Atenco (where the inhabi-tants and the ruler, named Tlahuizcalpotonqui teuhctli, much esteemed the Mexica and intermarried with them). There they laid out their skull rack where they called it Tzompanco, as its name now is. (There Tlahuizcalpo-tonqui teuhctli gave them his daughter; his daughter's name was Tlaquil-xochtzin. She begot and there were born first a girl named Chimallaxochtzin; second, one named Huehue Huitzilihuitl; and third, one named Tozpan-xotzin.) Then the Mexica settled in Quachilco. And then they arrived in Xal-tocan. There they made reed fences for themselves; there they planted corn, amaranth, beans, squash, green chilis, and tomatoes. Thereupon they went to Epcoac; there also they made reed fences for themselves.

And then they settled at Ecatepec and a place named Acalhuacan. Then they came to Tolpetlac. Once again they came on to settle at a place named Huixachtitlan. And then they came to and settled in the place named Tec-payocan. There once again the years were bound [in the year] Two Reed. Then they came and settled in Atepetlac. And then they came on and settled in the place named Coatl Yayauhcan. Then they came to the place named Tetepanco. They came on from there and settled in the place named Acul-nahuac. Then they came to and settled in Popotlan. And then they came to the tail end of Chapultepec, a place named Techcantitlan [as] the Mexica later named it. And there at Chapultepec they also bound the years [in the year] Two Reed.

And there Huitzilopochtli then gave commands to the Mexica. He spoke to the god-carriers. [One] was named Quauhtlequetzqui; the second was named Axollohua the offering priest; and the third was named Ococaltzin. And Huitzilopochtli said to the god-carriers: My fathers, you are still to await what is to be done and what you are to find. You are still to wait for that which I know. Exert yourselves; be daring, continue to exert yourselves; prepare yourselves. We are not to remain here; we are to go still farther on to take captives and to stand guard there. And this [too]: we must still await those who are coming to destroy us. There are two who come.

And to her named Malinalxoch, Huitzilopochtli's elder sister, her child named Copil said: My mother, I know well that you have an elder brother. Then she said to him: Yes, you have an uncle. His name is Huitzilopochtli. When he abandoned me, he just abandoned me as I slept; he abandoned me surreptitiously on the way. And so then we settled ourselves here on the top of Texcaltepetl. Then Copil said: Very well, my mother, I know it. I shall seek him where in comfort he has settled. I shall utterly destroy him; I shall eat him. And I shall destroy, I shall conquer, those he took with him, his senior auxiliaries and his subjects. And well do I know of all the gifts belonging to whoever will find and enjoy the varied riches. But it will be I, [with] my fore-

motiuh yn canin otlahuelmatito. yn canin omotlallito. ca nicpopollotiuh ca nicquatiuh. Auh ca niquinpopollotiuh ca niquinpehuatiuh yn oquinhuicac yn itahuan yn imacehualhuan auh ca cenca nicmati yn ixquich ynemac yn itech pouhqui yn quittaz. yn quimahuiçoz. y nepahpan netlamachtilli. auh ca nehuatl niyez ca nehuatl nonemach ez. yn ixquich y nepahpā chalchihuitl. yn teocuitlatl. yn quetzalli. y nepahpā yhuitl yn tlapahpalcacahuatl. yn tla-pahpalychcatl. y nepapan xochitl. y nepahpan xochiqualli. auh ynin nonā-tzine. maca xitlaocoya. ye niyauh nictemotiuh yn tlahueliloc notlah. cenca xinechmochilli[130]

*a*uh ca nimā ye yc huitz. omocencauh omochichiuh yehuatl yn itoca copil. ca cenca huey tlahueliloc. Auh ca cenca huey nahualle amo mach iuhqui yn inan yn itoca Mallinalxoch. ca cenca huey tlahueliloc. yn copil. niman ye huitz. ypan ce calli xihuitl 1285. años. oncan mocuepaco. yn itocayocan ço-quitzinco. ye no ceppa huitz. oncan mocuepaco yn itocayocan atlapalco. ye no ceppa huitz. oncan mocuepaco yn itocayocan ytztapaltemoc. Auh ca yehuatl yn copil. yc mocuep ypan moquixti ytztapaltetl. yc motocayotia. yn axcan ca tiquitohua yn mochi tlacatl. ytztapaltetitla Auh ca in yehuatl yn copil. ca ynecuepca mochiuh yn ytztapaltetl. in yehuatl yn copil auh ye no ceppa mocuepa yn ichan yn texcaltepeticpac ytoca. Auh yn axcan yn malli-nalco. ca yehuatl quitocayotica ypampa ca yehuatl ycaca ytoca yn Mallinal-xoch. ynic monotza altepetl Malinalco. quin yehuatl oncan yc tlatoca **[28 verso]** Macatacico yn itoca Malinalxoch. ynic acico. auh in yehuatl yn copil. ye no ceppa huitz. quihuicatz ychpoch ytoca azcatl xochtzin. oncan mocuepaco yn itocayocan tecpatzinco.

<u>v</u> *A*uh in yehuatl yn huitzilopochtli. niman huell oquimah huell oquitac in ca yehuatl yn imach in ye huey yn itoca copil. niman oquimilhui yn itahuan no-tahuane ximochichihuacan. ximocencahuacan ca ye huitz. yn tlahueliloc y nomach. ye niyauh nicpopolotiuh nicmictiz auh niman oquinamic yn oncan ytocayocan tepetzinco auh yn oquittac oquilhui ac tehuatl campa tihuitz. quihualilhui ca nehuatl oc ceppa conilhui campa mochan. quihualilhui ca ompa yn texcaltepeticpac. niman oquihto. yn huitzilopochtli. ca ye qualli cuix amo tehuatl. yn omichiuh y nohueltiuh yn Malinalxoch. / niman oquihto yn copil. ca quemaca. ca nehuatl. auh ca nimitzaciz. ca nimitzpopolotiuh tle ypampa yn ticcochcauh yn ticnahualcauh y nonantzin auh ca nimitztlatlatiz conilhui yn huitzilopochtli. ca ye qualli tla xihuallauh Niman ye yc mona-hualtotoca. nimā ocacique yn copil. yn oncan tepetzinco. auh yn iquac yn omic ca nimā quiquechcoton niman ye queltequi. yn oqueltec conanilli yn iyollo. auh ycpac quitlalli yn tepetzintli yn itzonteco. yn axcan ye ytocayocan Acopilco. auh ytzonteco yn copil oncā mic

<u>v</u> *A*uh in yehuatl yn huitzilopochtli. yn oconmicti niman ye yc hualmotlallotia

<hr>

130. *xinechmochilli*: read *xinechmochielli*. Tezozomoc, 40, has *xinechmoxilli*.

knowledge of all the various precious green stones, gold, quetzal and various feathers, varicolored chocolate, varicolored cotton, various flowers, various fruits. And [heed] this, my mother: do not be sad. Now I am going to seek my wicked uncle. Await me well.

And thereupon the one named Copil came; he prepared himself; he adorned himself. He was exceedingly wicked and a very great *nahualli*. Copil was not the equal of his mother, Malinalxoch by name, but [nonetheless] was exceedingly wicked. Then he came in the year One House, 1285. He turned back to the place named Çoquitzinco. Once again he advanced, turned back to the place named Atlapalco, once again advanced, turned back to the place named Itztapaltemoc. And when Copil returned he appeared as a paving stone *(itztapaltetl)*. Hence the place is named and now every one of us says Itztapaltetitla, and Copil's return was as a paving stone. Copil once again returned to his residence named Texcaltepeticpac, though now it is Malinalco. That is its place name because the one named Malinalxoch was there. The altepetl is called Malinalco because Malinalxoch gave it such a name when she arrived. And Copil once again came; he brought his daughter, named Azcatl Xochtzin, and returned to the place named Tecpatzinco.

And Huitzilopochtli well knew and clearly saw his nephew, Copil by name, now [grown] large. He then said to his senior auxiliaries: My fathers, adorn yourselves, prepare yourselves; for now my wicked nephew is coming. Now I am going to destroy him. I shall kill him. And then he met him at the place called Tepetzinco. And when he saw him he said to him: Who are you? Where do you come from? [The other] said to [Huitzilopochtli]: It is I. Once again [Huitzilopochtli] said to him: Where is your home? [Copil] said to him: It is in Texcaltepeticpac. Then Huitzilopochtli said: It is well. Are you not the one my elder sister Malinalxoch begot? Then Copil said: Yes. It is I. And I shall seize you; I am coming to destroy you. Why did you leave my mother stealthily as she slept? But I shall kill you. Huitzilopochtli said to him: It is well; come. Thereupon they stealthily took after each other. Then they overtook Copil at Tepetzinco. And when he had died then [Huitzilopochtli] cut off his head and cut open his breast. When he had cut open his breast he took his heart from him. And he placed his head on top of Tepetzintli, a place now named Acopilco, [for] there Copil's head died.

And when Huitzilopochtli had killed him he thereupon went running hither with Copil's heart. And the god-carrier named Quauhtlequetzqui went to meet Huitzilopochtli. When he met him he said to him: Greetings, offering priest. [Huitzilopochtli] said to [Quauhtlequetzqui]: Come, Quauhtle-

yca. yn iyollo yn copil. auh in yehuatl yn teomama yn itoca quauhtlequetz-
qui quinamictiuh yn huitzilopochtli. yn oquinamic. oquilhui Oticmihiyohuilti
tlamacazque. oquihualilhui tla xihuallauh quauhtlequetzque. Yzca yn iyollo.
yn tlahueliloc. yn copil. ca onicmictito. auh xicmotlalochti yn tollitic yn aca-
yhtic yc tiquittaz[131] **[29 recto]** oncan mani tepetlatl. oncan mocehui yn quetzal-
cohuatl yn iquac yah. auh yn ic [t̶i̶q̶u̶i̶t̶a̶z̶ ̶.̶ ̶.̶ ̶.̶]pal centetl tlauhyo cetetl
tliltic. oncan timoquetzaz. yn toconmayahuiz. yn yehuatl. yn iyollo. yn copil.
auh niman ye yc huitz yn quauhquetzqui yn quimayahuiz yollotli. yn
onacico yn oncan oquitlatenehuili. niman oquittac. yn tepetlatl. oncan mo-
quetz yn conmayauh yollotli. nimā ompa huetztito. yn tollotic[132] yn acayhtic.
niman ye yc oncan mocuepa yn oconmayahuito. in yollotli in yehuatl yn
quauhcohuatl (anoço quauhtlequetzqui. contlamantilia yn intlahtol hue-
huetque yn ac yehuatl quimayahuico yollotli ypampa ce tlacatl yn quauhtle-
quetzqui no ce tlacatl yn quauhcohuatl. ynin[133] oacico tehuan yn tenochtitlan.
auh yn quauhtlequetzqui. oncan mic yn chapoltepec. ypā ce calli xihuitl
1285. años. auh yn axcan tictocayotia tlalcocomocco. yn oncan moquetz. yn
quauhcohuatl ynic quimayahuico yollotli.

v Auh yn ipan in omoteneuh ce calli xihuitl 1285. años. ynic quinhualpehuaya
mexica. yn Malinalca yhuan huey tenanco ynchan yehuantin oncan quimic-
tique yn quauhtlequetzqui. in iuh quitohua yece amo yaomiquin yn quauh-
tlequetzqui ypanpa yn copil yn ichpoch quivalhuicaca ynic quinhualpehuaya
mexica. yn iquac temac huetzico ye quin iquac oncan quimacac yn quauhtle-
quetzqui yn azcatl xochtzin. oc quipilhuatitia oncan tlacat yn itoca cohua-
tzontli. ytlaçopiltzī yn quauhtlequetzqui. ypampa yn yn amo huel momati
mellahuac oc quezquixiuhti yn quauhtlequetzqui yn oyuh temac huetzico
copil. macihui yn ipan ce calli xihuitl quimachiyotia huehuetque yn mic yece
camo yaomic çan momiquilli oncan yn chapoltepec yn tleyn ipan xihuitl. //
Auh yece yn ipan omoteneuh ce calli xihuitl ye mellahuac yn ipā quinhual
[29 verso]pehuaya mexica yn malinalca yn oncan chapoltepec yehuatl yquac
mic yn copil. //
auh yn mexica niman ic yahque acuezcomac. quizque huehuetlan atlixocā.
teoculhuacan. tepetocan. huitzilac. culhuacan. huixachtla. cahualtepec. tetla-
cuixomac. tlapitzahuayan. motlallito. ypan ome tochtli xihuitl 1286. años. yn
motecato cequintin mexica yn tlapitzahuayā ompa matlacxiuhtito.

¶ xj. acatl xihuitl. 1295. años. ypan in ye ypan quecholli yn inmetztlapohual
catca huehuetque. ynic çacatla quiquiçaya mexica çan quinmotetzanhuiaya
yn intzoncuetlax quitlalia mexica yn chachalca.[134] oncan quinchololtique

131. In anticipation of the following folio: *oncan*.

132. *tollotic*: read *tollitic*.

133. *ynin: ynic* in Tezozomoc, 44.

134. Translation of this passage is tentative. Cf. Sahagún, *Florentine Codex*, 2 (rev. ed.): 136–
37, on *çacapan quixoa*.

quetzqui. Here is the wicked Copil's heart, for I have killed him. And you are now to take it with you to the midst of the sedges and reeds where you will find that there is a porous stone. There Quetzalcoatl rested when he went away, and [there are] his seats, one red, one black. You are to stand there as you throw Copil's heart. And thereupon Quauhtlequetzqui came [there] to throw the heart. When he had arrived where he had promised he then found the porous stone. There he stood as he threw the heart, [which] then fell into the midst of the sedges and reeds. Thereupon Quauhcoatl returned from where he had gone to throw the heart—or it was Quauhtlequetzqui. The ancient ones make two [versions in] their accounts as to who threw the heart; because there was a certain Quauhtlequetzqui, and there was also a certain Quauhcoatl who reached Tenochtitlan with the others. But Quauhtlequetzqui died in Chapultepec in the year One House, 1285. And now we give the name Tlalcocomocco to the place where Quauhcoatl stood when he threw the heart.

And it was in the aforesaid year One House, 1285, that the Malinalca defeated the Mexica and at their home in Huey Tenanco killed Quauhtlequetzqui. So they say. However, Quauhtlequetzqui did not die in war; because Copil had brought his daughter when they defeated the Mexica. At the time that he fell into [the Mexica's] hands he then gave Quauhtlequetzqui [his daughter] Azcatl Xochtzin; she yet bore the one named Coatzontli, Quauhtlequetzqui's legitimate son; he was born there. Because of this it is not known exactly how many years Quauhtlequetzqui still lived when Copil had thus fallen into their hands. Although the ancient ones represented that it was in the year One House that he died, yet he did not die in war; he only died in Chapultepec in that year. And yet it was precisely in the said year, One House, that the Malinalca attacked the Mexica in Chapultepec, and that Copil died.[8]

And the Mexica then went to Acuezcomac. They left for Huehuetlan, Atlixyocan, Teoculhuacan, Tepetocan, Huitzilac, Culhuacan, Huixachtla, Cahualtepec, and Tetlacuixomac. They settled in Tlapitzahuayan; in the year Two Rabbit, 1286, some of the Mexica spread to Tlapitzahuayan, where they spent ten years.

The year Eleven Reed, 1295: At this time, in [the month of] Quecholli in the month count of the ancient ones, when the Mexica kept going forth into the grasslands, the people of Chalco regarded them as an evil portent [because of] the head leather that the Mexica put on. They chased them from there;

8. Diego Durán, *Historia de las Indias de Nueva España e islas de Tierra Firma*, ed. Ángel María Garibay K. (Mexico City: Editorial Porrúa, S.A., 1967), 38–39, telescopes this into the 1299 Chapultepec episode but implies Mexica victory.

quintetepachoque. ye no ceppa ompa yahque yn chapoltepec. yquac yntlato-
cauh mochiuhticatca yn huehue huitzillihuitl. yn mexica.

v   Auh ynic ontlamantli. yn oncan mochiuh yn chapoltepecuitlapilco oncan
quinyaoyahualloque = yn mexica. yn ixquich yn tepaneca. azcapotzalca
yhuan yn ~~tepaneque~~ culhuaque. yn xochimilca. ȳ cuitlahuaca. yhuan yn
chalca. ompa mocenquixtique. mocentlallique yn altepetl ipan tlaca yn ix-
quichtin. yn ompa yn chalco. ychan yn itoca huehue cacamatl teuhctli yntla-
tocauh catca yn chalca amaquemeque. o yhui yn quitohua mexica.

v   Auh yece y nehuatl nican ninotocatenehua Domīgo de S. Anton Muñon chi-
malpahin. onictepotztocac onicnemilli yn chalcaxiuhtlapolhuallamatl yn
iquac ypan in yaoyahualloloque mexica yn oncan chapoltepec yn ipan ome
acatl xihuitl[135] 1299. años. oc yehuantin ȳpan yquac tlahtocati yn huel oc
chichimeca tlahtoque yn acico chalcatlalpan. ynic ce ytoca yacahuetzqui[136]
[30 recto] Teohuateuhctli yntlatocauh yhuan ymacicauh[137] yn chalca yn tlal-
manalca. auh ynic ome ytoca Atonaltzin chichimeca teuhctli tlahtohuani
yntlahtocauh yhuan ymacicauh yn totollimpaneca yn amaquemeque. yni-
quey ytoca quahuitzatl teuhctli tlayllotlac teuhctli. yn yntlatocauh yhuan no
ymacicauh yn tenanca. ynic nahui ytoca ytzquauhtzin atlauhtecatl teuhctli
yntlatocauh yn tenanca atlauhteca. yhuan oc cequintin yn chalco tlahtoque
yn amo nican niquintocatenehua yn inpan mochiuh ynic yaoyahualloque
mexica yn oncan chapoltepec. auh yn quitenehua mexica yn itoca huehue ca-
camatzin. ca ayc otlahtocat. yn amaquemecan çan mochipa tlahtocapilli
catca huey tiacauh ye yxhuiuhtzin yn atonaltzin chichimeca teuhctli tlato-
huani amaquemecan. auh ye quin çatepan yn omonemiltico[138] tlalticpac
ayemo ypan yn oncan quitenehua mexica.

v   Auh yn chapoltepec. Oncan cacique yn huehue huitzilihuitl. in yehuatl yn
achtopa yn tlahtohuani catca huitzilihuitl. ompa quihuicaque yn culhuacan
ompa quimictique yn culhuaque.

v   Auh niman ye yc onmiquania yn Mexica yn oncan acuezcomac oncan qui-
xinque[139] oncan quicuiq̄ yn atlatl. ynic axcan ytocayocan Atlacuihuayan ni-
man ye yc huitze. onmotlallico. yn maçatlan yhuan yn tepetocan mochi yc
motecaque in Mexica. auh ca nimā oncan huallaque yn culhuacan. auh ye-
huatl yn coxcoxtli tlahtohuani yn oncan culhuacan. macihui quimachiyotiti-
hui huehuetque mexica yehuatl ypan yn achi[30 verso]Tometl tlahtohuani
yn oncan culhuacan (yece y nehuatl Domingo de S. Anton Muñon chimal-
pahin huell onicnemilli yn Mexicaxiuhtlapolhuallamatl oniquittac. yn ipan
omoteneuh tlacpac yn ome acatl xihuitl 1299 años. yehuatl yn coxcoxtli tlah-
tocati yn oncan culhuacan). niman oquimilhui yn Mexica yn huitzilopochtli.

---

135. Tezozomoc, 47, omits *xihuitl.*
136. In anticipation of the following folio: *teohuateuhctli.*
137. *ymacicauh:* in Tezozomoc, 47, the term is translated as *su caudillo.*
138. *omonemiltico:* read *omonemilico.*
139. *quixinque: quinxinque* in Tezozomoc, 48.

they stoned them. Once again [the Mexica] went to Chapultepec. At that time Huehue Huitzilihuitl had become ruler of Mexico.

And the second [event] occurred behind Chapultepec, where all the Tepaneca, Azcapotzalca, Culhuaque, Xochimilca, Cuitlahuaca, and Chalca laid siege to the Mexica. There in the altepetl mustered and assembled all the people of Chalco, home of the one named Huehue Cacamatl teuhctli, who, the Mexica say, was ruler of the Chalca Amaquemeque.

But I who here tell my name, Domingo de San Antón Muñón Chimalpahin, have investigated and considered the year-count book of the Chalca as to the time when the Mexica were besieged in Chapultepec. It was in the year Two Reed, 1299. Those who ruled at that time were indeed still Chichimeca rulers who had reached Chalca land. The first was named Yacahuetzqui *teohua* teuhctli, ruler and chief of the Chalca Tlalmanalca; the second was named Atonaltzin, Chichimeca teuhctli, ruler and chief of the Totolimpaneca Amaquemeque; the third was named Quahuitzatl teuhctli, *tlailotlac* teuhctli, ruler and also chief of the Tenanca; the fourth was named Itzquauhtzin, *atlauhtecatl* teuhctli, ruler of the Tenanca Atlauhteca; and there were other rulers of Chalco whom I do not mention by name here. In their time it befell that the Mexica were besieged in Chapultepec. But he whom the Mexica mention, named Huehue Cacamatzin, never ruled in Amaquemecan. He was always only a great lord, a great, brave warrior, a grandson of Atonaltzin Chichimeca teuhctli, ruler of Amaquemecan, and he lived on earth later, not when the Mexica mention him.

And in Chapultepec they captured Huehue Huitzilihuitl, the Huitzilihuitl who was the first ruler. They took him to Culhuacan; there the Culhuaque killed him.

And thereupon the Mexica withdrew to Acuezcomac. There they fashioned, they took up, their spear-throwers. Hence its place name now is Atlacuihuayan. Thereupon they came on and settled in Maçatlan and Tepetocan. All the Mexica assembled there. And then they came to Culhuacan. And Coxcoxtli was ruler in Culhuacan—although the ancient Mexica have represented Achitometl as ruler in Culhuacan at that time. (However, I, Domingo de San Antón Muñón Chimalpahin, have thoroughly studied the year-count book of the Mexica; I have seen that in the year Two Reed mentioned above, 1299, Coxcoxtli was ruler in Culhuacan.) Then Huitzilopochtli said to the Mexica: My fathers, ask Coxcoxtli where we are to be. They implored Coxcoxtli; they said to him: O lord and ruler, we ask you: Where, in truth, are we to go? For truly we have known that it is your altepetl. Help us with a little of your land on which we may remain. Then Coxcoxtli answered them; Coxcoxtli said: It is well.

notahuane xictlatlauhtican yn coxcoxtli. canin tiezque niman oquitlatlauh-
tique yn coxcoxtli. quilhuique tlacatle tlahtohuanie. ca timitztotlatlauhtilia =
campa nel tiazque ca onell oticmatque. yn Matzin yn Motepetzin. ma xitech-
motlaocolili. achitzin yn motlaltzin. yn oncan ypan tonyezque. nimā oquin-
nanquilli oquihto. yn coxcoxtli. ca ye qualli

Auh niman oquinnahuati yn itlahtocahuan yn coxcoxtli. yn culhuaque quim-
ilhuia. campan yezque oquilhuique yn itlahtocahuan tlacatle tlahtohuanie.
ma ompa huian ma ye ompa yeti. yn tepetitlan. ȳ nican tiçapan.[140] nimā
ompa quincahuato. oquintlallito. yn ompa tiçaapā. auh niman oquinonotz-
que yn tlahtohuani yn coxcoxtli = quilhuia tlacatle tlahtohuanie. ca otiquin-
cahuato. yn tiçaapā yn Mexica. niman oquihto. yn coxcoxtli = ca ye qualli. ca
amo tlaca. ca cenca tlahuelliloque açompa tlamizque cohuaquallozque. ca
cenca ȳchan yn cocohua.

Auh in yehuantin yn Mexica. cenca opahpacque yn oquimittaque yn coco-
hua. çan moch yehuantin yn quinmopahuaxillia. yn quinmotlehuachillia. yn
quiqua yehuantin mexica.

Auh niman ye quitohua yn coxcoxtli. oquilnamic ye quimilhuia culhua-
quehe. yn anquincahuato tla xiquimittati. cuix omicque niman oquilhuiq̄ ca
ye qualli tlacatle tlatohuanie.[141] **[31 recto]** Ma tiquimittatin. auh yn oqui-
monittaque. tlapopotztoque. poctli mani. tlatlatia. yn inpan onacique. nimā
quimilhuique. ohuanquihiyohuique. mexicaye. çā tamechittaco. tamechtla-
palloco. quen ancate. nimā oquinhualnanquillique. oquimilhuique oantech-
mocnellilique. ca tipacticate quimonilhuique ca ye qualli. ye tihui. huallaque
yn tecpan niman ye quinonotza. yn coxcoxtli. ye quilhuia tlacatle tlahto-
huanie. ca otiquimonittato. ca oquintlatlamiq̄. yn cocohua yn oquinquaque
cayocaque yn cocohua ca otlanque. nimā oquihto. yn coxcoxtli. o tla xiquim-
ittacan ca tlahuelliloque. ma quichiuhtiecan[142] = maca xiquinnotzacan.

Auh in mexica. in ye huecahua ye quinmocihuamontia yn imichpochhuā yn
culhuaque in yehuantin Mexica auh yn culhuaque ye quinmomontia yn
Mexica yn intelpochhuā ye nellihui yn inpilhuan //
auh yn tlahtohuani coxcoxtli. oncatca yeyntin ypilhuan ynic ce ytoca huehue
Teçocomoctli.[143] ynic ome ytoca huehue acamapichtli yn çatepan in ompa
tlahtocat yn culhuacan yniquey cihuatl amo huel momati yn itoca quimoci-
huauati yn itoca opochtli yn iztahuatzin çan huel mexicatl tequihua yn ceme
mexica
yhuan oncan mocihuahuatique culhuacā yehuatl yn itoca cohuatzontli yn

140. *tiçapan:* read *Tiçaapan.*
141. In anticipation of the following folio: *ma tiquimittatin.*
142. *quichiuhtiecan: quichiuhticcan* in Tezozomoc, 51.
143. *Teçocomoctli::* read *Teçoçomoctli.*

And then Coxcoxtli gave orders to his great noblemen, the Culhuaque. He said to them: Where are they to remain? His great noblemen said to him: Lord, ruler, let them go, let them remain among the mountains here in Tiça-apan. They then left and settled them in Tiçaapan. And then [the noblemen] informed the ruler Coxcoxtli. They said to him: Lord, ruler, we have left the Mexica in Tiçaapan. Then Coxcoxtli said: It is well. They are evil; they are very wicked. Perhaps they will come to an end there, eaten by snakes; for it is great snake country.

But the Mexica were overjoyed when they saw the snakes. They cooked them all; they roasted them for themselves; the Mexica ate them.

And then Coxcoxtli, who had remembered [the Mexica], spoke; he said: Culhuaque, you who went to leave them: go to see them. Have they died? Then [the Culhuaque] said to him: It is well, lord ruler. Let us go to see them. And when they went to see them they were making much smoke. It was smoky; there were fires when they reached them. Then [the Culhuaque] said to them: Greetings, O Mexica. We have only come to greet you. How are you? [The Mexica] then answered them; they said to them: We thank you for the favor you have shown us. We are happy. [The others] said to them: It is well. Now we are going. They went to the palace. Then they informed Coxcoxtli; they said to him: Lord, ruler, we went to visit them. They have exterminated the snakes; they have eaten them. There are no more snakes; they have been finished off. Then Coxcoxtli said: Look at the wicked ones. Let them proceed. Do not speak to them.

And as to the Mexica: the Mexica, who now tarried, took Culhuaque girls as daughters-in-law, and the Culhuaque took young Mexica men as sons-in-law. Now their children mingled.

And the ruler Coxcoxtli had three children. The name of the first was Huehue Teçoçomoctli. The name of the second was Huehue Acamapichtli; he later ruled in Culhuacan. The name of the third, a girl, is unknown; she married one named Opochtli Iztahuatzin, only a Mexica seasoned warrior, one of the Mexica.

And one [of those who] were married in Culhuacan was named Coatzontli; he took the daughter of Acxoquauhtli, who was a ruler. The noblewoman he took was named was Naçoatl.

conan ychpoch yn acxoquauhtli tlahtohuani catca. yn cihuapilli conan ytoca naçohuatl.).

Auh niman ohualpanoque. yn oncan culhuacan yn mexica oquinhualhuicaque yn incihuahuan yn imichpochhuan yn culhuaque ye quinpilhuatia yn oncan yhtic altepetl. yn culhuacan

v   Auh yn ipan omoteneuh ome acatl xihuitl 1299. años. **[31 verso]** yn ipan toxiuhmolpilli. yn iquac oncan callaquico ypan altepetl culhucan yn Mexica ye yuh nepa matlacpohualxihuitl ypan cenpohualloncaxtolli ypan ce xihuitl. ompa hualquizque yn inchan[144] aztlā yn ixquich yc nohuian[145] otlipan ohualnentiaque ynic oncan motlallico culhuacan yn ipan tlahtohuani omoteneuh coxcoxtli

v   Auh yhuan ye yuh nepa matlacpohualxihuitl ypan cenpohuallonmacuilli xihuitl. ompa hualquizque yn çan oncā yc quiçaco yn quinehuayan chicomoztoc. ynic nohuian ohtlipan hualnentiaque ynic niman oncan ocallaquico culhuacan oncan omotlallico. yn ipan omoteneuh ome acatl yquac oncan quitlallique niman yn tenochtzin yn quinyacanaz mexica oncan quilpillique yn ixiuh[146] yc macuilpa oncan quilpillitacico yn inxiuh mexica yn ixquichica ompa yc hualquizque aztlan ynic cenca huecauhtica ynic hualmotlatlallitiaque ynic nohuian ymohuipan ohualnētiaque huehuetque ynic ohuacico culhucan

¶ x. acatl xihuitl 1307. años. ypan in momiquillico. yn tlacatl coxcoxtli tlahtohuani catca culhuacan oncan quincauhtia yn itic yaltepeuh yn mexica. ye yuh chiuhcnauhxihuitl oncan motlallico auh yc niman oquauhtlahto yn achitometl. yn oncā culhucan.

¶ xiij. acatl xihuitl 1323. años. ypan in oncā cenpohualxiuhtique onmacuiltique yn tiçaapan culhuacan yn mexica. ynic oncan onoque //
Auh in yehuatl niman oquimilhui yn itahuan yn huitzilopochtli. quimilhui notahuane oc ce tlacatl ȳ neciz. ytoca yaocihuatl. ca nocitzin.[147] **[32 recto]** Auh ca tiquixnextizque. auh tla xiccaquican notavane. ca amo[148] nican yn tiezque ca nechca yn titlamatihui yn oncan titlapiezque. auh ca amo çan nen yn tiazque. yn tiquintlalcahuizque[149] yn culhuaque. ca ticacocuizque yn tomiuh yn tochimal. auh yn axcan ximochicahuacā. ximocencahuacan ca ohuanquicacque yn oncan ixneciz yn yaocihuatl. ȳ nocitzī auh ca namechnahuatia. tla xihuian xiquitlaniti yn ipiltzin. yn ichpoch yn achitometl. huel yehuatl yn itlaçopiltzin anquitlanilizque ca nehuatl nicmati namechmacaz.

---

144. *yn inchan: chain* in Tezozomoc, 53.
145. *yc nohuian: yn nohuian* in ibid.
146. *ixiuh:* read *inxiuh.*
147. In anticipation of the following folio: *auh ca tiquixnextizq̄.*
148. *amo: omo* in Tezozomoc, 54.
149. *tiquintlalcahuizque: tiquintlacahuizque* in ibid.

And then the Mexica crossed over to Culhuacan. They brought hither their wives, the daughters of the Culhuaque, who now begat children within the altepetl of Culhuacan.

And in the aforesaid year, Two Reed, 1299, when our years were bound and the Mexica entered the city of Culhuacan, it was two hundred and thirty-six years after they had emerged from their home in Aztlan, all traveling everywhere on their way until they settled in Culhuacan in the time of the said ruler Coxcoxtli.

And also it was two hundred and twenty-five years after they emerged and issued from Quinehuayan Chicomoztoc to travel everywhere on their way until they entered Culhuacan and settled there in that [year], Two Reed. They then installed Tenochtzin to lead the Mexica. There the Mexica bound their years, as they arrived, for the fifth time since the ancient ones emerged from Aztlan and for a long time kept settling everywhere as they traveled hither on their way until they came to reach Culhuacan.

The year Ten Reed, 1307. At this time the lord Coxcoxtli, ruler of Culhuacan, died. He left the Mexica in his city; they had settled there for nine years. And immediately Achitometl was interim ruler of Culhuacan.

The year Thirteen Reed, 1323. By this time the Mexica had spent twenty-five years in Tiçaapan Culhuacan dwelling there.

And then Huitzilopochtli spoke to his senior auxiliaries. He said to them: My fathers, another personage is to appear. Her name is Yaocihuatl; she is my grandmother. And we are to acquire her. And listen, my fathers: we are not to remain here; it is farther on that we are to go to take captives and stand guard there. And we shall not go in vain. We shall leave the Culhuaque; we shall wield our arrows and our shields. And now strengthen yourselves; prepare yourselves, for you have heard that Yaocihuatl, my grandmother, is to appear there. And I command you to go to ask Achitometl for his child, his daughter; you are indeed to ask for his beloved child. For I know [what] I shall give you.

*a*uh niman oyahque ȳ mexica. oquitlanito. yn ichpoch yn achitometl. o. qui-
tlatlauhtique. yn Mexica quilhuia nopiltzitzine[150] tlacatle tlahtohuanie. ca
timitztotlatlauhtilia yn timocolhuan yn timomacehualhuan yhuā yn ix-
quichtin yn Mexica. ca ticmomacahuiliz ca titechmomaquiliz. yn mocozqui
yn moquetzal yn mochpochtzin yn toxhuiuhtzin yn cihuapilli ca ompa mo-
tlapiellitiez.[151] yn oncan yn tepetitlan tiçaapan. auh niman oquihto yn achi-
tometl ca ye qualli Mexicahye. ma xichuicacan nimā oquinmacac yn mexica
oquihuicaque[152] yn ichpoch. yn achitometl. caxitique ocontlallito yn oncan
tiçaapan niman ye quihtohua yn huitzilopochtli. quilhuia yn intoca teoma-
maque. axollohua tlamacazqui. yhuan yn quauhtlequetzqui anoço quauh-
cohuatl. quimilhuia notahuane namechnahuatia yn ichpoch yn achitometl
xicmictican xicxipehuacan yn iquac yn oanquixipeuhque. ce tlacatl xocona-
quicā. yn tlamacazqui.

*a*uh niman ye quimictia. yn quixipehua[153] yn cihuapilli. yn oconxipeuhque
yn iyehuayo nimā ye conaquia. yn ce tlacatl tlamacazqui. Auh ni [32 verso]
Man oquihto yn huitzilopochtli. notahuane tla xicnotzati yn achitometl. ni-
man oyahque yn mexica oquinotzato. quilhuia. totecuiyoye noxhuiuhtzine.
tlacatle tlahtohuanie timitztotlalcahualtizque. timitztotlapololtizque. yn
timomacehualhuan. ca mitzmotlatlauhtilia. yn mocolhuan yn Mexica. ca
quihtohua ma quimotilliqui. ma quimotlapalhuiqui yn iteotzin.[154] ca tocon-
tonochillia.

*a*uh niman oquihto. yn achitometl ca ye qualli ma tihuian niman oquimilhui
yn itlahtocahuan yn achitometl. ma tihuian yn tiçaapan, techcohuanotza yn
Mexica oquinanquillique. oquilhuique. ca ye qualli tlahtohuanie ma ximo-
huica. auh niman ye quihuica holli copalli. amatl. xochitl. in yetl. yhuan yn
itoca tlacatlaqualli. ye quitlamanilizque yn teotl yn iuh quilhuique achito-
metl ynic quinotzato, auh ca ye amo nelli in yehuatl. auh ca ye yehuatl yn
oquixipeuhque.

*a*uh yn oacic yn oncan tiçaapan in yehuatl yn achitometl. quilhuia yn Me-
xica ynic ye quihualnamiqui. oticmihiyohuilti. noxhuiuhtzine tlacatle tlahto-
huanie. cocoliztli timitztocuitilizque yn timocolhuan. yn timomacehual-
huan ma xicmottilli. ma xicmotlapalhui yn moteotzin. niman oquihto. ca ye
qualli nocolhuane. nimā ye conana yn holli. yn copalli. yn xochitl. yn iyetl yn
tlacatlaqualli. ye quitlamamaca yxpan quitequillia yn çan tlapic yteouh. in
yehuatl yn oquixipeuhque. auh in yehuatl yn achitometl. niman ye yc yxpan
quinquechcotona yn çoçoltin, yn iteouh. auh ca ayemo huel[155] [33 recto]
Quittaya in aqui yn ixpan quiquechcotona yn çoçoltin niman ye yc quitlena-

150. *nopiltzitzine: nopiltzine* in ibid. 55.
151. *motlapiellitiez: motlapiellitica* in ibid.
152. *oquihuicaque: oquihuicac* in ibid.
153. *quixipehua: quichipehua* in ibid., 56.
154. *iteotzin: inteotzin* in ibid.
155. In anticipation of the following folio: *quittaya*.

And then the Mexica went to ask Achitometl for his daughter. The Mexica heard him; they said to him: My nobleman, lord, ruler, we beg you, we who are your grandfathers, we who are your subjects, and all the Mexica, to concede, to give us your necklace, your precious quetzal feather, your daughter, the noblewoman our granddaughter. She will be watched over there among the mountains in Tiçaapan. And then Achitometl said: It is well, Mexica; take her. Then he gave [her] to the Mexica; they took Achitometl's daughter with them. They conveyed her to and established her in Tiçaapan. Then Huitzilopochtli spoke; he spoke to the god-carriers named Axollohua and Quauhtlequetzqui or Quauhcoatl. He said to them: My fathers, I command you to kill Achitometl's daughter and to flay her. When you have flayed her, dress a certain offering priest [in her skin].

And then they killed and flayed the noblewoman. When they had flayed her, they then dressed a certain offering priest in her skin. And then Huitzilopochtli said: My fathers, summon Achitometl. The Mexica then went to summon him. They said to him: Our lord, my grandson, lord, ruler, we [do not wish to] make you forgetful, to confuse and distract you, we who are your subjects. We beg you, we your grandfathers the Mexica. For they say: Let him see, let him greet his god, whom we summon.

And then Achitometl said: It is well. Let us go. Then Achitometl said to his great lords: Let us go to Tiçaapan; the Mexica invite us to a feast. [The lords] answered him; they said to him: It is well, ruler; go. And then he took rubber, copal incense, paper, flowers, tobacco, and what are called abstinence foods with which they were to make offerings to the god, as they had told Achitometl when they went to summon him. But it was not truly [a god] but she whom they had flayed.

And when Achitometl reached Tiçaapan, the Mexica said to him when they met him: Greetings, my grandson, lord ruler. We your grandfathers, your subjects, [do not wish to] make you ill [with our importunities]. See and greet your god. Then [Achitometl] said: It is well, my grandfathers. Then he took up the rubber, the copal incense, the flowers, the tobacco, and the abstinence foods. He distributed, he laid them out before his pretended god, her whom they had flayed. And Achitometl thereupon beheaded quail before his god. But he could not yet see before whom he beheaded the quail. Thereupon he offered incense; the incense ladle shed light on the very offering priest who stood wearing the skin. And when he saw clearly that it was his daughter, Achitometl was exceedingly terrified. He thereupon shouted; he shouted to his subordinate rulers and his subjects. He said to them: Who are these? Ah, Culhuaque, do you not see that they have flayed my daughter? The wicked ones are not to remain here. We shall kill them, we shall utterly destroy them. The wicked ones are to come to an end here. And there-

maquilia quixahuilia.[156] yn tlemaytl, yn onmaquiticac. yn ehuatl, yn ce tla-
catl. tlamacazqui. auh yn iquac huell oquittac yn ca yehuatl.[157] yn ichpoch.
yn achitometl. cenca omomauhti. niman ye yc tzatzi quintzatzillia. yn itlah-
tocahuan yhuan yn imacehualhuan quimilhuia. aquique yn. a. culhuaquehe
cuix amo anquitta. ca oquixipeuhque y nochpochtzin. amo nican yezque yn
tlahuelliloque. tiquinmictizque tiquinpopollozque. nican tlamizque yn tla-
hueliloque auh niman ye yc moyaotla. niman ye quimilhuia yn itahuan yn
huitzilopochtli. ca nehuatl nicmati çan iviā çan iyollic xonquiçacan.
ᴀuh niman ye tetoca yn culhuaque quintoca yn Mexica. niman ye quimon-
quequetza yn atlah in Mexica. ynic quinhuallehuitiq̄ quintepehuaco. yn
oncan ytocayocā Acatzintitlan. yn momatque culhuaque aço oncan oyxpoli-
uhque yn atlan. niman onca valchimalpanoque. yc panoq̄ yn mitl. yn chi-
malli. auh yn mitl yn mitohua yn tlacochtli. yn motocayotia tlatzontectli.
quicuitlalpique. ypā motlallique yn atlan ynic hualpanoque. (.auh yn oc ce-
quintin Mexica yn amo huel hualpanoya panohuani quimontequillico ce ci-
huatl moxauhticac. amo q̄mati yn campa hualla ynic hualpanoque mexica
oncan quinhualtepeuhtiquizque pipiltotonti coçoltica[158] onoque. cequi mo-
huillana. quin imoztlayoc yn quimanato. amo micque yn onca acatzintitlan
niman quin yehuantin yc ontlatocayotique acatzintitlan) yhuan yn chimalli
ypan motlallique. yn atlan. ynic hualpanoque. ynic quinhualtocaque yn cul-
huaque.

ᴀuh niman yc oncā acico yn oncā tollihtic. acayhtic. yn Mexicatzinco. oncan
quitzonicpilloque yn itoca Acatzin. oncā quitillique. yn itzinco quiminque yc
on^(can) tlatocayoti [33 verso] que. mexicatzinco.) niman. ye oncan quihua-
huātza yn opaltic yn inyaotlatqui yn intlahuiz. yn inchimal yn ixquich.[159] yn
intlatqui.
ɑuh in yehuātin yn incihuahuan. yn inpilhuan niman ye mochoquillia.
quitohua campan tihui ma çā nican tiyecā. yn acayhtic. niman oncan mo-
tlalliq̄ niman ye oncan quiquetza yn temazcalli: oncan callacque yn ihtic yn
temazcalli. niman yc motema.
ɑuh ynic tlaquallanique oncan tetzinco mayauhque yn temazcalco. niman ye
yc quinhualtoca / ye huitze teocohuapan quiçaco.) atlan quintepehuato. çā
no tollihtic. acayhtic. yn motlallico. oncan ce tlacatl momiquilli ytoca huito.
oncan quitlatique. yn inacayo. mochi yn amapanitl. ynic mitohua motene-
hua mopantlatillique yn Mexica huehuetq̄. ynic nexticpac mitohua //

ᴀuh nimā ye yc huitze hualmiquanique çā no oncan Acayhtic. ȳ tollihtic. yn
motlallico ytocayocan yztacalco yn Mexica. quinhualyacantia yn itoca

---

156. *ixahuia*: literally, "to whiten"; "to ignite" seems implied.
157. Tezozomoc, 57, omits *ce tlacatl. tlamacazqui. auh yn iquac huell oquittac yn ca yehuatl*.
158. *coçoltica*: *zozoltica* in ibid. 59.
159. *yn ixquich*: *in ixquix* in ibid.

upon war was waged. Then Huitzilopochtli said to his senior auxiliaries: I know it. Go forth calmly, gently.

And then the Culhuaque chased them; they took after the Mexica. Then they kicked the Mexica into the water. When they forced them out, they went scattering them at the place named Acatzintlan. The Culhuaque thought: perhaps [the Mexica] may have hidden in the water. They had then and there swum across on their shields; with [their] arrows and shields they crossed the waters. And the arrows, called *tlacochtli*, named *tlatzontectli*, they bound to their waists and rested on them as they swam across. (And as for other Mexica, who could not swim, a woman painted in the traditional manner set out for them a means of crossing. It is not known whence she came. Thus the Mexica crossed over. In their haste they scattered the small children lying in the cradles, [though] some crawled. Later, next day, they went to get them. They did not die at Acatzintlan. It was later that they named the place Acatzintlan.) And it was on shields that they rested in the water as they swam across when the Culhuaque chased them.

And then they arrived within the sedges and the reeds at Mexicatzinco. There they held one named Acatzin head down; they saw his buttocks and shot him with arrows. Hence they named the place Mexicatzinco. Then they dried out their soaked war equipment, their devices, their shields, and all their goods.

And their women and children wept. They said: Where are we going? Let us just remain here in the reeds. Then they settled there. Then they set up a sweat bath there; they went inside the sweat bath and then bathed.

And when they wished to eat in Tetzinco they withdrew from the sweat bath. Then [the Culhuaque] chased them (they now proceeded to Teocoapan) and scattered them in the water and also in the sedges and reeds. As they settled there, a man named Huicton died. They burned his body there [with] all the paper flags. Hence it is said and stated that the ancient Mexica burned flags for themselves. Hence it is named Nexticpac.

And after that they came on and departed from within the sedges and reeds. The Mexica settled in the place named Iztacalco. The one named Tenochtzin led them here. There they then made and gave human form to what is named a paper mountain. They made it of amaranth dough; they gave it a head, a body, arms, and feet. When they had arranged it in human form they then dressed it and provided it with flags. Then they sang to it; all night they sang to it in Iztacalco. (The tlacateccatl of Culhuacan, named Te-

tenochtzin. niman oncan. ye quichihua. quitlacatillia ytoca amatepetl. tzo-
hualli yn quichiuhque. quitzontecontique. quitlactique. quimahmatique.
quicxitique. yn oquitlacaquetzque nimā ye yc quitlaquētia quipantique.
niman ye yc quicuicatia cenyohual yn quicuicatique yn oncan yztacalco. /
oncan quicuiqueuhque yn tlacateccatl culhuacan yn itoca tetzitzillin. //
.niman ye yc huitze yn ayhtic ytocayocan pantitlan. ōcan motlallique hue-
cauhque yn oncan catca yn pantitlan. auh niman ye huitze oncan çan no tolli-
ihtic. acayhtic yn oncan motlallique. nimā oncan ce tlacatl mixiuh yn in-
piltzin.160 [34 recto] Yn imichpoch in Mexica. ytoca quetzalmoyahuatzin.
auh yn iconeuh ytoca contzallan.

auh ypan yn cemilhuitonalli chiuhcnahui hecatl. yehuatl ypampa yn axcan
ytocayocan mixiuhcan. nimā ye yc huitze oncan motlallico yn oncan ihcac.
ycaltzin Sant. Pablo. ytepotzco yn oncan quichiuhque. quiquetzque yn
temazcalli. oncā quitēque yn imichpoch. yn mexica. yn itoca quetzalmo-
yahuatzin. oncan omote yn inan. yn contzallan ynic motocayotia yn temaz-
caltitlan. oncan motenque mochintin yn mexica. oncan motlallique. ye cate.
auh niman oncan onehuaque oyahque yn tollihtic. yn acayhtic yn oncan yn
axcan motocayotia toltzallan. acatzallan. niman ynic oyahque yn Mexica
huehuetque yn itoca yn quauhtlequetzqui. anoço quauhcohuatl. yhuan no
yehuatl yn itoca yn axollohua tlamacazqui. ym omextin yahque yn tlatemoto
yn canin motlalizque.

auh yn oypan quiçato. yn oquittaque cenca miec tlamantli. yn tlamahuiçolli.
yn oncan ca yn acayhtic ca yehica ypampa ynnahuatil yuh quimilhui yn
huitzilopochtli. yn teomamaque yn itahuan yn quauhtlequetzqui anoço yn
quauhcohuatl. yn axollohua tlamacazqui. ca quinnahuati. ca yuh quimilhui
yn ixquich yn oncan yn onoc yn tollihtic yn acayhtic. yn oncā yhcaz. yn
oncan tlapiez. in yehuatl yn huitzilopochtli. ca ytencopa quimilhui. ca yuh
quinnahuati. yn mexica auh niman oquittaque. yztac yn ahuehuetl. yztac yn
huexotl. yn oncan yhcac. yhuan yztac yn acatl yztac yn tolli. yhuan yztac. yn
cueyatl. yztac yn michin. yztac yn cohuatl [34 verso] yn oncan nemi atlan.
auh niman oquittaque nepaniuhticac yn texcalli yn oztotol. ynic ce yn tex-
calli. yn oztotl. Tonatiuh. yquiçayan ytztoc. ytoca tleatl. atlatlayan. Auh ynic
ome ȳ texcalli yn oztotl. mictlampa ytztoc ynic nepaniuhtoc. ytoca ma-
tlallatl. yhuan ytoca toxpallatl.

Auh yn oquittaque niman ye choca yn huehuetque quihtohua Anca ye nican
yez ca otiquittaque. yn techilhui ynic technahuati yn tlamacazqui yn huitz-
ilopochtli. yn quihto. yn iuhqui anquittazque yn tollihtic yn acayhtic. miec
tlamantli. yn oncan ca. auh yn axcan ca otiquittaque. oticmahuiçoque. ca ye
nelli ca omochiuh. ca oneltic yn itlahtol161 ynic technahuati. nimā oquihto-
que. mexicaye ma oc tihuian ca otitlamahuiçoque ma oc tictlahtolchiyecan

---

160. In anticipation of the following folio: *yn imichpoch.*
161. *yn itlahtol: intlatol* in Tezozomoc, 63.

tzillin, chanted the song there.) After that they came on in the water to a place named Pantitlan. There they settled; they tarried, they remained in Pantitlan. And then they came also within the sedges and reeds; there they settled. Then a certain person—a child, daughter, of the Mexica, named Quetzalmoyahuatzin—gave birth; and her child was named Contzallan.

And [this] was on the day sign Nine Wind. Therefore the name of the place is now Mixiuhcan. Then they settled where the church of San Pablo Itepotzco stands. There they made and set up a sweat bath where they bathed the Mexica's daughter named Quetzalmoyahuatzin; there Contzallan's mother bathed. Hence it is named Temazcaltitlan. There all the Mexica bathed; there they settled and now remained.

And then they left that place and went into the sedges and reeds where now it is named Toltzallan Acatzallan. Then the Mexica ancients named Quauhtlequetzqui or Quauhcoatl and the one named Axollohua the offering priest went on. They both were seeking where they were to settle.

And when they emerged upon and saw a great many marvels there among the reeds, it was because of Huitzilopochtli's commandments; he had so told the god-carriers, his senior auxiliaries, Quauhtlequetzqui or Quauhcoatl and Axollohua the offering priest. For he had commanded them; he had told them of all that lay in the sedges and the reeds; [all] that would be standing there, that Huitzilopochtli would be guarding there. With his [own] lips he told the Mexica and so commanded them. And then they saw the white cypresses, the white willows that stood there; and the white reeds, the white sedges; and the white frogs, the white fish, the white snakes that lived in the water there. And then they saw the intersecting crags and caves. The first crag and cave faced the sunrise, named the fiery waters, where the waters burn. And the second crag and cave faced north; the place where they intersected was named the blue and yellow waters.

And when the ancient ones saw this they wept. They said: Perhaps it is to be here. For we have seen what the offering priest Huitzilopochtli told us about when he commanded us, when he said: You will thus see, in the sedges and reeds, the many kinds of things that are there. And now we have seen them, we have marveled at them. For his words, by which he commanded us, are true; they have come to pass; they have come to be. Then they said: Mexica, let us go. We have marveled at it. Let us await the words of the offering priest; he knows what is to be done. Then they came to settle in Temazcaltitlan.

yn tlamacazqui yehuatl quimati quenin mochihuaz. nimā ohuallaque. mo-
tlallico yn oncan temazcaltitlan.

auh niman yohualtica yn oquittac. yn oquimottiti. yn teomama yn itoca
quauhtlequetzqui anoço quauhcohuatl. in yehuatl yn huitzilopochtli. oquil-
hui quauhcohuatle. ca ohuanquittaque yn ixquich yn oncan onoc yn aca-
yhtic ohuantlamahuiçoque. Auh tla xiccaquica oc cētlamantli yn ayemo an-
quitta. auh ynin xihuian xiquittati. yn tenochtli yn oncan anquittaz que icpac ca
ycpac yhcac. in yehuatl. yn quauhtli. oncan tlaqua. oncan mototonia. auh ca
ye pachihui yn amoyollo. ca yehuatl. yn iyollo in copil yn tiqualmayauh yn
oncā timoquetz tlalcocomocco Auh niman oncan huetzico yn oanquittaque
texcaltenpa. oztotenpa. yn acatzallan. yn toltzallan. auh ca ōcā[162] **[35 recto]**
yxhuac. yn iyollo. yn copil. yn axcan motocayotia tenochtli. auh ca oncan yn
tiezque. yn titlapiezque. yn titechiezque. yn titenamiquizque. yn nepahpan.
tlaca. telchiquiuh totzonteco. tomiuh tochimal. ynic tiquimittazque yn ix-
quich yn techyahuallotoc yxquich tiquinpehuazque tiquimaçizque. yc maniz
yn taltepeuh mexico. tenochtitlan. quauhtli ypipitzcayan ynetomayan.
quauhtli ytlaquayan. yhuan michin ypatlanian. yhuan cohuatl yçomocayan.
yn mexico yn tenochtitlan. auh ca miec tlamantli. yn mochihuaz. niman
oquilhui yn quauhcovatl ca ye qualli tlamacazque. Otlacauhqui y moyollo-
tzin ma quicaquican y mottahuan yn huehuetque yn ixquichtin. yc niman
oquincentlalli yn Mexica quauhcovatl oquincaquilti yn itlahtol yn huitzilo-
pochtli. yn oquicacque mexica.

Auh niman ono ceppa yahque yn toltzallan. yn acatzallan. yn oztotenpa. auh
yn oypan quiçato. Acatitlan yhcac yn tenochtli. yn oncan / oztotenpa yn
oquittaque ycpac ca ycpac yhcac. moquetzticac yn quauhtli. in yehuatl yn
tenochtli. oncan tlaqua. oncan quiqua quitzotzopitzticac. yn quiqua. auh in
yehuatl yn quauhtli. yn oquimittac. yn Mexica cenca omopechtecac. yn
quauhtli. çan huecapa yn conittaque.) Auh in itapaçol yn ipepech çan moch
yehuatl yn ixquich ȳ nepahpan tlaçoyhuitl. yn ixquich yn xiuhtotoyhuitl. yn
tlauhquecholyhuitl. yn ixquich quetzalli.

auh ca no oncan quittaque yn oncan tetepeuhtoc. yn intzonteco ȳ nepahpan
totome yn tlaçototome. yntzonteco oncan çoçoticate. yhuan cequi totoycxitl.
cequi omitl. auh oncan quinnotz in diablo quimilhui mexicaye ye onca
yecin.[163] auh yece amo quitta yn mexica yn aquin quinnotza. yc oncā tlahto-
cayotique Tenochtitlan) Auh niman ye yc choca yn Mexica. quihtohua /
otocnopiltic. otomace **[35 verso]** hualtic ca oticmahuiçoque yn taltepeuh yez:
ma oc tihuian ma oc titocehuiti. niman ye yc huitze ōcan Temazcaltitlan ynin
ypan 2. calli xihuitl 1325. aᵒs.

v   Auh ca niman ye yc quimilhuia in yehuatl in quauhtlequetzqui. anoço

---

162. In anticipation of the following folio: *yxhuac.*
163. *yecin:* read *yez in.*

And then at night when Huitzilopochtli saw and came upon the god-carrier named Quauhtlequetzqui or Quauhcoatl, he said to him: Quauhcoatl, you have seen all that lies there in the reeds; you have marveled at it. But listen: there are other things you have not yet seen. And [do] this: go, look for the tuna cactus. There you will see that upon it stands an eagle. There it eats; there it suns itself. And now your hearts are content. For it is Copil's heart; you threw it from where you stopped at Tlalcocomocco, and it then fell where you saw Texcaltempan, Oztotempan, Acatzallan, and Toltzallan. And Copil's heart sprouted there; it is now called Tenochtli. And there is where we are to remain, where we shall be on guard, where we shall await and contend against various peoples [in battle with] our breasts and our heads, our arrows and our shields. Thus shall we find all who lie surrounding us, all whom we shall conquer, whom we shall capture. Thus will our altepetl of Mexico Tenochtitlan be, the place where the eagle screeches and stretches itself; where the eagle eats and the fish fly and the serpent hisses, Mexico Tenochtitlan. And many things will come to pass. Then Quauhcoatl said to [Huitzilopochtli]: It is well, offering priest. You have been generous; let all your senior advisers, the old men, hear it. So then Quauhcoatl assembled the Mexica; he notified them of Huitzilopochtli's words; the Mexica heard them.

And then once again they went to Toltzallan Acatzallan, at the cave's mouth. And when they came upon the rock tuna cactus standing among the reeds at the cave's mouth, they saw that upon it stood an eagle rising erect on the rock tuna cactus, eating there. There it was eating, picking to pieces what it was eating. And when the eagle saw the Mexica, it humbly bowed low. They saw it only from a distance. And its nest, its bed, was all of varied precious feathers—all cotinga, spoonbill, precious quetzal feathers. And they also saw there that the heads of the various birds lay scattered; the heads of the precious birds were strung up there. And there were some birds' feet and some bones.
And there the devil spoke to them. He said to them: Mexica, there is where it is to be. And though the Mexica did not see who spoke to them, they therefore named the place Tenochtitlan. And thereupon the Mexica wept. They said: We have won favor, we have received our due. For we have marveled over our altepetl to be. Let us now go; let us rest ourselves. Thereupon they came to Temazcaltitlan. This was in the year Two House, 1325.

And thereupon Quauhtlequetzqui or Quauhcoatl spoke to the Mexica; he said to them: My children, let us fashion a ball court; let us build a little earthen mound and our earthen altar there where we saw the eagle. Perhaps sometimes the offering priest, our god Huitzilopochtli, will come to rest

quauhcohuatl. yn Mexica quimilhui nopilhuane ma titlachtequica ma achi-
tzin tictlallican tlachcuitectzintli. yhuan totlalmomoz. yn onca otiquittato yn
quauhtli. Aço quenmanian / oncan mocehuiquiuh yn tlamacazqui yn to-
teouh yn huitzilopochtli. niman oquihtoque in mexica. ca ye qualli ma ticchi-
huacan niman oquitlallique yn tlachcuitetelli yhua yn intlalmomoz. yn
oncan / oztotenpa yn oncan yhcac yn tenochtli. auh ca ypampa. ca yuh quil-
hui ca yuh quinahuati yn huitzilopochtli. in yehuatl yn quauhtlequetzqui.
anoço quauhcohuatl ca ynahuatil yn quichihuazque yn Mexica.

v   Auh ca cenca ycnoyotica netoliniliztica in ye quichihua in ye quitlallia yn ical
yn huitzilopochtli. ynic quiquetzque ca çaçan oc tepiton ytoca Ayauhcalli.
campa nel quicuizque yn tetl. y quahuitl auh ca nel tetlalpan yn cate[164] yn
motlallico yn tollitic yn acayhtic. ca yn intlalpa yn tepaneca yn azcapotzal-
catl. yhuan ca yntlalpan yn aculhuacatl. ca tequaxochco yn cate yhuan ca yn-
quaxochco yn culhuaque auh ca ypampa yn cenca motolliniaya

v   Auh ca niman ye no ceppa monahuatia yn Mexica. quihtohua. tla xihualhuian
mexicaye ma titlatlatlauhtiti. yn tepanohuayan yhua yn azcapotzalco. Auh
niman mochintin. oquihtoque ca amo huel mochihuaz yn ompa titlatla-
tlauhtitihui ma çan ic tiquinquallaniti[165] [36 recto] yn tepanohuayan tlaca
yhuan yn azcapotzalca =

Auh ye omito. 2. calli xihuitl 1325. años. ye iuh nepa yetzonxihuitl ypan chi-
quacenpohualli xihuitl ypa macuilxihuitl motlacatillitzino yn totemaquixti-
catzin Jesu christo. yn iquac ocallaquico ynic acico ynic motlallico yn tol-
tzallan yn acatzallan yn atlihtic yn tenochtitlan yn huehuetque Mexica azteca
chichimeca. yhuan ye iuh nepa matlacpovalxihuitl ypan yepohualxihuitl
ypan nonxihuitl yn ipan ce tecpatl xihuitl ompa hualquizque ynic ompa
huallehuaque yn inchan yn aztlan yn anepantla. // yhuan ye iuh nepa ma-
tlacpohualxivitl ypan nonpohualli ommatlactli ypa ce xihuitl ompa hual-
quizque ynic ye no ni cuel[166] oncan huallehuaque yn çan ocan quinehua[167]
chicomoztoc. ynic callaquico ynic mocentlallico Tenochtitlan. auh ye omito
ynic cenca huecahuaque ohtlipan ynic huallaque ynic nohuian hualnenti-
aque ypan ixquich tlalli y Mexica chichimeca huehuetque ca macuilpan yn
ohtlipan yn inpan Toxiuhmolpilli ynic ohuacico tenochtitlan.

v   Auh in yehuantin yn Mexica huehuetque y nican yn quitzitzquique yn alte-
petl. ynic mitohua ynic motenehua yn toltzallan yn acatzallan yn Mexico yn

---

164. *cate: zate* in Tezozomoc, 67.
165. In anticipation of the following folio: *yn tepanohuayan*.
166. *ye no ni cuel:* read *ye no cuel* or perhaps *ye no (i)ni(c) cuel.*
167. *quinehua:* read *Quinehuayan.*

there. Then the Mexica said: It is well; let us make them. Then they built the earthen mound and their earthen altar there at the cave's edge where the cactus stood, because Huitzilopochtli had told, had commanded, Quauhtlequetzqui or Quauhcoatl that the Mexica were to carry out his orders.

And it was in suffering and misery that they made and built Huitzilopochtli's house. What they erected was inconsiderable and still small; it was called a mist house. Where, in truth, were they to get stone and wood? And really they were on [other] people's land when they settled in the sedges and reeds. For it was land of the Tepaneca, the Azcapotzalca, and the Aculhua. They were within those people's boundaries, and within the boundaries of the Culhuaque. And therefore they were in great misery.

And then once again the Mexica were convoked. [Some] said: Come, Mexica. Let us importune Tepanohuayan and Azcapotzalco. But then all said: It cannot be that we got here [only] to beg. Let us not thus only irritate the peoples of Tepanohuayan and the Azcapotzalca.

[The First Settlement]

And it has already been said that in the year Two House, 1325, one thousand, three hundred and twenty-five years after our Savior Jesus Christ was born, the ancient Mexica Azteca Chichimeca entered, reached, and settled among the sedges and reeds in the midst of the water, in Tenochtitlan. And it was two hundred and sixty-two years after they had emerged in the year One Flint and come away from their home in Aztlan in the midst of the waters. And it was two hundred and fifty-one years after they had again emerged and come away from Quinehuayan Chicomoztoc that they arrived and all settled in Tenochtitlan. And it has already been told that they tarried long on the way as they came, as the ancient Mexica Chichimeca traveled hither over all the land. In their time, in five places on their way, our years had been bound when they arrived in Tenochtitlan.

And here are the names of the ancient Mexica who seized the altepetl called and named Mexico Tenochtitlan among the sedges and reeds. The name of the first was Atl Tenoch; he was the one who guided, who led all the Mexica; the Mexica had installed him twenty-seven years previously in Culhuacan. The name of the second was Quauhtli Yolqui. The name of the third was Acacihtli. The name of the fourth was Tençacatetl. The name of the fifth was Ahuexotl. The name of the sixth was Ocelopan or Xiuhcaque, a god-carrier.

tenochtitlan. yzca yn intoca ynic ce ytoca atl tenoch ynin yehuatl ynpā huallicatia quinhualyacantia yn ixquich Mexica. ye iuh nepa cenpohuallonchicome ˣⁱʰᵘⁱᵗˡ ompa quitlallique yn culhuacan yn Mexica) ynic ome ytoca quauhtli yolqui) yniquey ytoca Acacitli. ynic nahui ytoca tençacatetl. ynic macuilli ytoca Ahuexotl.¹⁶⁸ **[36 verso]** Ynic chiquacen ytoca Ocelopan) ᵃⁿᵒᶜᵒ ˣⁱᵘʰᶜᵃqᵘᵉ. ᵗᵉᵒᵐᵃᵐᵃ ynic chicome ytoca quauhtlequetzqui anoço quauhcohuatl. ynic chicuey ytoca tzompantzin. ynic chiuhcnahui ytoca yzhuac tlaxquitl. ynic matlactli ytoca Ocomecatzin. ynic matlactlohce ytoca chicopach mani. ynic matlactlomome ytoca Ahatzin. ynic matlactlome ytoca copil ynin teomama) yn yehuantin in hualteyacanque yn huehuetque
αuh yn teomamaque yn quitlacayttaya yn iuhqui yn quitlacanotzaya. yn huitzilopochtli. ynic ce ytoca xomimitl yn iuhqui teopixque ypan mochihuaya Auh yn oc ce tlacatl ytoca quauhtlequetzqui anoço quauhcohuatl. ynic ome ytoca ococal. ynin yey ytoca chachallayotl. ynin ohtlipan ȳ hualteomamaque auh in yehuatl ynic nahui yn itoca yn tlamacazqui yn axollohua ca ompa mic ompa cacique yn colhuacan tiçaapan.

v αuh yn huel nican tenochtitlan yn caxitico ȳ quihualmamaque yn huitzilopochtli. ynic ce yehuatl yn itoca quauhtlequetzqui anoço quauhcohuatl. tlamacazqui teomama. ynic ome ytoca copil teomama. yniquey ytoca xiuhcaque teomama. ynic nahui ytoca cuitlachquauhtli teomama, ynic macuilli ytoca poyahuitl teomama. yehuantin in yn hualteomamaque ȳ nican acico—

v αuh yn iquac ypan in iquac tlahtocati yn omentin tlahtoque Amaquemecā chalco ynic ce ytoca huehue teuhctli chichimeca teuhctli ynin ypiltzī yn Atonaltzin chichimeca teuhctli. ynic ome tlahtoque ytoca quahuitzatl teuhctli tlayllotlac.¹⁶⁹ **[37 recto]** Teuhctli tlahtohuani tzaqualtitlan tenanco. yolticate yn iquac ohuacico tenochtitlan yn Mexica yn iuh neztica huehue xiuhtlapohuallamatl. auh yn culhuacan ye no iuh ompa ce xihuitl tlahtocati yn huehue Acamapichtli.—

v αuh niman ye no ceppa monahuatia yn Mexica ye quitohua ma ticcohuacan yn tetl. yn quahuitl. ma yehuatl yca. yn atlan chaneque yn atlan onoque ȳ michin yn axollotl yhuan in cueyatl. yn acocillin. yn anenez yn acohuatl. yn axaxayacatl. yn izcahuitli. yhuan yn canauahtli yn quachilli = yn yacaçintli. yn ixquich yn totome yn atlan chaneque. ma yehuatl yc ticcohuati. yn tetzintli yn quauhtzintli. niman oquihtoque ma yuhqui¹⁷⁰ mochihua. niman ye yc tlatlama quimana quimaci yn michin. yn axolotl. aneneztli. acocillin. in cueyatl. yhuan yn ixquichtin ȳ totome yn atlan nemi.

---

168. *Ahuexotl:* in Tezozomoc, 70, it is transcribed *Ahuexolotl.* The word is marred by a blot and could be read either way.

169. In anticipation of the following folio: *Teuhctli.*

170. *oquihtoque ma yuhqui: oquittoque mayauhqui* in Tezozomoc, 73.

The name of the seventh was Quauhtlequetzqui or Quauhcoatl. The name of the eighth was Tzompantzin. The name of the ninth was Izhuac Tlaxquitl. The name of the tenth was Ocomecatzin. The name of the eleventh was Chicopach Mani. The name of the twelfth was Ahatzin. The name of the thirteenth was Copil; he was a god-carrier. These led the ancient ones hither.

And of the god-carriers who claimed to see and address Huitzilopochtli, the first was named Xomimitl. It was as if they played the part of god-guardians. And another person was named Quauhtlequetzqui or Quauh-coatl. The name of the second was Ococal. The name of the third was Chachallayotl. These carried the god hither on the way. And as for the fourth, whose name was Axollohua the offering priest, he had died; they captured him in Culhuacan Tiçaapan.

And of those who successfully brought Huitzilopochtli here to Tenochti-tlan, who had carried him hither, the first was the one named Quauhtlequetz-qui or Quauhcoatl the offering priest and god-carrier. The second was named Copil the god-carrier. The third was named Xiuhcaque the god-car-rier. The fourth was named Cuitlachquauhtli the god-carrier. The fifth was named Poyahuitl the god-carrier. These were the ones who were carrying the god hither when they arrived.

And at that time two rulers ruled in Amaquemecan Chalco. The first one was named Huehue teuhctli Chichimeca teuhctli. He was a son of Atonal-tzin Chichimeca teuhctli. The second of those rulers was named Qua-huitzatl teuhctli tlailotlac teuhctli. He was ruler of Tzaqualtitlan Tenanco. They were alive when the Mexica arrived in Tenochtitlan, as is evident in the old year-count book. And also in Culhuacan Huehue Acamapichtli had ruled for a year.

And then once again the Mexica gave themselves commands. They said: Let us buy stone and wood by means of water life, the fish, salamanders, frogs, crayfish, dragonfly larvae, water snakes, waterfly eggs, and red shell-fish that live in the water; and the ducks, American coots, all the birds that live in the water. With these let us buy a little stone, a little wood. Then they said: Let it so be done. Thereupon they hunted, seized, caught fish, sala-manders, dragonfly larvae, crayfish, and frogs, and all the birds that live on the water.

Auh niman oyahque yn tlanamacato, yhuan tlacohuato niman ohualmo-
cuepque ohuallaque oquicuito yn tetl yn quahuitl. atle huehuei çan mochi
tepitoton. auh yn quahuitl çan no yuhqui. atle tomahuac çan mochi pitzato-
ton yn quahuitl. niman ye yc quauhtzotzona yn oztotenpa ynic oncan
quinelhuayotique yn yehuatl altepetl. yn ical yn iteocal yn huitzilopochtli.
Auh in yehuatl in. ca çan mochi tepitoton catca yn ayauhcalli. auh yn onez
tetl. yn onez yn quahuitl. niman ye quipehualtia yn ayauhcalli. oquique-
chillique.

Auh niman ye no ceppa yohualtica in ye quitohua ye no ceppa tenahuatia in
yehuatl. yn huitzilopochtli. niman quilhui in ye quihtoa. tla xiccaqui quauh-
tlequetzquihe. anoço quauhcohuatle. Nauhcampa ximotlallica ̄ ximoxelloca ̄.
xitlahtocayotican. auh niman oquitlacamatque. nauhcampa **[37 verso]** omo-
tlallique yn mexica. auh yn oyah ye nauhcan omotlallique (oquilhui yn
quauhcohuatl) ca omochiuh tlamacazque. ynic otinechnahuati. omoxello-
que yn motahuan: niman oquihto yn huitzilopochtli ca ye qualli. Auh
xiquinmomamacacan yn ixquichtin yn tiquinhualhuicaque yn amocal-
polteova ̄ yn tlacochcalca. yn cihuatecpan. yn huitznahuac yn tlacatecpan.[171]
in yopico. yn tezcacohuac. tlamatzinco in molloco itlillan: yn chalmeca. yn
tzomolco. yn cohuatlan. yn chillilico. yn izquitla. yn milnahuac. yn cohuatl
xoxouhca. ma yxnecican nauhcampa xiquinquixtican yn moyotlan yn axcan
ye mitoa San Juan. yn teopan yn axcan ye mitoa San Pablo. yn atzaqualco yn
axcan ye mitoa San Sebastian. yhuan cuepopan yn axcan ye mitoa Sancta
maria Redonda.

auh niman oquihtoque yn Mexica. ca ye qualli. tlamacazque ma yuh mochi-
hua. nima ̄ oquinmomamacaq ̄ yn incalpolteohuan yn Mexica. auh yn iquac in
ye huecauh in ye iuh matlactlomey xihuitl. in ye cate yn tollihtic. yn acayhtic.
in yehuantin. yn Mexica. yn huehuetque yn oncan yhcac yn tenochtli. niman
ye yc moxellohua. yn Mexica. yn oyuh quittato. yn tollihtic. yn acayhtic. yn
oncan ca[172] yn tlatilli. ytoca xaltilolli. niman omoxelloque. ypan ce calli xi-
huitl 1337. años. ypan yn ompa / oyaque y ̄ Mexica huehuetque. auh yn axcan
tiquihtohua tictocayotia. tlatilolco Santiago.

Auh in yehuantin yn ompa quitzitzquito yn altepetl. yzca yn intoca ynic ce
Atlanquahuitl. ynic ome ytoca huicton. yniquey ytoca opochtli. ynic nahui
ytoca Atlahçol. ynic macuilli ytoca[173] **[38 recto]** Cuitlachquauhtli teomama.
ynic chiquacen ytoca xochilleletzin. ynic chicome ytoca cemacahiquihuitl.
ynic chicuey ytoca xomimitl. ynic chiuhchui[174] ytoca callaomitl. ynic ma-
tlactli ytoca ocellopane. ynic matlactlonce ytoca yztac michin ynic matlactl-
omome ytoca cocihuatli. ynic matlactlomey ytoca poyahuitl teomama. ynic

---

171. *ixquichtin, tlacochcalca,* and *tlacatecpan* are obscured by a blot; these are probable
readings.

172. *oncan ca: oncatca* in Tezozomoc, 75.

173. In anticipation of the following folio: *cuitlachquauhtli.*

174. *chiuhchui:* read *chiuhcnahui.*

And then they went off to sell and to buy, returned and came [back] having gotten the stone and wood. None of the stones was very large; they were all very small. Likewise the wood: none was thick; all the wood was very thin. Thereupon they hammered in wood [piles] at the cave's mouth. Thus they made a foundation for the city and Huitzilopochtli's house, his temple. And this mist house was all very small. But when there was stone, when there was wood, then they began the mist house; they erected it.

And then once again at night Huitzilopochtli spoke and gave them commands; he spoke to [Quauhtlequetzqui]; he said: Listen, Quauhtlequetzqui or Quauhcoatl, settle yourselves in the four quarters: disperse yourselves. Form rulerships. And they then obeyed him. The Mexica settled in the four quarters. And when they had gone, [when] now they had settled in the four quarters, Quauhcoatl said to [Huitzilopochtli]: It has been done, offering priest, as you have commanded me. Your senior auxiliaries have dispersed themselves. Then Huitzilopochtli said: It is well. And you are to distribute your calpulli gods, all those whom we have brought hither—among the Tlacochcalca, [those of] Cihuatecpan, Huiznahuac, Tlacatecpan, Yopico, Tezcacoac, Tlamatzinco, Molloco Itlillan, the Chalmeca, [those of] Tzonmolco, Coatlan, Chillilico, Izquitlan, Milnahuac, and Coatl Xoxouhcan. Let them appear in the four quarters; send them to Moyotlan (now called San Juan): to Teopan (now called San Pablo); to Atzaqualco (now called San Sebastián); and to Cuepopan (now called Santa María la Redonda).

And then the Mexica said: It is well, offering priest; let it so be done. Then they distributed their calpulli gods among the Mexica. And when the ancient Mexica had for a long time, for thirteen years, been in the sedges and reeds, where the rock tuna cactus stood, they then separated themselves. The year One House, 1337, was when they went there. And now we call and name it Santiago Tlatelolco.

And here are the names of those who took the altepetl [of Tlatelolco]. First was Atlanquahuitl; the second was named Huicton; the third was named Opochtli; the fourth was named Atlaçol; the fifth was named Cuitlachquauhtli the god-carrier; the sixth was named Xochilleletzin; the seventh was named Cemacachiquihuitl; the eighth was named Xomimitl; the ninth was named Callaomitl; the tenth was named Ocelopan; the eleventh was named Iztac Michin; the twelfth was named Cocihuatli; the thirteenth was named Poyahuitl the god-carrier; the fourteenth was named Xiuhcoyollatzin; and the fifteenth was named Maltecatzin. These went to Xaltelolco; they settled there. Very perverse were those who then thus settled [there]. The Tlatelolca were evil, very bad-tempered. Their grandsons are now like that, they live like evil ones. But these aforesaid ancient ones who went to

matlactlonnahui ytoca xiuhcoyollatzin. ynic caxtolli ytoca Maltecatzin.) yn
ompa yahque xaltilolco. yn ompa motlallito cenca tlahuelliloque catca niman
yuh motlallito. yn amo tlaca cate tlatilolca cenca moxicohuani. yn axcan ca
ye yuhqui yn imixhuihuan yn iuhqui yn iuhqui[175] amo tlaca nemi auh ynin
omotocateneuhque huehuetque yn ompa yahque tlatilolco yn mopohua ca
çan matlactlomome yn tlalmacehuato. yc pehua yehuatl yn cuitlachquauhtli.
yc tlami ytech yehuatl ỹ maltecatzin.

v   Auh ye omito tlacpac in yehuantin yn Mexica huehuetque ỹ nican yn qui-
tzitzquique yn altepetl yn Mexico yn tenochtitlan. çan matlactlomey yn tla-
tzonilpico. oc ceppa nican motocatenehua. ynic ce ytoca

v   Tenoch————————
v   Quauhtli yolqui————————
v   Tzonpantzin————————
v   Quauhcohuatl teomama————————
v   Ahuexotl————————
v   Yzhuac tlaxquitl————————
v   Ocomecatzin————————
v   Chicopach mani————————
v   Ahatzin————————
v   Tençacatetl————————
v   Acacihtli————————
v   Copil teomama————————
v   Xiuhcacque teomama————————

[38 verso] ¶ i Acatl xihuitl. 1363. años. yquac ypan in peuh yn popocatepetl
in ye popoca. yquac yn mic yn tenochtzin. yn teyacan tenochtitlan. cenpo-
hualloncaxtolli ypan nauhxihuitl. auh ynic ompa culhuaca quitlallique me-
xica. ynic mocenpohua yepohuallonmacuilli xihuitl ynic teyacan
Auh ça no ypan inyn omoteneuh xihuitl yn momiquillico. yn huehue teuhctli
yn chichimeca teuhctli tlatohuani catca ytztlacoçauhcan Amaquemecan
ypiltzin yn Atonaltzin chichimeca teuhctli. yn tlahtocat. onpohualloncaxtolli
yn quicauhtia ypilhuan. macuiltin ynic ce ytoca temiztzin teohua teuhctli.
ynic ome ytoca ypantlaqualoctzin. yniquey ytoca huehue cacamatl teuhctli.
ynic nahui ytoca tochiya^catzin. ynic macuilli ytoca cohuaçacatzin[176] huehue
= yehuantin in yn ixhuiuhtzitzinhuan atonaltzin
auh yn huehue cacamatzin amo huel momati = yn quexquichcauh nen
tlalticpac. yn iuh nimã ye onneciz macuilxiuhtica quitztia yn ittatzin ynic

175. *yn iuhqui* is repeated in the MS.
176. Tezozomoc, 79, omits *ynic macuilli ytoca cohuaçacatzin*.

Tlatelolco to merit the land number only twelve; they begin with Cui-
tlachquauhtli and end with Maltecatzin.

And the ancient Mexica who took the altepetl of Mexico Tenochtitlan have
already been told of above. There were only thirteen who came to wind
things up.[9] Once again they are named here. The first was named
Tenoch. [The others were:]
Quauhtli Yolqui
Tzompantzin
Quauhcoatl the god-carrier
Ahuexotl
Izhuac Tlaxquitl
Ocomecatzin
Chicopach Mani
Ahatzin
Tençacatetl
Acacihtli
Copil the god-carrier
Xiuhcaque the god-carrier

[Acamapichtli]

The year One Reed, 1363, the time when Popocatepetl began to smoke,
was when Tenochtzin died. He had led them to Tenochtitlan for thirty-nine
years. And since they had established him in Culhuacan, sixty-five years had
been counted during which he led them.

And also in the aforesaid year the Huehue teuhctli Chichimeca teuhctli
died; he was ruler of Itztlacoçauhcan Amaquemecan. He was the son of
Atonaltzin Chichimeca teuhctli. He had ruled for fifty-five years and left five
sons. The first was named Temiztzin teohua teuhctli; the second was named
Ipantlaqualoctzin; the third was named Huehue Cacamatl teuhctli; the
fourth was named Tochiyacatzin; the fifth was named Huehue Coaçacatzin.
These were grandsons of Atonaltzin.

And it is not known for how long Huehue Cacamatzin lived on earth. As

9. *tlatzonilpico:* tentative translation. Cf. Rémi Siméon, *Dictionnaire de la langue nahuatl ou
mexicaine* (Graz: Akademische Druck-u. Verlagsanstalt, 1963), 669 *(tlatzompan, tlatzonco).*
Tezozomoc, 77, translates it as *atar manojo* and *realizar la unión.*

momiquillique. // Auh yn ipantlaqualoctzī çan niman ipan inyn omote-
neuh ce acatl xihuitl yn motlahtocatlalli chichimeca teuhctli mochiuh tlah-
tohuani Amaq̄mecā chalco / no yquac tlahtocati yn itztlotzin tlayllotlac
teuhctli tlahtohuani tzaqualtitlan tenanco Amaq̄mecan. yhuan tlotli tlatquic
atlauhtecatl teuhctli. yhuan Mayauhtzin teuhctli tlahtohuani tequanipan
ynin mochintin tlahtoque chalco. yolticate[177] yn ihquac momiquilli tenoch-
tzin. ynteyacancauh catca yn Mexica.

v Auh yn ihquac in ye huecahua in ye cate[178] **[39 recto]** yn Mexica yn tenochca.
yn oyuh onmic yn tenochtzin. yhuan in ye huecauh cate yn tlatilolca yn oce-
cecni[179] motlallique. niman ye mononotza yn mexica tenochca huehuetque.
ye quimolhuia tla xihualhuian in yehuātin in yn tlahueliloque yn otechcauh-
tiquizque yn omotlallito. yn xaltilolco. ma quenmanian ytla quimoyollotitin
ca tlahuelliloque ca amo tlaca yn atlanquahuitl. yn huictō yn opochtli, yn a-
tlaçol. ma ytla toca quitlallitin auh ynin ma xiccemitocan campan tiazque ca
tetlalpā in ticate ca tequaxochco. ca tetepāco yn iyhyotl. ticmati ca yntlalpan
yn tepanecatl yn azcapotzalcatl. yn aculhuacatl. auh yn culhuacan tlaca ca
ynquaxochco yn ticate ȳtlah totlahtocauh[180] tictlallizque. campa yehuatl yn
tiazque mexicaye. tenochcaye. Ma xitlahtocan

v Auh niman oquihtoque in yehuantin yn izca yn intoca yn acacihtli tec-
panecatl. chichimecatl teuhctli. yn tençacatetl. yn ahuexotl. yn ahatl. // yn
xomimitl. yn ocellopan ynin omētin nicā quītlallia huehuetque ompa pouh-
que yn tlatilolco // Oquihtoque. mexicaye. intla ye ompa tihuian yn azca-
potzalco ca amo huel mochihuaz. auh ȳtla noce ompa tihuian yn acalhuacā
anoço aculhuacan yn cohuatl ychan ca amo huel mochihuaz)
q̃uihtoque yn oc cequintin mexica. auh campa yn amontlahtohua campan
tiazque) Auh ynin maçompa ma ye ompa tihuian yn culhuacan. yn ompa ti-
qualcauhque yn opochtli yn iztahuatzin yhuan yn ixquichtin yn totelpoch-
huan yn tochpochhuā quen cate. quen nemi. yn incah. yn culhuaque **[39
verso]** Aço quintollinia. auh ca yuh ticmati yn topampa y nauhxiuhtique yn
cocontitlan. yn quintecaq̄ yn quintlallique ynic quintlahtique. yn inmon-
ttahuan yn inmonnanhuan. in yehuātin in culhuaque açoc ceme onnemi. auh
ca oticmatque yn omic in yehuatl yn opochtli yn iztahuatzin. yehuatl tiquitz-
tihui yn itechcopa oquiz. yn ipiltzin yn opochtli tequihua auh ca tomexi-
capiltzin. ca tochichimecapiltzin. ca yehuatl technequiz. yn quipiez. yn me-
xicayotl. yn tenochcayotl. Auh ca necoc oyol.[181] otlacat tlacamecayotica. yn
culhuaq̄ ca yn ixhuiuh yn teteuhctin yn tlahtoque = auh in tehuantin yn
timexica tichichimeca auh ynin ma tihuian Mexicaye.
auh niman oyahque yn ompa culhuacan yn Mexica. yn onacique niman ye

---

177. *yolticate:* probable reading. The word is obscured by a blot.
178. In anticipation of the following folio: *yn Mexica.*
179. *ocececni;* read *oc cecni* or *oc cececni.*
180. *ȳtlah totlahtocauh: intlatotlahtecauh* in Tezozomoc, 79.
181. *ca necoc oyol: canecocoyotl* in ibid., 81.

will appear, he had been with his father for five years when they [both] died. And in the aforementioned year One Reed Ipantlaqualoctzin was installed as ruler, as Chichimeca teuhctli. He was made ruler of Amaquemecan Chalco. Also at that time Itztlotzin tlailotlac teuhctli was ruling at Tzaqual-titlan Tenanco Amaquemecan. And Tlotli *tlatquic* was atlauhtecatl teuhctli. And Mayauhtzin teuhctli was ruler of Tequanipan. All these rulers were alive when Tenochtzin, who had been leader of the Mexica, died.

And when the Mexica Tenochca had for a long time been [here] after Tenochtzin died, and the Tlatelolca had long settled themselves apart, then the ancient Mexica Tenochca consulted among themselves. They said to themselves: Come. As for the wicked ones who suddenly abandoned us and settled in Xaltelolco, let them sometime reveal [to us] what they are about.[10] Wicked, evil, were Atlanquahuitl, Huicton, Opochtli, and Atlaçol. Let them establish their realm.[11] But make up your minds where we are to go. For we are on others' land, within others' boundaries, within others' walls; the air that we know is that of Tepaneca, Azcapotzalca, Aculhuaque lands. And we are within the boundaries of the people of Culhuacan. If we set up our ruler, where are we to go for him, Mexica Tenochca? Speak up.

And here are the names of those who then spoke: Acacihtli *tecpanecatl,* Chichimecatl teuhctli, Tençacatetl, Ahuexotl, Ahatl, Xomimitl, and Ocelopan. (These [last] two whom the ancient ones place here belonged to Tlatelolco.) They said: Mexica, if we go to Azcapotzalco, it will not result well, and also if we go to Aculhuacan or Aculhuacan Coatl Ichan, it will not result well.

The rest of the Mexica said: And where is [he whom] you speak of? Where are we to go? But nevertheless, let us still go to Culhuacan, where we left Opochtli Iztahuatzin and all our young men and women. How are they? How do they live with the Culhuaque? Are [the Culhuaque] harming them? And we know that because of us they spent four years in Cocontitlan when their Culhuaque fathers-in-law and mothers-in-law got them together and disposed them in order to hide them. Perhaps one of them still lives. But we knew that Opochtli Iztahuatzin died. Let us go to find the child who issued from the warrior Opochtli. For he is our Mexica Chichimeca child. He will want us, he will guard the Mexica Tenochca altepetl. And he comes into being from ancestry on both sides; he was born the grandson of Culhuaque lords and rulers and of us Mexica Chichimeca. And [let us do] this, Mexica: let us go.

And then the Mexica went to Culhuacan. When they arrived, then they spoke to and importuned the ruler of Culhuacan, named Teuhctlamacazqui

10. *quimoyollotitin:* tentative translation. In Tezozomoc, 80, it is translated as *vayan a co-municar el secreto* and *vayan y revelen algo.*

11. *quitlallitin:* tentative translation. It is translated as *algo a nosotros los pongan* and *nos imputen algo* in ibid.

quilhuia ye quitlatlauhtia yn itoca teuhctlamacazqui. nauhyotl tlahtohuani
culhuacan. yn Mexica. quilhuique co[182] tihuallaque tlacatle noxhuiuhtzine
tlahtohuanie timitztotlalcahualtilizque. timitztotlapololtilizque. yn timocol-
huan yn timotahuan yn timexica tichichimeca) ca tiquicnoytoco yn matzin y
motepetzin yn tenochtitlan) ca ticanaco y momacehualtzin catca yn opochtli
yn iztahuatzin.[183] yn inecauhca = yehuatl yn piltzintli y conetzintli. yn to-
cozqui yn toquetzal. yn itoca yn iteheca yn itzpapalotl. (yn acamapich.) auh
ca ticmomacahuiliz. ca nel tomexicapiltzin. auh ca toyollo quimati. ca cul-
huaca yxhuiuhtli. ca yntzon[184] **[40 recto]** ynizti. yn teteuhctin. yn tlahtoque.
yn culhuaque. auh ynin ca tiquihtohua ma conmopielliqui yn matzin yn
motepetzin. yn toltzallan. yn acatzallan yn mexico yn tenochtitlan. auh ynin
ma conmochihuilitiuh yn tochpotzin. yn cihuapilli. yn illancueytl.

v   Auh niman quimilhui in yehuatl yn tlahtohuani yn teuhctlamacazqui
nauhyotl. oquihto. ma yhui ca ye qualli) oc xicchiyecan tenochcaye. yn tlah-
tolli. ma oc titononotzacan ma oc nenonotzallo. auh yn onmononotzqueque[185]
yn culhuaque. nimā ye quihtohua yn teuhctlamacazqui nauhyotl.) ca ye
qualli mexicaye. tle niquilhuiz ȳ nica yn culhuacan. auh ca nel amopiltzin
amoxhuiuh ma conyauh[186] xichuicacan ca nel oquichtli. yntla cihuatl. amo
huel mochihuaz. yn anquihuicazque. auh ynin ma quipacho. yn cuitlapilli yn
atlapalli. yn imacehual yn tloque yn nahuaque. in yohualli yn ehecatl. yn
aotzin yn tezcatlipoca. auh ma contlapielli. yn tlamacazqui yn huitzilo-
pochtli. auh cuix oc quihualmati y nochpochtzin. yn cihuapilli. yn atotoztli.
yntla oc yxpan acaço quicahualiztlamatizquia. ca nel yconetzin. auh ynin
cuix nell oc quihualmati. xicmohuiquillitihuian ca nel ichan)

niman quihtoq̄ yn mexica. ca ye qualli. oticmocnellili yn matzī yn motepe-
tzin. ma ticuicatihuian niman quihtoque yn culhuaque camo nican nemi. ma
ompa xicmanilliti. yn ompa cohuatl ichan yn itoca acamapich. auh yc niman
ompa yahque yn Mexica yn cohuatl ichan.

Auh yn onacito. niman ye quinonotza. yn aculmiztli. ye quilhuia ca ticanaco.
yn acamapich. niman quimilhui. ac amehuantin **[40 verso]** campa ohuahualla-
que[187] conilhuique ca ompa tenochtitlan quihto ca ye qualli ma oc niquil-
hui yn inantzin yn illancueytl. ynin yllancueytl çan quihuapauh ynic
quimoconeti. ca y yahuitzin yn acamapich. oc ceppa quihto yn acolmiztli.
ma xicmohuiquillitihuian ma quihuica yn inantzin yllancueytl. yc nimā ye
quihuicatze yn mexica yn acamapich. ycihuauh valmochiuhtia yn illan-
cueytl.

v   Auh niman quihualhuicaque. caxitico yn Mexico = yn tenochtitlan. yc mo-

---

182. *co:* probably written in error, though it might be read *ca.*
183. *yn opochtli yn iztahuatzin* is omitted in Tezozomoc, 82.
184. In anticipation of the following folio: *ynizti.*
185. *onmononotzqueque:* so written in the MS.
186. *ma conyauh:* read *ma onyauh* or perhaps *ma (i/o)c onyauh.*
187. *ohuahuallaque;* read *oanhuallaque.*

Nauhyotl. The Mexica said to him: We who are your grandfathers, your fathers, we Mexica Chichimeca have come [before you], O lord our grandson, O ruler, [not to] make you forgetful and confused, [but] to humbly ask you for your altepetl, Tenochtitlan. We come to take the offspring of Opochtli Iztahuatzin who was your vassal; the child, the babe, our necklace, our precious quetzal feather, whose name is Itzpapalotl the third (Acamapichtli). And you will grant him [to us]: for he is truly our Mexica child and we know in our hearts that he is the grandson of the Culhuaque, the very hair, the very fingernail, of Culhuaque lords and nobles. And we say this: Let him guard your altepetl among the sedges and reeds, Mexico Tenochtitlan; and this: Let the noblewoman Illancueitl come to be our daughter.

And then the ruler Teuhctlamacazqui Nauhyotl spoke to them; he said: So be it; it is well. Yet, Tenochca, wait for the word. Let us yet consult: let there be a consultation. And when the Culhuaque had consulted, then Teuhctlamacazqui Nauhyotl said: It is well, Mexica. What am I to say here in Culhuacan, but [that] truly he is your child, your grandson. Let him go. Take him. For truly he is a man. If it were a woman it could not be that you would take her. And [heed] this: Let him govern the commoners, vassals of the All-Pervasive, the Night and the Wind, Yaotzin Tezcatlipoca. And let him guard the offering priest Huitzilopochtli.[12] But will he ask my daughter the noblewoman Atotoztli if she would let him go? For truly he is her child. And [I ask] this: Will he indeed ask her? Take him, for truly it is to his home.

Then the Mexica said: It is well. Your altepetl is grateful for the favor you have shown it. Let us take him. Then the Culhuaque said: He does not live here. Take the one named Acamapichtli from Coatl Ichan. And so the Mexica then went to Coatl Ichan.

And when they arrived they then addressed Acolmiztli. They said to him: We have come to take Acamapichtli. He then said to them: Who are you? Whence have you come? They said to him: Tenochtitlan. He said: It is well. Yet I must not speak of[13] Illancueitl as his mother. This Illancueitl had merely brought him up when she had adopted him as her child. She was Acamapichtli's aunt. Once again Acolmiztli said: Go take him; let his mother Illancueitl accompany him. The Mexica at once came to take Acamapichtli. Illancueitl became his wife.

And then they brought him hither; they brought him into Mexico Tenochtitlan in order to be placed on the reed mat and the seat [of authority]—both him and his wife, named Illancueitl—in the year Five Reed, 1367. And when the Mexica who had gone to get him had brought the ruler into

12. Alternate translation: And let the offering priest Huitzilopochtli look after things for [Tezcatlipoca].

13. Tentative translation; *ma* with preterite suggests vetative.

tlallico ynpetlapan. yn icpalpan ynehuan yn icihuauh yn itoca yllancueytl)
ypan v. acatl. xihuitl. 1367. años. auh yn oconaxitico yn tenochtitlan. yn tlah-
tohuani. yn oteanato mexica. niman ye quimonilhuia yn oc cequitin Mexica
tenochca quimilhuique tocnihuane. ca otoconaxitico yn tlahtohuani ez. qui-
monnanquilique quimilhuique ca ye qualli. oquimihiyohuilti. auh tle ytoca
quinhualilhuique quil mach acamapich. auh quih^{to} que ca ye qualli = Auh yn
ocontlallique tlahtohuani)

Auh yn Mexica nima ye quitlatlauhtia yn tlacatl. quilhuia = noxhuiuhtzine
tlahtohuanie / oticmihiyohuilti oticmociyahuilti. otimaxitico yn mochan-
tzinco. yn toltzallan. yn acatzallan. auh motollinia yn mocolhuan yn mo-
tlahuan yn mexica yn chichimeca. Auh ca tocontlapielliz. yn tlamacazqui yn
tetzahuitl yn huitzilopochtli. auh yhuan ca yuh quimati yn moyollotzin. yn
tequaxochco. yn tetepanco yn amo totlalpan yn ticate. auh ca ticiahuiz. ca
tiquihiyohuiz. ca titequitiz. ca titlacotiz. ca yci.[188] yn tlalhuacpā yn azca-
potzalco. **[41 recto]**

Yn ipilhuan tlatolçacatzin ca huehueyntin tiyacahuā catca quetzal ycpac
tlalpiaya ynin ca ye cuel ymixhuihuan yn tlahtoque ye omotocateneuhque
yn Acamapichtli, yhuan yn tlacacuitlahuatzin

v Auh nican tocateneuhtoque yn ixquichtin yn mitohua motenehua huehue
pipiltin yn ixhuiuhtzitzinhuan yn tlacatl tlahtohuani catca yn huehue aca-
mapichtli yn izquintin omotocateneuhque yn ipilhuatzitzinhuan yn itech
oquizque oquinchiuhq̄.[189] auh macihui yn amo huel momati yn ac yehuan-
tin. yn techihuanime yn tetahuan catlehuatl yntoca yn otechiuhque yece iuh
mitohua motenenhua ca huel ixhuiuhtzitzinhuā yn tlacatl acamapichtli
huell itech tlanticate ynic mitohua huehue pipiltin

v Ynic ce ytoca yxehuatzin
v Ynic ome ytoca Ome tochtzin ynin quitlanico tullā ompa tlahtocatizquia auh
çan onmomiquillito. yn tullan

v Yniquey ytoca cuitlachtzin ynin ye no cuelle yehuatl quitlanico yn tullan
ompa tlahtocatito yxiptla mochiuh yn ome tochtzin yn çan momiquillito auh
yn cuitlachtzin cihuapilli tullan yn ompa conmocihuauhtitacic ytoca xillo-
xochtzin. ynin ychpochtzin yn itoca cuitlachihuitl tlahtohuani catca yn ompa
tullam, auh yn yehuatl yn omotocateneuh yn mexica pilli yn itoca cui-
tlachtzin yn ixquichtin yn ompa ytech quiçato tullam yn ipilhuan yn ixhui-
huan yn itlacamecayohuan ca yehuantin ompa tlahtocatq̄ oteuhctique opil-
tique yn tullan;

v Ynic nahui ~~ypilhuan~~ yxhuihuan acamapichtli ytoca Macuextzin
v Ynic macuilli ytoca yaotlantzin—**[41 verso]**
v Ynic chiquacen ytoca yxcuetlantoc
v Ynic chicome ytoca chahuacuetzin ynin çatepan ompa yaomiquito yn icquac
pehualloc chalcatl—

---

188. *yci: yei* in Tezozomoc, 86.

189. *oquinchiuhq̄*: in view of *itech oquizque*, it should probably be singular in number.

Tenochtitlan, they spoke to the rest of the Mexica Tenochca; they said to them: O friends, we have brought in the one who is to be ruler. [The others] answered them; they said: It is well. He is welcome. And what is his name? [Those who had gone] said to [the others]: It is said to be Acamapichtli. And [the others] said: It is well. And then they installed him as ruler.

And the Mexica then importuned the lord. They said to him: My grandson, ruler, you are most welcome. We have put you into your home among the sedges and the reeds. And your grandfathers and uncles the Mexica Chichimeca are poor. And you are to guard the offering priest, the portent Huitzilopochtli. And also, you know in your heart that we are not on our own land [but] within others' boundaries, within others' walls. And you will become tired and suffer for you will work and serve [on our behalf], for here [we live on the sufferance of others on] Azcapotzalcan islands.

The sons of Tlatolçacatzin were great, brave warriors who bound quetzal feathers to their heads. These indeed were grandsons of the aforenamed rulers Acamapichtli and Tlacacuitlahuatzin.

And here are called by name all those said to be and known as old noblemen, grandsons of the late lord ruler, Huehue Acamapichtli: as many of his children as are known by name and who issued from him, whom [he] begot. And although it is not known who [the grandsons'] begetters, their fathers, were, what were the names of those who begot them, it is said, however, that they indeed were the grandsons of the lord Acamapichtli, that with him [their ancestry] ended. Hence they are called the old noblemen.

The first was named Ixehuatzin.

The second was named Ome Tochtzin. They came from Tollan to ask for him; he was to rule there. But in Tollan he only died.

The third was named Cuitlachtzin. They now also came from Tollan to ask for him to rule there; he substituted for Ome Tochtzin, who went [there] only to die. And Cuitlachtzin married a noblewoman in Tollan named Xiloxochtzin. She was the daughter of the late ruler in Tollan named Cuitlachihuitl. And from the aforenamed Mexica nobleman, called Cuitlachtzin, there issued in Tollan his children, grandchildren, and those of this lineage. They became rulers, lords, or noblemen in Tollan.

The fourth of Acamapichtli's grandsons was named Macuextzin.

The fifth was named Yaotlantzin.

The sixth was named Ixcuetlantoc.

The seventh was named Chahuacuetzin. He later died in battle when the Chalca were defeated.

<u>v</u> *Y*nic chicuey ytoca Motlanquatzin
<u>v</u> *Y*nic chiuhcnahui ytoca mimichtzin
<u>v</u> *Y*nic matlactli ytoca chalchiuhxochitl
<u>v</u> *Y*nic matlactli once ytoca Mocalpolitohua
<u>v</u> *Y*nic matlactli omome ytoca Topantlacaquitl
<u>v</u> *Y*nic matlactli omey ytoca huehue huanitzin

[41 verso] ¶ iii Acatl xihuitl 1391. años. ypan in motlahtocatlalli yn tlacatl huitzillihuitl. tlahtohuani tenochtitlan ypā cemilhuitlapohualli. 5. cohuatl yc 22 de enero yn īpiltzin yn tlacatl acamapichtli, /

*A*uh ynin huitzillihuitl yhuan yn iteycauh tlatolçacatzin ye omito ompa quinhualcihuamacaque yn tiliuhcan tlacopā auh nican catqui yn iuh peuhtica yn iuh ompa hualyatica tlacamecayotl yn iuh omonepanoco mexico tlahtocatlacamecayotl

<u>v</u> *T*iliuhcan tlacopan oncan teyacanaya oncan ytlapacholpan catca yn itoca huehuetzin çan quauhpilli tequihua catca motzontlalpilliaya auh yevatl ytech quiz yehuatl quichiuh oncan tlacat yn tlacacuitlahuatzin. achto tlahtohuani mochiuh yn oncan tiliuhcan tlacopan, ynic no yehuatl oquinchiuh tlacacuitlahuatzin yn omentin ychpochhuan ynic ce ytoca Miyahuaxochtzin. ynic ome ytoca Matlalxochtzin, ynin huallaque mexico yn omextin ye omito quimonanque huitzillihuitl yhuan tlatolçacatzin

*A*uh yn huitzillihuitl ye omito quipilhuati[190] [42 recto] ȳin miyahuaxochtzin oncan tlacat, yn chimalpopoca yn çatepan tlahtohuani mochiuh yn tenochtitlan

<u>v</u> *A*uh ynin tlahtohuani huitzillihuitl oc no ce cihuapilli ompa conitlani yn quauhnahuac ytoca miyahuaxihuitl ynin ychpochtzin yn itoca oçomatzin teuhctli tlahtohuani ompa yn quauhnahuac

*A*uh in iuh quitotihui huehuetque catca in yehuatl oçomatzin teuhctli yxquich ytlapachol catca yn ic cen quauhnahuac macehualli yehuatl quitlayecoltiaya yn oçomatzin teuhctli quimacaya yn ichcatl yn tetech monequi yhuan y nepapā xochiqualli yn ompa mochihua auh yn izquitlamantli yn omoteneuh ahuel nican mexico. huallacia amo huel nican quihualcallaquiaya y manel yehuatl ychcatl amo yntech huallacia yn mexica ynic cenca motoliniticatca çan yehuatl yn cequintin macehualtzitzinti mexica yn quimoquentiaya yhuan cequintin quimomaxtlatiaya yn amoxtli yn atitlan mochihua *a*uh yehuatl ipampa yn ompa quicihuatlanito yn huitzillihuitl yn intlahtocauh mexica. quitohuaya quenin tictohuāyolcatizque yn oçomatzin teuhctli

190. In anticipation of the following folio: *ynin miyahuaxochtzin.*

The eighth was named Motlanquatzin.
The ninth was named Mimichtzin.
The tenth was named Chalchiuhxochitl.
The eleventh was named Mocalpolitohua.
The twelfth was named Topantlacaquitl.
The thirteenth was named Huehue Huanitzin.

[Huitzilihuitl]

In the year Three Reed, 1391, the lord Huitzilihuitl was installed as ruler of Tenochtitlan on the day count Five Serpent, 22 January. He was a son of the lord Acamapichtli.

And it has already been told of Huitzilihuitl and his younger brother Tlatolçacatzin that Tiliuhcan Tlacopan gave them wives. And here is how lineages were beginning, how they were coming here, how the rulers' lineages in Mexico mingled.

In Tiliuhcan Tlacopan one named Huehuetzin was leader; there was his domain. He was only an eagle-noble, a seasoned warrior; he bound his hair. And from him there issued, he begot, and there was born Tlacacuitlahuatzin, who became the first ruler in Tiliuhcan Tlacopan. There Tlacacuitlahuatzin also begot his two daughters. The first was named Miyahuaxochtzin and the second was named Matlalxochtzin. They both came to Mexico. It has been told that Huitzilihuitl and Tlatolçacatzin took them.

And of Huitzilihuitl it has already been told that he impregnated Miyahuaxochtzin, whence Chimalpopoca was born; he later became ruler of Tenochtitlan.

And this ruler Huitzilihuitl asked in Quauhnahuac for another noblewoman. Her name was Miyahuaxihuitl. She was a daughter of the lord and ruler of Quauhnahuac, named Oçomatzin.

And as the departed ancient ones said, all the subjects of Oçomatzin teuhctli, the permanent Quauhnahuac vassals who served Oçomatzin teuhctli, gave him the cotton that was required and the various fruits that grew there. But none of the things mentioned could reach Mexico; they could not bring them in here. At least the cotton never reached the Mexica since the Mexica were very poor. Only some of the poor Mexica commoners clothed themselves, and some wore breechclouts of marsh plants that grew by the water.

And therefore Huitzilihuitl, the ruler of the Mexica, went there to ask for a wife. He said: How are we to become related to Oçomatzin teuhctli? Let them go to ask for his daughter for me. It is told that at first Huitzilihuitl had them look everywhere; but his desires were nowhere else; his heart was set

manoço nechitlaniti ynichpoch iuh mitohua nohuiampa achto quitlachiyel-
tique yn huitzillihuitl auh acampa oc cecni otlanec çan ompa onhuetz yn i-
yollo, yn quauhnahuac ynic niman ompa quimontitlan yn ittahuā yn mexica
yn oquicihuatlanito,

auh yn yehuatl yn oçomatzin teuhctli, iuh mitohua nahualli catca moch
quinnotzaya yn tocame yn petlaçolcohuatl yn cohuatl yn tzinaca yn collotl,
ynic mochtin quinnahuatiaya quipiaya yn ichpoch miyahuaxihuitl ypampa
cenca mahuiztic catca ynic ayac ypan callaquiz ynic ayac tlahuelliloc
[42 verso] quimahuizpolloz yn oncan tzauhcticatca cenca pialloya yn ich-
pochtli nohuiampa quiyahuacpa tecpancalli quipiaya yn ixquichtin tequa-
nime auh çan ic quimacacia ayac ompa onacia yn tecpancaltitlan auh ynin
cihuapilli miyahuaxihuitl nohuiampa yn altepetl ypan tlahtoque yn inpil-
huan quitlania ynic quimocihuauhtiznequi auh çan niman [illeg.] amo
campa quiceliaya in tlahtolli yn oçomatzin teuhctli, //

Auh ye omito yn huitzillihuitl nohuiampa quitlachiyeltiaya yn ittahuan yn
chalco, yn tepanecapan tel ompa ontlaan auh yn oqu izquican yn aculhua-
can yn culhuacā yn cuitlahuac yn xochimilco campa yehuatl yn ontlanequiz

auh niman yohualtica ycochizpan yn huitzillihuitl yn quinotz yohualli ye-
huatl yn diablo quilhui ca[191] ompa yn quauhnahuac yn tepan ticallaquizque
ompa tiazque yn ichan Oçomatzin teuhctli, ca ticanazque yn ichpoch yn
itoca miyahuaxihuitl,

auh yn iquac ohualliçac niman quimonihua yn quicihuatlanitihui quauh-
nahuac auh yn oquicac oçomatzī teuhctli yn intlahtol mexica ynic quitlan-
illia ychpoch auh çan ompa quinhualtocac yn cihuatlanque, quito yn oço-
matzin tleyn quitohua huitzillihuitl tle quimacaz y noch[192] yn ompa aytic
anca aycpatl amoxtli quiquentiz yn iuhqui yehuatl aycpatl amoxtli qui-
moquentia yn quimomaxtlatia yhuā tle quiqualtiz[193] cuix iuhcan yn nicā
yxquich mochihuaya yn nepapan qualloni yn xochiqualli yhuā yn ichcatl yn
tetech monequi yn nequentillo, auh ynin xihuian xicnahuatiti yn amotlah-
tocauh huitzillihuitl xiccennahuatiti ayocmo ceppa āhuallazque nican

yc niman huallaque yn cihuatlanque quinahuatico yn huitzillihuitzin ynic
amo cia quimacaz ychpoch oçomatzin teuchtli, yn oquicac[194] [43 recto] yc
cenca motequipacho yn huitzillihuitl yn amo cellilo,

auh niman ye no ceppa yohualtica ycochpan[195] quinotz yohualli quilhui
amo ximotequipacho nimitznahuatico iuhqui yn ticchihuaz ynic huel tican-
az yn miyahuaxihuitl ce xicchihua tlatzontectli yhuā chitatli yc titlami-

---

191. *ca:* probable reading; the word is obscured by a blot.

192. *y noch:* read *in nochpochtzin.*

193. *quiqualtiz: quiqualtia* in Tezozomoc, 93.

194. In anticipation of the following folio: *yc cenca.*

195. *ycochpan:* illegible in the MS. Cf. Tezozomoc, 94.

on only [a woman of] Quauhnahuac. Therefore he sent his senior advisers the Mexica there to ask for a wife.

And Oçomatzin teuhctli was said to be a sorcerer. He summoned all manner of spiders, centipedes, snakes, bats, and scorpions; he commanded them all to guard his daughter, Miyahuaxihuitl, for she was most admirable, so that no one would intrude, no wicked one would dishonor her where she was confined. The daughter was heavily guarded: everywhere at the palace entrances all manner of fierce beasts guarded her. And hence [people] feared him; no one approached near the palace. And rulers of altepetl everywhere asked for the noblewoman Miyahuaxihuitl since they wished to marry her to their sons. But Oçomatzin teuhctli accepted the exhortations absolutely nowhere.

And it has already been said that Huitzilihuitl had his senior advisers look everywhere in Chalco, in Tepanecapan, and he was successful there and everywhere in Aculhuacan, in Culhuacan, in Cuitlahuac, in Xochimilco, wherever he might wish.

And then at night, in Huitzilihuitl's sleep, the devil Yohualli spoke to him. He said to him: We shall penetrate among them in Quauhnahuac; we shall go to Oçomatzin teuhctli's home; we shall take his daughter named Miyahuaxihuitl.

And when he awoke he then sent them to Quauhnahuac to ask for her as a wife. And Oçomatzin teuhctli heard the words by which the Mexica asked for his daughter. But Oçomatzin just went up to the marriage-makers; he said: What is Huitzilihuitl saying? What will he give my daughter there in the midst of the water? Perhaps he will clothe her with water [plant] thread, with marsh plants, as he clothes and provides himself with breechclouts of water [plant] thread and marsh plants? And what will he give her to eat? Is the place as it is here, [where] all the various foods have grown, the fruits, and the cotton that one requires to be clothed in? But [do] this: Go; tell your ruler Huitzilihuitl, tell him definitely that you are not to come here again.

Then the marriage-makers came to tell Huitzilihuitl that Oçomatzin teuhctli refused to give him his daughter. When he heard this, Huitzilihuitl was very much disappointed not to have been accepted.

And then once again at night, Yohualli spoke to him in his sleep. He said to him: Do not be troubled. I have come to tell you how you are to do it. Thus you will indeed get Miyahuaxihuitl. Make a dart[14] and a net with which to shoot at the home of Oçomatzin teuhctli, where his daughter is confined. And adorn the reed [shaft] most marvelously; paint it prettily. Inside it insert, to go in its center, a precious green stone, one that is most precious, that shim-

14. *tlatzontectli: lanza* in Tezozomoc, 94.

natiuh yn ichan oçoma teuhctli yn oncan tzauhctica ychpoch yhuan ce acatl
cenca mahuiztic yc xicchichihua xicyequicuillo ytic ˣⁱᶜᵃqui ynepantla yetiaz
ce chalchihuitl yehuatl yn cenca tlaçotli yn cuecueyoca auh ynquaxochco
timoquetzatiuh oncan ton yxquichca tontlaminaz. vmpa huetzitiuh yn acatl
yn itic actiaz chalchihuitl yn oncan tzauhctica ychpoch oçoma teuhctli. ynic
huel ticanazque

auh yuh quichiuh yn tlahtohuani huitzilihuitl vmpa moquetzato yn iqua-
xochco quauhnahuacatl yc niman y contlamin yn tlayequicuilloli yn tlama-
huizchiuhtli acatl yn ihtic actiuh y nepantla yn omoteneuh ce chalchihuitl yn
cenca tlaçohtli yn cenca cuecueyoca, auh vmpa huetzito yn ithualnepantla
yn oncan tzauhcticatca ychpochtli Miyahuaxihuitl

auh ynic huetzito acatl yn ithualnepantla ynic quittac ychpochtli miyahua-
xihuitl ylhuicacpa vnhualla yn acatl ynic ohuetzico ypan ythualco hueh[196]
iuh momaca ylhuicacpa yn ohuetzico ynic niman concuic ymatica yn oyuh
concuic yc niman ye quimahuiçohua ye quihitta yn iuhqui yc cuicuiltic acatl
yn ayc yuhqui oquittac yc niman contlacopoztec yhtic oquittac yn omote-
neuh ce chalchihuitl ȳ cenca tlaçotli yn cenca cuecueyoca. oconā yn ich-
pochtli oquito yhtic[197] cuix chicahua quin niman ycamac oconaqui oqui-
tlantoponizquia[198] nimā yhtic otlamellauhtiquiz. oquitolo aoc uel oquiquixti
yc nimā yhquac opeuh yn ootzitic. omotlalli yn moteuhcçoma ylhuicami-
natzin

v   Ompohualxihuitl ȳ māca yaoyotl yn quauhnahuac ynic pehualloque.
[43 verso]
¶ i acatl xihuitl. 1325. años. ypan in momiquillico yn tlacatl yn huitzillihuitl
tlahtohuani tenochtitlan yn ipiltzin acamapichtli yn tlahtocat. cempohualli
ypan macuilli xihuitl, auh yn quincauhtia ypilhuā yzquintin in yn itech
quizque yzcatqui yntotoca yn tlahtocapipiltin in ye mochi matlactli omome
v   Ynic ce ytoca chimalpopoca, ynin yn inantzin ye omito ompa hualla yn tili-
uhcan yn tlacopan ye omotocateneuh ytoca miayhuaxochtzin yn ichpoch-
tzin tlacacuitlahuatzin in tlahtohuani catca yn ompa tiliuhcan.[199]
v   Ynic ome[200] ytoca huehue tlacayelleltzin in cihuacohuatl
v   Yniquey ytoca huehue moteuhcçoma ylhuicamina chalchiuhtlatonac
v   Ynic nahui ytoca huehue çaca
v   Ynic macuilli ytoca citlalcohuatl

---

196. *hueh:* read *huel.*

197. *yhtic: in tle* in Tezozomoc, 95.

198. *oquitlantoponizquia:* cf. *toponi (estalla, truena)* in Harold Key and Mary Ritchie Key,
Vocabulario mejicano de la Sierra de Zacapoaxtla (Mexico City: Instituto Lingüístico de Verano
and Dirección General de Asuntos Indígenas, 1953), 225.

199. This paragraph is lacking in Tezozomoc, 95.

200. *Ynic ome: Ynic ce* in ibid.

mers. And you will stand within their boundaries; from there you will shoot the dart. The reed in which the precious green stone will be inserted will fall where Oçomatzin teuhctli's daughter is confined. Thus we shall get her.

And so the ruler Huitzilihuitl did. He stood within the boundaries of the lord of Quauhnahuac. Then he shot the dart, the prettily painted and marvelously made reed in which was inserted in the center the said precious green stone, which was most precious and shimmered brightly; and it fell in the middle of the courtyard where the maiden Miyahuaxihuitl was confined.

And when the reed fell in the middle of the courtyard, when the maiden Miyahuaxihuitl saw that the reed came from the heavens, that it fell in the courtyard, that it fell as if indeed given from the heavens, then she took it up in her hand. When she had thus taken it up then she marveled at it, now that she saw how the reed was varicolored. Never had she seen the like. So then she broke it in half; within it she saw the said precious green stone, which was most valuable, which shimmered brightly. The maiden took it up; she said to herself: Perhaps it is powerful. Then she put it in her mouth; she would crunch it with her teeth. Then it went directly within her; she swallowed it; she could not take it out. Thus at that time she began to be pregnant. Moteucçoma Ilhuicaminatzin was conceived.

For forty years there was war in Quauhnahuac until [the inhabitants] were conquered.

The year One Reed, 1325.[15] At this time the lord Huitzilihuitl, ruler of Tenochtitlan, died. He was a son of Acamapichtli. He had ruled for twenty-five years and left all his children who had issued from him. Here are the names of the great lords, all twelve of them.

The first was named Chimalpopoca. As has already been said, his mother came from Tiliuhcan Tlacopan. Her name as aforesaid was Miyahuaxochtzin. She was a daughter of Tlacacuitlahuatzin, who was ruler of Tiliuhcan.

The name of the second was Huehue Tlacaeleltzin cihuacoatl.

The name of the third was Moteucçoma Ilhuicamina Chalchiuhtlatonac.

The name of the fourth was Huehue Çaca.

The name of the fifth Citlalcoatl.

15. *1325: 1415* in ibid., 96.

v̲ Ynic chiquacen ytoca aztacohuatl

v̲ Ynic chicome ytoca axicyotzin

v̲ Ynic chicuey ytoca quauhtzitzimitzin.

v̲ Ynic chiuhcnahui ytoca xiconoc

v̲ Ynic matlactli ytoca ~~xihuitl temoc(?)~~ teotlatlauhqui

v̲ Ynic matlactli once ytoca ~~teotlatlauhqui~~ huehue cuitlahuatzin ynin ompa
ytztapalapan tlahtocatico ompa quichihuato ce ychpoch çan icuitlahuic hualla
yn nican mexico conan axayacatzin[201]

v̲ Ynic matlactli omome ytoca miccayaocihuatl ynin cihuapilli quihuallitlan
quihuallan yn cohuatl ychan tlahtocapilli ytoca toyaotlancatzin ynin ytel-
poch yn huehue cuixtecatzin tlahtohuani catca yn cohuatl ychan, auh yn
miccayaocihuatl[202] **[44 recto]** Yn ihuan toyaotlancatzin oyntech quiz oqui-
chiuhque yn itoca huehue tepollomitzin ynin ye cuel ynmachtzin yn tla-
cayelleltzin cihuacohuatl yhuan hue[203] moteuhcçoma ylhuicaminatzin tlah-
toque tenochtitlan auh ynin huehue tepollomitzin nican mexico çan
icuitlahuic hualla nican nemico yntlan yn tlahtoque yhuan cenca nican
mopilhuatico moxinachoco, yn tenochtitlan

— — — ——————

v̲ Auh çan niman ipan in. yn omoteneuh. i. acatl. xihuitl 1325. yn motlahtoca-
tlalli yn tlacatl. yn chimalpopoca tlahtohuani tenochtitlan ypan cemilhui-
tlapohualli. 3. cohuatl, yc 2i. de Julio. ynin ypiltzin yn tlacatl huitzillihuitl,
ytlan tlacateccati yn itzcohuatzin auh no ytlan tlacochcalcati yn teuhtlehuac
tlatilolco ychan.

v̲ Auh ynin chimalpopoca tlahtohuani ce ychpoch quichichiuh[204] amo huel
momati yn itoca cihuapilli quimocihuauhti yn itoca cahualtzin yn ipiltzin in
tlatolçacatzin.

v̲ ¶ iiij. tochtli xihuitl. 1418 años. ypan in momiquillico yn tlacatl yn quaqua-
pitzahuac tlahtohuani tlatilolco, yn ipiltzin huehue teçoçomoctli tlahtohuani
azcapotzalco, yn tlahtocat onpohualxihuitl ypan yexihuitl, // Auh çan ni-
man ipan inyn omoteneuh xihuitl yn motlahtocatlalli yn tlacatl yn tlahca-
teotzin tlahtohuani tlatilolco, ypan cemilhuitlapohualli 13. cuetzpalli yc
[blank space] ynin ypiltzin yn tlacatl quaquapitzahuac

v̲ Auh yn iquac motlahtocatlalli yn tlahcateotzin no yquac tlahtocati yn acul-
miztli yn ompa covatl ychan

Auh yn oiuh onmotlahtocatlalli yn tlahcateotzī niman ye quitohua quimil-
huia yn ipillohuan **[44 verso]** yn iteuhcyohuan tla xihuian yn cohuatl ichan

---

201. This paragraph is lacking in ibid., 97.
202. In anticipation of the following folio: *Yn ihuan.*
203. *hue:* read *huehue.*
204. *quichichiuh:* read *quichiuh.*

The name of the sixth was Aztacoatl.

The name of the seventh was Axicyotzin.

The name of the eighth was Quauhtzitzimitzin.

The name of the ninth was Xiconoc.

The name of the tenth was Teotlatlauhqui.

The name of the eleventh was Huehue Cuitlahuatzin. He went to Itztapalapan as ruler. There he begot a daughter, who came here just to the rear of Mexico.[16] Axayacatzin took her.

The name of the twelfth was Miccayaocihuatl. A great lord of Coatl Ichan named Toyaotlancatzin asked for and took her. He was a son of Huehue Cuixtecatzin, late ruler of Coatl Ichan. And from Miccayaocihuatl and Toyaotlancatzin there issued and they begot the one named Huehue Tepollomitzin. He was in fact a nephew of Tlacaeleltzin cihuacoatl and Huehue Moteucçoma Ilhuicaminatzin, rulers of Tenochtitlan. And this Huehue Tepollomitzin came here just to the rear of Mexico. Here he lived among the rulers and procreated and spread his seed widely in Tenochtitlan.

[Chimalpopoca and Tlacateotzin; to the Death of Teçoçomoctli]

And at this very same time, the said year One Reed, 1325,[17] the lord Chimalpopoca was installed as ruler of Tenochtitlan on the day count Three Serpent, 21 July. He was a son of the lord Huitzilihuitl. Itzcoatzin tlacateccatl was with him, and also Teuhtlehuac, a resident of Tlatelolco, was tlacochcalcatl with him.

And this ruler Chimalpopoca begot a daughter. The name of the noblewoman is not known. One named Cahualtzin, son of Tlatolçacatzin, married her.

The year Four Rabbit, 1418. At this time the lord Quaquapitzahuac, ruler of Tlatelolco, died. He was a son of Huehue Teçoçomoctli, ruler of Azcapotzalco. He had ruled for forty-three years. And at that very time, in that said year, the lord Tlacateotzin was installed as ruler of Tlatelolco on the day count Thirteen Lizard. . . .[18] He was a son of the lord Quaquapitzahuac.

And when Tlacateotzin was installed as ruler, at that time also Acolmiztli ruled in Coatl Ichan.

And when Tlacateotzin had been installed as ruler he then spoke; he said

16. An alternate translation of the phrase *çan icuitlahuic hualla* (here and below) might be "came back" (in both cases, to Mexico).

17. *1325: 1415* in Tezozomoc, 98.

18. The Christian calendar date is lacking.

tla xicnonotzati yn aculmiztli ma ce nechmaca yn ichpochtzin, nima oquil-
huique ca ye qualli ma tihuian

*n*ima yaque yn tlatilolca yn quinonotzato yn quitlanito ychpoch aculmiztli
yn oquicac yntlahtol tlatilolca niman ye quitohua yn aculmiztli ca ye qualli
onechicnelli oniccac yn itlahtol in tlahcateotl yuh mochihua çon yn tleyn
quihuallitohua neltiaz auh yehuatl nicmacahua y nochpochtzin yn itoca
Xiuh[illeg.]tomiyauhtzin[205] nicmaca yn tlahcateotl ma contlaçotla xicmo-
huiquillitihuia

*n*iman quinhualmacac[206] ce yn ichpoch conaxitico yn tlatilolco yn cihuapilli
xiuh[illeg.]tomiyauhtzin yn oconaxitico niman ye quinonotza yn tlahcateo-
tzin yn iuh quinhualmacac yn ichpoch aculmiztli yn oconcac niman ye quito-
hua yn tlahcateotzī onechicnelli yn tlacatl aculmiztli,

*a*uh niman ye yc quiteca yn tlahcateotzin yn xiuh[illeg.]tomiyauhtzin ye
oncan tlacati oyntech quizque[207] yeyntin yn intlaçopilhuan oquichtin ynic ce
ytoca aculmiztli ynin oncan tlatilolco tlahtocat. Ynic ome ytoca teçoçomoctli
ynin ompa tlahtocatito ompa quitlanico[208] yn quauhtitlan, yniquey ytoca
Epcohuatzin, [ynin tlax . . . ya{illeg.}] Auh yn icalpanpilhuan quinchiuh yn
tlahcateotzin cenca yxachintin

*x*ij. tochtli xihuitl. 1426. años. ypan in momiquillico yn tlacatl yn huehue
teçoçomoctli tlahtohuani catca yn azcapotzalco yn iconetzin cuetlaxxochitzī
ye omito ynin ychpochtzin yn itoca tzihuactlatonaltzin yn tlahtocat yepo-
hualxihuitl. auh yn quincauhtia ypilhuan yzquintin in yn itech quizque
yzcatqui yntotoca yn tlahtocapipiltin in ye mochi

v *Y*nic ce ytoca aculnahuacatl tzaqualcatl ynin oncan quihualtlahtocatlalli yn
   tlacopan[209] **[45 recto]** yn teçoçomoctli, auh çan no ychpoch yn tlacacui-
   tlahuatzin tlahtohuani tlacopan tiliuhcan yn conantacico aculnahuacatl tza-
   qualquatl yn cihuapilli ytoca tlacochcuetzin auh on yntech quizque oncan
   otlacatque yn inpilhuan omentin ynic ce ytoca cohuauoxtli, ynic ome ytoca
   oquetzal ynin ymomextin ompa yaque yn mexicatzinco ompa onmoci-
   huauhti yn oquetzal

v *A*uh ynic ome ypilhuan huehue teçoçomoctli ytoca quaquapitzahuac. ynin
   oncan quihualtlahtocatlalli yn tlatilolco auh yece achto ynin momiquilli
   quaquapitzahuac çatepan momiquillico yn omotocateneuh huehue teçoço-
   moctli ye yxhuiuhtzin yn tlahtocati tlatilolco yn itoca tlahcateotzin yn iquac
   momiquilico huehue teçoçomoctli

v *Y*niquey yn ipilhuan huehue teçoçomoctli ytoca Epcohuatl ynin ompa con-
   tlahtocatlalli yn atlacuihuayan

205. *Xiuhtomiyauhtzin:* illegible in the MS; cf. Tezozomoc, 99.
206. *quinhualmacac: quihualmac* in ibid., 100.
207. *oyntech quizque: in quechquizque* in ibid.
208. *quitlanico: quitlanito* in ibid.
209. In anticipation of the following folio: *yn teçoçomoctli.*

to his noblemen, his lords: Go to Coatl Ichan. Speak to Acolmiztli. Let him give me one of his daughters. Then he said to him: It is well. Let us go.

Then the Tlatelolca went to speak to Acolmiztli to ask him for his daughter. When Acolmiztli had heard the words of the Tlatelolca, he then said: It is well. He has shown me favor. I have heard Tlacateotl's words. So be it; what he says will come to pass. And I grant him my daughter named Xiuhtomiyauhtzin; I give her to Tlacateotl. Let him love her. Take her.

Then he gave them one of his daughters. They brought the noblewoman Xiuhtomiyauhtzin into Tlatelolco. When they had brought her in, then they told Tlacateotzin that Acolmiztli had given them his daughter. When Tlacateotzin had heard this, he said: The lord Acolmiztli has shown me favor.

And thereupon Tlacateotzin had sexual relations with Xiuhtomiyauhtzin. From this were born, from them issued, three great noblemen. The first was named Acolmiztli; he ruled in Tlatelolco. The second was named Teçoçomoctli; he went to be ruler of Quauhtitlan; they came from there asking for him. The third was named Epcoatzin. And Tlacateotzin begot very many [other] noble children.

The year Twelve Rabbit, 1426. At this time the lord Huehue Teçoçomoctli, who was ruler of Azcapotzalco, died. He was a son of Cuetlaxxochitzin, who, it has already been said, was a daughter of the one named Tzihuactlatonaltzin. [Teçoçomoctli] had ruled for sixty years. And he left his children, all who had issued from him. Here are the names of the great lords, all of them.

The first was named Aculnahuacatl Tzaqualcatl. Teçoçomoctli installed him as ruler of Tlacopan. And Aculnahuacatl Tzaqualquatl likewise took the noblewoman named Tlacochcuetzin, daughter of Tlacacuitlahuatzin, ruler of Tlacopan Tiliuhcan. And from them issued and were born two sons. The first was named Coauoxtli. The second was named Oquetzal. Both of them went to Mexicatzinco. There Oquetzal married.

And the second of the sons of Huehue Teçoçomoctli was named Quaquapitzahuac. [Teçoçomoctli] installed him as ruler of Tlatelolco. However, first Quaquapitzahuac died, and then the aforenamed Huehue Teçoçomoctli died. His grandson, named Tlacateotzin, was now ruler of Tlatelolco when Huehue Teçoçomoctli died.

The third of the sons of Huehue Teçoçomoctli was named Epcoatl. [Teçoçomoctli] installed him as ruler of Atlacuihuayan.

v͟   Ɔnic nahui ypilhuan yn huehue teçoçomoctli ytoca tzihuactlayahuallo-huatzin ynin ompa cōtlahtocatlalli yn tiliuhcan yn inahuac tlacopā yn oiuh onmomiquilli tlacacuitlahuatzin tlahtohuani catca oncan yn tiliuhcan

v͟   Ɔnic macuilli yn ipilhuan yn huehue teçoçomoctli ytoca Maxtlatzin ynin ompa contlahtocatlallica yn cuyohuacan ompa quinchihuato ce ypiltzin ytoca tecollotzin auh quezqui xihuitl ompa tlahtocatito ȳ maxtlatzin yn co-yohuacan

Auh çan niman ipan inyn omoteneuh yn xij. tochtli xihuitl. 1426. años. niman iquac motlahtocatlallitihuetzico yn maxtlatzin yn oncan azcapotzalco yn oiuh [45 verso] Quihualmat ca omomiquilli yn ittatzin huehue teçoçomoctli auh çan temiccatlapalloco ynic onmotlahtocatlallitihuetzico yn oncan az-capotzalco auh ypiltzin yn quihualtlahtocatlallitehuac yn quihualmixip-tlatitehuac yn ompa cuyohuacā yn itoca tecollotzin

¶ xij. tochtli xihuitl. 1426. ypan inyn quimictito tepaneca yn tlacopaneca yn tlacatl yn chimalpopoca tlahtohuani catca tenochtitlan yn ipiltzin huitzilli-huitl yn tlahtocat matlactli omome xihuitl, auh yn quincauhtia ypilhuan yzquintin in yn itech quizque, yzcatqui yntotoca yntlahtocapipiltin in ye mochi

v͟   Ɔnic ce ytoca xihuitl temoc ynin motlahtocatlallico yn tenochtitlan yn oiuh momiquilli yttatzin chimalpopoca auh çan epohualilhuitl yn ontlahtocati ça niman omomiquilli

v͟   Ɔnic ome ypilhuan chimalpopoca ytoca Miquiztzin

v͟   Ɔniquey ytoca Maxihuitzin tlahtohuani auh yece amo huel momati campa yn tlahtocatito yn

v͟   Ɔniquey͓c ͏nahui ytoca tezcatl popocatzin

v͟   Ɔnic macuilli ytoca quetzalquauhtzitzimitzin

v͟   Ɔnic chiquace ytoca yxcuinantzin

v͟   Ɔnic chicome cihuatzintli ynin cihuapilli amo huel momati yn itoca ye omito tlacpac quimocihuahuati yn cahualtzin oyntech quizque oncan otlacatq̄ omentin ynichpochhuā auh yece amo no huel momati yn intoca ynin ci-huapipiltin oquimocihuahuati yn tlahtohuani ahuitzotl auh yn oc ce qui-huallitlan quihuallan yn tetzcoco tlahtocapilli yn itoca tlahtolcaltzin ynin[210] [46 recto] ypiltzin y neçahualcoyotzin tlahtohuani aculhuacā yn ompa tla-catito ytoca çan no neçahualcoyotzin

v͟   Auh çan no ypan yn omoteneuh yn xij. tochtli xivitl 1426. años. yn momi-quillico yn tlacatl yn tlahcateotzī tlahtohuani tlatilolco catca yn ipiltzin quaquapitzahuac yn tlahtocat matlacxihuitl ynin tlahcateotzin atzompa yn

---

210. In anticipation of the following folio: *ypiltzin*.

The fourth of the sons of Huehue Teçoçomoctli was named Tzihuac-tlayahuallohuatzin. [Teçoçomoctli] installed him as ruler of Tiliuhcan, near Tlacopan. When Tlacacuitlahuatzin died, he was ruler of Tiliuhcan.

The fifth of the sons of Huehue Teçoçomoctli was named Maxtlatzin. [Teçoçomoctli] installed him as ruler of Coyoacan. There he begot a son named Tecollotzin. And Maxtlatzin ruled in Coyoacan several years.

And just then, in the said year Twelve Rabbit, 1426, right then Maxtlatzin promptly installed himself as ruler in Azcapotzalco as soon as he knew that his father Huehue Teçoçomoctli had died. And people had scarcely paid their respects to the dead when he immediately installed himself as ruler of Azcapotzalco. And he had immediately installed his son named Tecollotzin as ruler, as his representative in Coyoacan.

[The Deaths of Chimalpopoca and Tlacateotzin]

The year Twelve Rabbit, 1426. At this time the Tepaneca and Tlacopaneca killed the lord Chimalpopoca, who was ruler of Tenochtitlan. He was a son of Huitzilihuitl. He had ruled for twelve years and left all the children who had issued from him. Here are the names of all of these great lords.

The first was named Xihuitl Temoc. He was installed as ruler in Tenochtitlan when his father Chimalpopoca died. However, he ruled for only sixty days and then he died.

The second of Chimalpopoca's sons was named Miquiztzin.

The third was named Maxihuitzin. He was a ruler; however, it is not known where he ruled.

The fourth was named Tezcatl Popocatzin.

The fifth was named Quetzalquauhtzitzimitzin.

The sixth was named Ixcuinantzin.

The seventh was a girl. The name of this noblewoman is not known. It has already been told above that Cahualtzin married her. From them issued and were born two daughters; however, neither are their names known. The ruler Ahuitzotzin married [one of] these noblewomen. And the other a great nobleman of Texcoco named Tlatolcaltzin asked for and took her; he was a son of Neçahualcoyotzin, ruler of Aculhuacan. From this was born one also named Neçahualcoyotzin.

And in this said year, Twelve Rabbit, 1426, the lord Tlacateotzin, ruler of Tlatelolco, died. He was a son of Quaquapitzahuac. He had ruled for ten years. The Aculhua killed him; they strangled him in Atzompan. Because of them war began in Tepanecapan in the aforesaid year. And he left all the chil-

quiquechmecanique quimictico ᵃᶜᵒˡʰᵘᵃᶜᵃ ~~yn tepaneca yn tlacopaneca~~ yehuā-
tin ynpampa yn opeuh yaoyotl yn tepanecapan yn ipan i omoteneuh xihuitl,
auh yn quincauhtia ypilhuan yzquintin in yn itech quizque yzcatqui ynto-
toca yn tlahtocapipiltin in ye mochi cempohuallomey

v   yn omoteneuh tlahtohuani chimalpopoca yhuan tlahcateotzin tlahtohuani
yhuan ytzcohuatzin. in yehuantin ī cenca mochoquilitihui²¹¹ y mocaquia yn
quimilhuiaya in ca ye polihuizque ye yaoyahualolozque yn mexica. ynic
niman çan conichtacamictico tepaneca chimalpopoca auh ye omito yn tlah-
cateotzin atzompa yn quiquechmecanique aculhuaque yn quimictique

*a*uh ynin tlahtohuani tlahcateotzin nahuintin yn itlaçopilhuan yn çatepā yn
oyuh mictiloq̄. tlahtoq̄ yn intatzin cenca omochicauhque yaoyotica ynic ce
ytoca acolmiztli ynic ome ytoca teçoçomoctli yniquey ytoca Epcohuatzin
ynic nahui ytoca totopillantzin. yn quipallehuique ytzcohuatzin yn azcapo-
tzalco ynic poliuhque ynic quipoloque mexica yn tepanecayotl yn ipan tlah-
tohuani Maxtlatzin teuhctli

[46 verso] ¶ xiij. Acatl xihuitl 1427. años. ypan in yn motlahtocatlalli yn tla-
catl yn itzcohuatzin tlahtohuani tenochtitlan ypan cemilhuitlapohualli 13.
atl yc 22 de Junio, ynin ypiltzin yn acamapichtli, yquac niman quinpehualti
in ye quinyaochihua yn tepaneca azcapotzalca, yquac tlahtocati yn max-
tlatzin yn azcapotzalco. auh yn tlacopan yehuatl yn aculnahuacatl yn tza-
qualcatl auh yn culhuacan yehuatl tlahtocati yn acultzin auh yn cuyohuacan
tecollotzin
¶ i tecpatl xihuitl. 1428. años. ypan in motlahtocatlalli yn tlacatl yn quauh-
tlatohuatzin tlahtohuani tlatilolco ypan cemilhuitlapohualli. i. cozcaquauhtli
ynin ypiltzin yn ~~tlahcateotl~~ acolmiztli.
auh ypan inyn omoteneuh xihuitl pehualloque yn azcapotzalca ypan yn
maxtlatzin yc oncan ya cuyohuacan motlallito ompa ypan momanato yn
yaoyotl,
¶ iiij. Acatl xihuitl. 1431. ypan in moyohualpollo çan chollo yn tlacatl max-
tlatzin tlahtohuani catca azcapotzalco onca onehuac cuyohuacan ya tlachco
yccen ya yquac. oncan quicauhtia yn cuyohuacan yn tecollotzin yn ipiltzin

¶ xiij. tecpatl xihuitl 1440. ypan in momiquillico yn tlacatl yn itzcohuatzin
tlahtohuani catca tenochtitlan yn ipiltzin acamapichtli yn tlahtocat matlactli

211. *mochoquilitihui: mochoquitihui* in Tezozomoc, 106.

dren who had issued from him. Here are the names of all twenty-three of these great lords.[19]

The aforesaid ruler Chimalpopoca, the ruler Tlacateotzin, and Itzcoatzin wept bitterly when it was known and they told them that now the Mexica were to perish, that now they would be under siege. Soon afterward the Tepaneca quite treacherously killed Chimalpopoca, and it has already been told that the Aculhua strangled Tlacateotzin in Atzompan when they killed him.

But later, four of the legitimate ones of this ruler Tlacateotzin, after the rulers [including] their father had been killed, exerted themselves greatly in the war. The first was named Acolmiztli; the second was named Teçoçomoctli; the third was named Epcoatzin; the fourth was named Totopillantzin. They aided Itzcoatzin when [those of] Azcapotzalco were defeated; when the Mexica defeated the Tepaneca nation in the time of the ruler Maxtlatzin teuhctli.

[Itzcoatzin and Moteucçoma Ilhuicamina]

The year Thirteen Reed, 1427. At this time the lord Itzcoatzin was installed as ruler of Tenochtitlan on the day count Thirteen Water, 22 June. He was a son of Acamapichtli. He then at once attacked and made war upon the Tepaneca Azcapotzalca when Maxtlatzin ruled in Azcapotzalco and Aculnahuacatl Tzaqualcatl in Tlacopan, and Acoltzin ruled in Culhuacan and Tecollotzin in Coyoacan.

The year One Flint, 1428. At this time the lord Quauhtlatoatzin was installed as ruler of Tlatelolco on the day count One Vulture. He was a son of Acolmiztli.

And in this said year, the Azcapotzalca were conquered in the time of Maxtlatzin. He therefore went to settle in Coyoacan as the war spread.

The year Four Reed, 1431. At this time the lord Maxtlatzin, who was ruler of Azcapotzalco, was destroyed at night. He just fled. He left Coyoacan and went to Tlachco. Thus he went for good. At that time he left his son Tecollotzin in Coyoacan.

The year Thirteen Flint, 1440. At this time the lord Itzcoatzin, who was ruler of Tenochtitlan, died. He was a son of Acamapichtli. He had ruled for

19. The MS does not give these twenty-three names.

onnahui xihuitl auh yn icihuauh catca. ytoca tlancuitlaatzin, auh çan omen-
tin yn quincauhtia ypilhuātzitzinhuan yn itzcohuatzin yzcatqui yntoca

v Ynic ce ytoca huehue teçoçomoctli ynin quin yehuatl achto ytoca mochiuh
   yn nicā tenochtitlan ynic quitocayotique teçoçomoctli ynic ce ynantzin

v Ynic ome cihuatzintli amo huel momati yn itoca[212] **[47 recto]** cihuapilli ynin
   yehuatl quichihuilli yn itzcohuatzin yn itoca tlancuitlaatzin auh ynin
   ychpochtzin ytzcohuatzī quimocihuauhti ytoca tzintehuatzin anoço tzinte-
   tzin çan mexicatl tiacauh oncan otlacatque macuiltin ynpilhuan ynic ce ytoca
   miccatzin ynic ome ytoca atletzin, yniquey ytoca tlanmacquauhatzin yn oc
   omentin cihua amo huel momati yn intoca yehuantin inyn cihuayotica
   yxhuihuan ytzcohuatzin

v Yniq̄y ypilhuan ytzcohuatzin ytoca mixcohuatzin ompa tlahtocatito yn
   xilotepec

v Auh çan niman ipan in omoteneuh xiij tecpatl xihuitl 1440. años. ypan
   motlahtocatlalli yn tlacatl yn huehue Moteuhcçoma ylhuicamina chalchi-
   uhtlatonac tlahtohuani tenochtitlan ypan cemilhuitlapohualli 3. cohuatl yc
   22. de Mayo ynin ypiltzin yn huitzillihuitl
   ¶ vij. tecpatl xihuitl. 1460 años. ypan in momiquillico yn tlacatl yn quauh-
   tlatohuatzin tlahtohuani tlatilolco yn ipiltzin ~~tlahcateotzin~~ acolmiztli, yn tlah-
   tocat cenpohualli onmatlactli ypan exihuitl.[213]
   Auh ça niman ipan inyn omoteneuh xihuitl yn motlahtocatlalli yn tlacatl yn
   moquihuixtli tlahtohuani tlatilolco ypan cemilhuitlapohualli 13. oçomatli yc
   [blank space] ynin yn iuh conitohua tlatilolca çan hualla aculhuacan ychan
   yehuatl ompa contlahtocatlalli yn huehue moteuhcçoma ylhuicaminatzin
   ynehuan yn axayacatzin
   ¶ 2. tecpatl xihuitl. 1468. años. ypan in momiquillico yn tlacatl yn huehue
   Moteuhcçoma ylhuicamina chalchiuhtlatonac tlahtohuani catca tenochtitlan
   ynin ypiltzin huitzillihuitl yn tlahtocat. cenpohualli onchiuhcnahui xihuitl,
   auh yn quincauhtia ypilhuan yzquintin in yn itech quizque yzcatqui yntoca
   yn tlahtocapipiltin in ye mochi chichueyntin
   Ynic ce ytoca yquehuac tlacateccatl **[47 verso]**
   Ynic ome ytoca chichi^mecacihuatzin ynin quimocihuauhti huehue huanitzin
   huey tiacauh ytztapallapan ychā oncan otlacatque oyntech quizque yeyntin
   ypilhuā ynic ce ytoca ᵛᵉᵛᵉ chimalpilli ynin ompa tlahtocatito yn ecatepec
   ynic ome ytoca macpaltzin yniquey ytoca matlalxochitzin

v Yniquey ypilhuan huehue moteuhcçoma ytoca Maçaxochtzin ynin cihua-
   pilli quihuallitlan quihuallan ce pilli yn ompa tepexic mixtlan yhuā yquac
   quihuallitlanque yn ompa tlahtocayotl quin yehuatl conpehualtito yn cihua-
   pilli çan ipampa yehuatl ynic yehuatl otlahtocatlalliloc yn iyoquichhuatzin

---

212. In anticipation of the following folio: *cihuapilli*.
213. *exihuitl: ce xihuitl* in Tezozomoc, 110.

fourteen years. And the name of his wife was Tlancuitlaatzin. And Itzcoa-
tzin left only two children. Here are their names.

The first was named Huehue Teçoçomoctli. This was later. First, here in
Tenochtitlan, his name became and they named him [only] Teçoçomoctli. He
was the one [son] of his mother.

The second was a girl. The name of this noblewoman is not known. Itz-
coatzin begot this one of the one named Tlancuitlaatzin. And one named
Tzintehuatzin or Tzintetzin, merely a Mexica brave warrior, married her.
Thence were born five children. The first was named Miccatzin. The second
was named Atletzin. The third was named Tlanmacquauhatzin. The names
of two others, girls, are not known. These were Itzcoatzin's grandchildren
through their mother.

A third child of Itzcoatzin was named Mixcoatzin. He went to rule in
Xilotepec.

And at this very same time, in the said year Thirteen Flint, 1440, the lord
Huehue Moteucçoma Ilhuicamina Chalchiuhtlatonac was installed as ruler
of Tenochtitlan, on the day count Three Serpent, 22 May. He was a son of
Huitzilihuitl.

The year Seven Flint, 1460. At this time the lord Quauhtlatoatzin, ruler of
Tlatelolco, died. He was a son of ^Acolmiztli. He had ruled for thirty-three years.

And in this same said year, the lord Moquihuixtli was installed as ruler of
Tlatelolco, on the day count Thirteen Monkey. . . .[20] As the Tlatelolca say, he
only came from his residence in Aculhuacan. Huehue Moteucçoma Ilhui-
camina, along with Axayacatzin, had installed him as ruler there.

The year Two Flint, 1468. At this time the lord Huehue Moteucçoma Ilhui-
camina Chalchiuhtlatonac, who was ruler of Tenochtitlan, died. He was a
son of Huitzilihuitl. He had ruled for twenty-nine years. And he left all the
children who had issued from him. Here are the names of the great lords,
eight in all.

The first was named Iquehuac tlacateccatl.

The second was named Chichimecacihuatzintli. Huehue Huanitzin, a
great, brave warrior, resident of Itztapalapan, married her. There three chil-
dren were born who issued from them. The first was named ^Huehue Chi-
malpilli; he went to rule in Ecatepec. The second was named Macpaltzin. The
name of the third was Matlalxochitzin.

The third of the children of Huehue Moteucçoma was named Maça-
xochtzin. A nobleman from Tepexic Mixtlan asked for and took this noble-
woman, and when they asked for her she then began the rulership there. It
was only on account of this noblewoman that her husband Toçancoztli was
installed as ruler in Tepexic Mixtlan; she then began the rulership. And there

20. The Christian calendar date is omitted.

toçancoztli[214] yn ompa tepexic mixtlan quin yehuatl conpevalti yn tlahto-
cayotl auh oyntech quizque ompa otlacatito yn doña Maria yhuan in don
Joseph ompa tlahtocat yn tepexic mixtlan

v Auh yn oc macuiltin yn ichpochtzitzinhuan yn tlacatl yn huehue moteuhc-
çomatzin amo huel momati yn intoca cihuapipiltin // oc cequintin mexica
quitotihui huel miyecapilhua[215] catca y̅ huehue Moteuhcçoma ylhuicamina
inic quitoca amo mochintin in tlatocatizque nopilhuan ynic quitecac y̅ tla-
huitolli in tlatecayotl, in quauhxincayotl. yn tlacuilocayotl mochi fiscalesme
mochiuhque yn ipilhuan[216]

v Yn huehue Moteuhcçoma ylhuicaminatzin yhua̅ tlacayelleltzin oc yehuantin
quitlahtocatlallique yn itoca atlaçol yehuatl in ompa achto tlahtocatito yn
huaxacac ynin yxhuiuhtzin yn ocellopan tenochtitlan chane auh ynic ompa
tlahtocatito huaxacac yntlayhual mochiuh yn omotocateneuhque tlahtoq̅.

¶ iij. calli xihuitl 1469. años. ypan in motlahtocatlalli yn tlacatl. yn axaya-
catzin tlahtohuani tenochtitlan ypan cemilhuitlapohualli ii. quiahuitl yc ii[217]
de agosto. ynin ypiltzin yn huehue teçoçomoctli tlahtocapilli tenochtitlan
ynin ye omito tlacpac ypiltzin ytzcohuatzin

v Auh ynin omotocateneuh huehue teçoçomoctli[218] **[48 recto]** yn ipiltzin
ytzcohuatzin tlahtocapilli tenochtitlan, ayc tlahtocat çan catca huey teuhctli
auh yehuatl oquinchiuh oytech quizque yn tlahtoque yzcatqui yntotoca
yzquintin in

v Ynic ce ytoca tiçocic tlahtohuani

v Ynic ome ytoca Ahuitzotl tlahtohuani

v Yniquey cihuatzintli ytoca chalchiuhnenetzin ynin conmacac quihuallitlan
quihuallan yn tlahtohuani tlatilolco yn itoca moquihuixtli ompa tlacatito
ytoca axayaca quixeuh yn itlatzin[219] ynic ome ompa tlacatito ytoca tzihuac-
popoca

v Auh ynic nahui yn ipilhuan yn huehue teçoçomoctli ya yehuatl yn onmo-
teneuh yn itoca Axayacatzin ça xocoyotl ye omito yehuatl ypan noncallac
quipatlac yn oiuh momiquilli tlahtohuani huehue Moteuhcçoma ylhuica-
mina, auh ye omito ca xocoyotl ye achtopa yn otlahtocat ynin axayacatzin,

214. *toçancoztli* is written on the margin and is partly illegible; cf. ibid., 112.

215. *miyecapilhua*: read *miec ipilhuan* or *mieccan pilhua*.

216. The passage beginning *oc cequintin* and ending *yn ipilhuan* is added between lines
and on the margin; cf. Tezozomoc, 112.

217. *ii: 11* in Tezozomoc, 114.

218. In anticipation of the following folio: *yn ipiltzin*.

219. *itlatzin: itatzin* in Tezozomoc, 115.

issued from them and there were born doña María and don José; [the latter] ruled in Tepexic Mixtlan.

And as to five more daughters of the lord Huehue Moteucçomatzin, the names of the noblewomen are not known. Other Mexica have said that Huehue Moteucçoma Ilhuicamina had many children, wherefore he had said: Not all of my sons will be rulers. Hence he laid out [for them the various professions:] the [art of using the] bow, the lapidary art, wood sculpture, painting. All his sons became public officials.[21]

Moteucçomatzin Ilhuicamina and Tlacaeleltzin installed one named Atlaçol, as the first ruler of Huaxacac. He was a grandson of Ocelopan, a resident of Tenochtitlan. And when he went to rule in Huaxacac, he became the emissary of the aforenamed rulers.

[Axayacatl, Tiçoc, Ahuitzotl; Tlacaelel]

The year Three House, 1469. At this time the lord Axayacatzin was installed as ruler of Tenochtitlan, on the day count Two Rain, 2 August. He was a son of Huehue Teçoçomoctli, a great lord in Tenochtitlan, who, it has already been said, was a son of Itzcoatzin.

And this aforenamed Huehue Teçoçomoctli, son of Itzcoatzin and great lord in Tenochtitlan, never was ruler; he was only a great lord. But he begot rulers; they issued from him. Here are the names of all of them.

The first was the ruler of Tiçocic.
The second was the ruler Ahuitzotl.
The third was a girl named Chalchiuhnenetzin. This one he gave to the ruler of Tlatelolco named Moquihuixtli, who asked for and took her. There a [child] named Axayaca was born, who took the [name] of his uncle. The second to be born there was named Tzihuacpopoca.

And the fourth of the children of Huehue Teçoçomoctli was the one already mentioned, named Axayacatzin. He was a younger son. It has already been said that he came in when Huehue Moteucçoma Ilhuicamina died, [that] he took his place. And it has already been said that he was a younger son. This Axayacatzin ruled first; later his elder brother ruled. And he ruled because Huehue Moteucçoma had said [so].

21. This translation of *fiscal* is tentative.

çatepan yn otlahtocatque ytiachcahuan auh ynic tlahtocat yehuatl quitotia
yn huehue Moteuhcçoma,

*a*uh yn iquac motlahtocatlalli yn ixquetzalloc pepenalloc ynin axayacatzin
yquac tlayllotlacati yn itiachcauh yn itoca tiçocic, auh yn oc ce itiachcauh tla-
cochcalcati yn itoca Ahuitzotl, yn iuhqui oydoresme ypan pohuia

*a*uh in yehuantin in tetiachcahuan yn inteyccauh yn axayacatzin atle ypan
quittaya atle ypan conpohuaya çan quitlapinahuiliaya yn iquac canapa on-
tepehuaya Mexica ompa tehuan ontlamaya yn axayacatzin, quimonanaya
ymalhua̅

*a*uh yn itiachcahuan ye omito çan quipopollohuaya çan quitohuaya cuix
nelli yn oquichtli, axayaca cuix nelli yn tlamani yaoc yn iuh machizti amo çā
niztatlaca tlacoti yn quimonmococohuia yn quin **[48 verso]** hualhuica nican
mexico, ynic oquichneci axayaca O ca iuhqui yn ynic quipapatzahuaya a-
xayacatzin yn itiachcahuan

*a*uh maço nellihui yn çatepan ehuaya yn ça xocoyotl yece ca ye huey tiacauh
ye huexotzincamani ynic yehuatl quixquetztia ynic yehuatl achtopa tlahto-
catiz yehuantin yntlayxquetzal mochiuh yn tlahtoq̅. yn huehue Moteuhc-
çoma ylhuicaminatzin yva̅ cihuacohuatl tlacayellaltzin yhuan chimalpopoca
tlahtohuani catca tlacopan ymeyxtin in in quixquetzque axayacatzin ynic
yehuatl tlahtocat achtopa yn nican tenochtitlan ynin ye yxhuiuhtzin yn
itzcohuatzin

¶ vij. calli xihuitl. 1473. años. ypan in yn chahuapolliohuac yn tlatilolco pe-
hualloc yn altepetl ye omito ypampa yhueltihuatzin yn tlacatl yn axayacatzī
cenca chahuatia yn itoca chalchiuhnenetzin[220] yn iuh quitotihui huehuetque
ayoc tle ypan quittaya yn inamic moquihuixtli ypampa çan yayactzintli
catca amo qualxayaque yhuan çan pitzahuactzintli catca amo nacayo auh
ynic atle ypan quittaya moquihuixtli yn quexquich tlamantli yn quachtli yn
inemac yn chalchiuhnenetzin yn contitlaniliaya yuhctzin yn axayacatzin ça
moch quicuiliaya yn moquihuixtli ayoc atle quittitiaya ye moch quinmacaya
yn imecahuan cihua

*a*uh yn cihuapilli cenca yc motolliniaya yn chalchiuhnenetzin ça metlatitlan
xomolco yn mococochitiaya ça ytatapatzin catca ye omito ypampa yn inamic
moquihuixtli tlahtohuani tlaltilolco huel quittaya ynic cēca quincacaltemaya
yn ichan cihua yn imecahua̅ nel quenmanian quittaya yn moquihuixtli yn ma
cochco onoc auh ye omito yn cihuapilli ayoccan onpohuia ca metlatitlan cal-
tech xomotlan yn mococochtiaya[221] **[49 recto]** Çan niman ayocmo connequia
yn tlahtohuani Moquihuixtli yn inehuan cochizque cihuapilli chalchiuh-

---

220. A marginal addition with no indication of what part of this paragraph it expands
reads *chalchiuhnenetzin cenca tlaniyac catca y̅ cihuapilli ypampa [in aic itech acia Moquihuixtli*
tlatohuani]: Chalchiuhnenetzin was of very foul-smelling teeth. Therefore the ruler Moqui-
huixtli never had sexual relations with her.

221. In anticipation of the following folio: *çan niman.*

And when this Axayacatzin was installed, appointed, and chosen as ruler, his elder brother named Tiçocic was then tlailotlac, and the other of his elder brothers, named Ahuitzotl, was tlacochcalcatl. They were the same as judges.

And the elder brothers despised and ignored their younger brother Axayacatzin. They only insulted him when the Mexica conquered people somewhere and Axayacatzin sought and with them took captives.

And it has already been said that his elder brothers depreciated him. They only said: Is he really a manly warrior? Does Axayaca really take captives? As is known, are they not only salt-making slaves whom he buys and brings hither to Mexico, so that Axayacatzin appears to be a manly warrior? Thus his elder brothers belittled what Axayacatzin did.

But although he rose later as only a younger son, he was, however, already a great, brave warrior, already a taker of Huexotzinca captives. Hence the rulers Huehue Moteucçoma Ilhuicaminatzin and Tlacaeleltzin cihuacoatl and Chimalpopoca, who was ruler of Tlacopan, appointed him to be ruler first; he was their choice. The three appointed Axayacatzin; therefore he ruled first here in Tenochtitlan. He was a grandson of Itzcoatzin.

The year Seven House, 1473. At this time because of concubines Tlatelolco was no more; the altepetl, as has been told, was conquered because the lord Axayacatzin's elder sister, named Chalchiuhnenetzin, became an outright concubine. As the ancient ones said, Moquihuixtli despised his wife, because she was quite weak, had not a pretty face, was quite thin, was not fleshy. And hence Moquihuixtli despised her. Whatever large capes Chalchiuhnenetzin's younger brother Axayacatzin sent her as gifts, Moquihuixtli just took away from her. He never let her use them. He gave them all to the women who were his mistresses.

And the noblewoman Chalchiuhnenetzin was much afflicted thereby. Only among the grinding stones, [hidden] in a corner, did she sleep. Only coarse clothing was hers. It has already been said that it was because her husband Moquihuixtli, ruler of Tlatelolco, preferred to fill the rooms of his home with women who were his mistresses. Truly, sometimes Moquihuixtli saw how she lay in sleep; but it has already been said that the noblewoman counted for nothing; for she had to sleep among the grinding stones by the house, [hidden] in a corner. The ruler Moquihuixtli absolutely no longer desired that he and the noblewoman Chalchiuhnenetzin sleep together, but he only slept by his mistresses, who were pretty women. It has already been said that this noblewoman, Chalchiuhnenetzin, was not strong; she was quite weak, and she was not fleshy; her bust was indeed all bones. Therefore Moquihuixtli did not desire her. And he badly beat her. And it has already

nenetzin auh çan yehuantin yntlan cochia yn imecahuan yn quaqualtin cihua
ye omito ynin cihuapilli chalchiuhnenetzin = amo chihuac²²² catca çan ya-
yactic yhuan amo nacayo çan huell omitl yn itlac catca yehuatl ynic amo con-
nequia Moquihuixtli yhuan cenca quimictiaya yhuan ye omito ça ytzo-
tzomatzin ynic hualla nican tenochtitlan quinonotzaco quilhuico yn iuhctzin
axayacatzin yn iuh quichihua yn iuh quipollohua moquihuixtli yhuan yn
quenin ipā yaotlahtohua tenochcatl yn moquihixtli mochi quilhuico auh yn
oquicac tlahtohuani Axayacatzin cenca yc quallan motequipacho. auh ye-
huatl yc peuh in yaoyotl ynic mitohua motenehua chahuapoliohuac yn tlatilolco
auh yn tlahtohuani Moquihuixtli ynehuan momāca quimotenpotica yne-
huan quitoca in yaoyotl yn itoca xillomantzin tlahtohuani catca culhuacan,
yhuan oc no çe tlahtohuani ytoca calmecahua teuhctli auh yece ynin amo
huel momati yn campa tlahtohuani catca yni mochtin momanaya Moqui-
huixtli, auh yn iteuhctlahtocauan mochiuhticatca yn moquihuixtli ynic ce
ytoca atapalca, ynic ome ytoca cocipantli, yniquey ytoca tequani, ynic nahui
ytoca teconal huitznahuatl ynī ychpoche catca yn ichpoch quimacac yn mo-
quihuixtli ynic mitohua ymonta catca yn moquihuixtli, yn teconal huitz-
nahuatl, ynic macuilli yn iteuhctlahtocahuan Moquihuixtli ytoca hecatz-
itzimitl, ynin yn izquintin in yn çatepan quincotzicuillo temazcalco, yn
axayacatzin, temac huetzque yn iquac poliuhque tlatilolca ye yquac yn mi-
tohua motenehua yn quinyacacintlatoltique ynic atlan tulla quincallaquique
ynic quintocaque

auh yn manca yaoyotl ce xihuitl yquac oncan mictilloque yaopan yn omen-
tin tlahtoque ye omotocateneuhque ynic ce ya yehuatl yn moquihuixtli tlah-
tohuani catca tlatilolco yn tlahtocat matlactli onnahui xihuitl ycpac mo-
moztli yn quihualmayahuito tenochca yhuan ytepotzohuan quetzalpatzactli
yn conmaquiticaya moquihuix. oncan polihuico yn yn tlahtocayotl tlatilolco,
ynic yehuatl [49 verso] quipehualtica quaquapitzahuac, çan nahuintin yn o-
tlahtocatque oncan tlatilolco ypan polihuico ynin omotocateneuh moqui-
huixtli, auh ynic omentin tlahtoque yn ōcan mictilloque ye omotocateneuh
ytoca xillomātzin tlahtohuani catca culhuacan ynin ypiltzin yn itoca acultzin
tlahtohuani culhuacan

ynic polliuhq̄ tlatilolca ye omito yehuatl quichiuh yn axayacatzin oqu ipan
oqu imatian mochiuh yn tlacatl catca yn itoca tlacayelleltzin cihuacohuatl yn
cemanahuac tepehuani

(auh yehuantin quihualtlatolmacaya yn axayacatzin ynic poliuh tlatilolcatl
ytoca tepecocatl ynic ome ytoca calmecahua teuhctli çā macehualpan quin-
techihuili y̅ tlahcateotzin auh çatepā quincotzicuiloque yn ipampa tetzauh-
tlatoque)²²³

222. *chichuac:* read *chicahuac.*
223. The paragraph in parentheses is an addition written between lines on the right mar-
gin. Though illegible it is reproduced with the aid of Tezozomoc, 121; the last four words,
on the margin, are cut off and illegible.

been said that [she dressed] only in miserable rags. Therefore she came here to Tenochtitlan to speak to her younger brother Axayacatzin; she came to tell him how Moquihuixtli was acting and was injuring her, and how Moquihuixtli was talking of making war on the lord of Tenochtitlan. All this she came to tell him. And when the ruler Axayacatzin had heard it he was therefore very angry and anxious. And therefore the war began. Hence it is told and said that the Tlatelolca were no more because of concubines.

And the ruler Moquihuixtli had consorted, spelled out, and talked of war with one named Xillomantzin, who was ruler of Culhuacan, and another ruler named the Calmecahua teuhctli, though of him it is not known where he was ruler. All of these sided with Moquihuixtli. And [the following] had become Moquihuixtli's subordinate rulers: The first was named Atapalca; the second was named Cocipantli; the third was named Tequani; the fourth was named Teconal Huitznahuatl, who had a daughter, and he gave his daughter to Moquihuixtli, so that it is said that Teconal Huitznahuatl was Moquihuixtli's father-in-law; the fifth of Moquihuixtli's subordinate rulers was named Hecatzitzimitl. Axayacatzin later painted the calves of the legs[22] of all of these in the sweat house; they fell into his hands when the Tlatelolca perished. So it is told and said that they then made them quack like ducks when they forced them into the water and sedges as they pursued them.

And when the war had continued for a year, it was then that the two aforenamed rulers were killed. The first was Moquihuixtli, who was the ruler of Tlatelolco. He had ruled for fourteen years. The Tenochca threw him from the top of an earthen mound along with his hunchbacks and the quetzal feather crest device that Moquihuixtli had been carrying. There rulership came to an end in Tlatelolco. Since Quaquapitzahuac had started it, there had been only four rulers of Tlatelolco by the time that this aforenamed Moquihuixtli perished. And the second of the rulers killed there was the aforenamed Xillomantzin, who was ruler of Culhuacan. He was a son of the ruler of Culhuacan, Acoltzin by name.

Thus did the Tlatelolca perish. It has already been said that Axayacatzin brought it about. It was done still in the time of the lord named Tlacaeleltzin cihuacoatl, conqueror of the world.

And those who had persuaded Axayacatzin when the lord of Tlatelolco perished were, first, the one named Tepecocatl, and, second, the one named Calmecahua teuhctli, whom Tlacateotl had begotten in a commoner [woman] and the calves of whose legs he had later painted because they had spread scandalous talk.

22. *quincotzicuillo:* translation is more or less literal. There must be a figure of speech or some hidden meaning here.

v̲ *A*uh çan niman ipan yn omoteneuh yn ix Acatl xivitl 1475. años. yn conpe-
huatli, in ye quauhtlatohua yn tlacatl ytzquauhtzin tlacochcalcatl in ye
quipia altepetl tlatilolco ynic ye tlahtocapohui, ya yehuatl quitlalli yn axa-
yacatzin ynin ypiltzin yn tlahcateotzin

v̲ *A*uh ypan inyn tlacatl Axayacatzin yquac tlahtocati yn tenochtitlan yn
momiquillico yn tlacatl tlacayelleltzin cihuacohuatl catca yn ipiltzin huitzill-
ihuitl ynin omotocateneuh tlacayelleltzin cihuacohuatl yn icihuauh catca
ytoca Mahquiztzin ynin yn ichpochtzin catca yn itoca huehue quetzal-
maçatzin chichimeca teuhctli tlahtohuani catca Amaquemecan, ynin huehue
quetzalmaçatzin yn icihuauh catca ytoca tlacocihuatzin yllama, yehuantin
ompa yntech quiz ompa tlacat yn omotocateneuh yn itoca Mahquiztzin
ompa cōmitlani yn amaq̄mecan ᶜʰᵃˡᶜᵒ ompa conan yn tlacayelleltzin yn ici-
huauh yn Mahquiztzin nican tenochtitlan hualla niman quipilhuati yn tla-
cayelleltzin cihuacohuatl, oncan otlacatque oyntech quizque macuiltin yn-
pilhuan yzcatqui yntotoca

v̲ *Y*nic ce ytoca cacamatzin tlacochcalcatzintli ynin ypilhuan quinchiuh ma-
tlactli omome ynic ce cihuatzī yece ynin cihuapilli amo huel momati yn itoca
ynin quihuallitlan quihuallan yn neçahualpilli tlahtohuani[224] **[50 recto]**
Aculhuacan tetztcoco, ompa tlacatito ompa yntech quiz çan no ytoca[225] ca-
camatzin quitocamama yn icultzin ynin cacamatzin yehuatl tlahtocati yn tetz-
coco yn iquac acico españoles. // ynic ome ypilhuan cacamatzin tlacoch-
calcatzintli ytoca tlacayelleltzin cihuacouatl teyeca ynic cihuacocohuatl
ᵐᵉˣⁱᶜᵒ // yniquey ytoca chicuey axochitzī ynin huel huey ʸᵃᵒtiacauh catca
quetzalpatzactli yn itlahuiz catca, ynin chicuey anoço chicome xochitzin[226]
ce ychpochtzin quichiuh yece tleyn itoca cihuapilli amo huel momati ᴰᵒñᵃ
Juana[227] ynin quimomecatitacico ce español conquistador yn quihualhuicaq̄
marques del ualle yn tepehuaco yn conquistador ytoca ᴶᵘᵃ Rodriguez de[228]
Villafuerte oncan otlacatque omentin ynpilhuan ynic ce ytoca gabriel de Villa-
fuerte mestiço ynī ce ychpoch oquichiuhtica ytoca Doña aldonza de Villa-
fuerte ynin oquimonamicti ce español ytoca felipe de ayala de çuñiga, oncan
otlacat Nicolas de çuñiga ompa quipia yncacahuamil yn itocayocan acamall-
inalla anoço acamallotla. anahuac las costas[229]

*A*uh yn omotocateneuh gabriel de Villapuerte mestiço oquichiuh ce ychpoch
ytoca Doña aldonça de Villapuerte ynin Señora oquimonamicti ce español
ytoca pelipe de ayalla quauhnahuac cate auh yn oc chiuhcnahuintin amo

---

224. In anticipation of the following folio: *Aculhuacā*.

225. *no ytoca:* the first three letters are obscured by a blot; cf. Tezozomoc, 123.

226. *xochitzin:* read *axochitzin*.

227. *Doña Juana,* written above the line, is illegible; cf. Tezozomoc, 123.

228. *Juā Rodriguez de,* written above the line, is illegible; cf. ibid.

229. *ynī ce ychpoch* to the end of the paragraph, written above and between lines (par-
tially crossed out) and on the lower margin, is mostly illegible. Cf. Tezozomoc, 123–24.

And in the very same said year, Nine Reed, 1475, the lord Itzquauhtzin tla-cochcalcatl began to be interim ruler. He guarded the city of Tlatelolco as equivalent of ruler. Axayacatzin installed him. He was a son of Tlacateotzin.

And it was in the time that this lord Axayacatzin ruled in Tenochtitlan that the lord Tlacaeleltzin cihuacoatl died. He was a son of Huitzilihuitl. The wife of this aforenamed Tlacaeleltzin was named Maquiztzin. She was a daughter of the ruler of Amaquemecan, Huehue Quetzalmaçatzin Chichimeca teuhctli by name. The wife of this Huehue Quetzalmaçatzin was named Tla-cocihuatzin Ilama. From them there issued and was born there the afore-named Maquiztzin. In Amaquemecan Chalco Tlacaeleltzin asked for and took Maquiztzin as his wife. They came to Tenochtitlan. Then Tlacaeleltzin cihuacoatl begot in her, there were born, and there issued from them five children. Here are their names.

The first was named Cacamatzin tlacochcalcatl. He begot twelve children. The first was a girl. However, the name of this noblewoman is not known. Neçahualpilli, ruler of Aculhuacan Texcoco, asked for and took her. There was born and there issued from them one also named Cacamatzin, who bore the name of his grandfather. This Cacamatzin was ruling in Texcoco when the Spaniards arrived. The second of Cacamatzin tlacochcalcatl's children was named Tlacaeleltzin. He was a cihuacoatl, the third of Mexico's cihua-coatl. The third was named Chicuey Axochitzin. He was a very great, brave warrior; a quetzal feather crest device was his insignia. This Chicuey or Chicome Axochitzin begot a daughter. However, it is not known what the name of the noblewoman was; [perhaps] doña Juana. A Spanish conquistador whom the Marquis del Valle brought hither when he came to conquer took her as his mistress. His name was Juan Rodríguez de Villafuerte. Thence were born two children. The first was named Gabriel de Villafuerte, a mestizo. He begot a daughter named doña Aldonça de Villafuerte. She married a Spaniard named Felipe de Ayala de Zúñiga, whence was born Nicolás de Zúñiga, who keeps their cacao fields at a place named Acamallinala or Aca-mallotla, at Anahuac las Costas.

And the aforenamed mestizo Gabriel de Villafuerte begot a daughter named doña Aldonça de Villafuerte. This lady married a Spaniard named Felipe de Ayala. They are in Quauhnahuac. But the names of the remaining nine of Cacamatzin tlacochcalcatl's children, only two of whom were daughters, are not known.

huel momati yn intoca ypilhuan cacamatzin tlacochcalcatl, çan omentin yn ichpochhuan catca

Doña aldonça de Villapuerte oquinchiuhtia ometin ypilhuan ynic ce nicolas de ayalla ynin ompa ca teteltzinco minas ompa quipia oncate ypilhuan // ynic ometin tlacati ytoca Doña mª aldonça ynin oquimonamictia franco Rodrero español trapichel quipia ompa ompa tepexoxoman amilpan230

Auh ynic ome ypilhuantzitzinhuan yn tlacatl tlacayelleltzin cihuacohuatl ytoca tlilpotoncatzin cihuacohuatl ynin çan no yconetzin yn omotocateneuh tlacpac yn Mahquiztzin amaqmecan chalco cihuapilli auh yn quinchiuh ypilhuan tlilpotoncatzin cihuacohuatl matlactli onnahui matlactli once y toquichtin yey cihua //

ynic ce ytoca quetzalcohuatzin // ynic ome ytoca atletzin, // yniquey ytoca ytzcuintzin, // ynic nahui ytoca quauhpiyaztzin, // ynic macuilli ytoca cihuacohuatl [blank space] auh yn oc chiuhcnahuintin amo huel momati yn intoca yn ipilhuan tlilpotoncatzin cihuacohuatl auh yn omoteneuh ychpochhua yeyntin yn tlilpotoncatzin ynic temacuilca ypilhua [50 verso] cihuatl yece ynin cihuapilli amo huel momati yn itoca, cihuapilli quimocihuauhti yn huey tlahtohuani Moteuhcçoma xocoyotl oncan otlacatque oyntech quizque omentin ynpilhuan cihua ynic ce ytoca Doña leonor de moteuhcçoma ynic ome ytoca Doña Maria de Moteuhcçoma ynin çan mochpochmiquilli

v Auh yn Doña leonor de Moteuhcçoma oquimonamicti ce español conquistador ytoca Don xpoual Balderrama ompa tlayecoltilloya hecatepec, auh oquichiuhque oyntech quiz yn çan no ytoca Doña leonor de moteuhcçoma Balderrama mestiça ynin oquimonamicti oc ce español ytoca Don tiego de Diego de sotelo231 oncan otlacatque omentin ynpilhuan ynic ce ytoca Doña Ana sotelo de moteuhcçoma ynin monja cihuateopixqui sancta clara, ynic ome ytoca Don fernando sotelo de moteuhcçoma, ynin oquinchiuh ypilhuan nahuitin ynic ce ytoca Don diego sotelo de moteuhcçoma clerigo. ynic ome ytoca Doña leonor sotelo de moteuhcçoma de la trinidad ychpochtli ynin çan no yn habitotzin yn sancta clara quitlallia ompa monja ompa motlallia yn monasterio de la Visitacion auh çatepan oncan ohualiquaniloc in santa clara232 yniquey ytoca Doña Ana sotelo de moteuhcçoma ychpochtli ynin monja yn itlatecpanalpantzinco Sant. Jeronimo yn habitotzin yn quihualhuica ynic nahui ytoca Don Juan sotelo de Muteuhcçoma233 [51 recto]

v Auh yniquey yn ipilhuan huehue tlacayelleltizn cihuacohuatl ytoca toyaotzin ynin çan no yconetzī yn amaqmecan cihuapilli yn Maquiztzin, auh yn quinchiuh ypilhuan toyaotzin chicomentin ynic ce ytoca tzonpantzin, ynic

---

230. This paragraph is written on the upper left, the top, and the right margins; *ompa* is repeated in the MS and *ometin* appears to be an error.

231. Tezozomoc, 126, has *Don Diego*.

232. *auh çatepan oncan ohualiquaniloc in santa clara:* this is almost illegible. Cf. ibid. It is not clear whether previous references are to a place named Santa Clara or the habit of Saint Clare.

233. In anticipation of the following folio: *Auh*.

Doña Aldonça de Villafuerte gave birth to two children. The first was Nicolás de Ayala. He has mines at Teteltzinco; he has children. The second to be born was named doña María Aldonça. She married Francisco Robredo, a Spaniard, who has a sugar plantation at Tepexoxoman Amilpan.

And the second of the children of lord Tlacaeleltzin cihuacoatl was named Tlilpotoncatzin. He was also the child of the aforenamed Maquiztzin, the noblewoman from Amaquemecan Chalco. And Tlilpotoncatzin cihuacoatl begot fourteen children, eleven males and three females.

The first was named Quetzalcoatzin. The second was named Atletzin. The third was named Itzcuintzin. The fourth was named Quauhpiaztzin. The fifth was named cihuacoatl. . . . And the names of the remaining nine children of Tlilpotoncatzin cihuacoatl are not known. But as to Tlilpotoncatzin's said three daughters, his fifth child was a girl. However, the name of this noblewoman is not known. She was a noblewoman whom the great Moteucçoma Xocoyotl married, whence were born and from whom issued two girls. The first was named doña Leonor de Moteucçoma. The second, who died only a young girl, was named doña María de Moteucçoma.

And doña Leonor de Moteucçoma married a Spanish conquistador named Cristóbal Valderrama; she was given [encomienda] service in Ecatepec. They begot and from them issued one also named doña Leonor de Moteucçoma Valderrama, a mestiza. She married another Spaniard, named Diego de Sotelo, whence were born two children. The first was named doña Ana Sotelo de Moteucçoma. She was a nun, a priestess, in Santa Clara. The second was named don Hernando Sotelo de Moteucçoma. He begot four children. The first is named don Diego Sotelo de Moteucçoma, a clergyman. The second, named doña Leonor Sotelo de Moteucçoma de la Trinidad Ychpochtli, she also wears the habit of Santa Clara as a nun who settled in the monastery of La Visitación, but was later moved to Santa Clara. The third was named doña Ana Sotelo de Moteucçoma Ychpochtli. She is a nun according to the rule of Saint Jerome, and she wears the habit. The fourth is named don Juan Sotelo de Moteucçoma.

And the third of Huehue Tlacaeleltzin cihuacoatl's children was named Toyaotzin. He was also a child of the Amaquemecan noblewoman Maquiztzin. And Toyaotzin begot seven children. The first was named Tzompantzin. The second was named Axayaca. But the names of the remaining five are not known. Two were male, three were female.

ome ytoca axayaca auh yn oc macuiltin amo huel momati yn intoca yn ome oquichti yey cihuatl

v Auh ynic nahui ypilhuan yn huehue tlacayelleltzin cihuacohuatl ytoca achihuapoltzin ynin cihuapilli quihuallitlan quihuallan yn itoca coyolchiuhqui tlahtohuani ce teotlaltzinco yn ompa huexotzinco

v Auh ynic macuilli yn ipilhuan huehue tlacayelleltzin cihuacohuatl çan no cihuatzintli ytoca xiuhpopocatzin ynin amo huel momati campa ya ynin nican omoteneuhque yn ipilhuan tlacayelleltzin cihuacohuatl ca yn macuilixtin quinchihuillico nican tenochtitlan yn maquiztzin cihuapilli amaquemecan

v Auh yn oc matlactli omome yn ipilhuan huehue tlacayelleltzin cihuacohuatl oc cecē ynnahuan oc cecni quintechihuilli, yzcatqui ȳtotoca

v Ynic techiquacen ca ytoca tollintzin [blank space] ynin 2. yn ichpoch[234]

v Ynic chicome ytoca macuilxochitzin ynin yehuatl oytech quiz yn itoca quauhtlapaltzin

v Ynic chicuey ytoca xochiacamapichtli—

v Ynic chiuhcnahui ytoca xillomantzin—

v Ynic matlactli ytoca tezcatl teuchtli ynin yehuatl ytech quiz yn itoca tlacotzin cihuacohuatl

v Ynic matlactli once ytoca ytzpapallotzin—[51 verso]

v Ynic matlactli omome ytoca chiquatzin teuhctli

v Ynic matlactli omey ytoca totomochtzin ynin eyntin yn ichpochhuan quinchiuh amo huel momati yn intoca

v Ynic matlactli onnahui ytoca tlacochchimaltzī

v Ynic caxtolli ytoca toznenetzin

v Ynic caxtolli once cihuatzintli amo huel momati yn itoca

v Ynic caxtolli omome ytoca chimalpantzin

v Ynic ye mochintin mocenpohua ypilhuantzitzinhuan tlacayelleltzin caxtolli omome

auh in oc cequintin Mexica quitoa nauhpohualli ipan ey tlacatl yn quinchiuhtia ypilhuan y Tlacayelleltzin Cihuacohuatl huehue,[235]

auh in yehuantin cacamatzin tlacochcalcatzintli yhuā tlilpotoncatzin cihuacohuatl ca huehueyntin yaotiacahuan catca quetzalpatzactli yn intlahuiz catca yn quimamaya yaoc

v Auh yn tlacayelleltzin cihuacohuatl yn inechichihual yn itilma quimolpilliaya huitz āqui centlacolli yztac tlacpacpa auh yn tlanipa tliltic

v Auh yn tlahtohuani huitzillihhuitl oc ce ychpochtzin otiquilcauhque ȳ tlacpac yece amo huel neci tleyn itoca catca cihuapilli ynin quimocihuauhti yn itoca tlachquauhtzī çan mexicatl quetzalycpac tlalpiaya oncan otlacatā yn itoca yxquacquauhyztitl, ynic o[236] ytoca Mecatzin anoço tlacaquauhyztitl

---

234. *ynin 2. yn ichpoch* is evidently a later addition.

235. This paragraph, written above the line and on the right margin, is almost illegible. Cf. Tezozomoc, 129.

236. *ynic o:* read *ynic ome.*

And the fourth of Huehue Tlacaeleltzin cihuacoatl's children was named Achihuapoltzin. The ruler of a certain Teotlaltzinco, in Huexotzinco, Coyolchiuhqui by name, asked for and took this noblewoman.

And the fifth of Huehue Tlacaeleltzin cihuacoatl's children was also a girl, named Xiuhpopocatzin. It is not known where she went. The children of Tlacaeleltzin cihuacoatl named here, all five of them, Maquiztzin the Amaquemecan noblewoman bore here in Tenochtitlan.

And as for his remaining twelve children, Huehue Tlacaeleltzin cihuacoatl begot them each from other mothers, elsewhere. Here are their names.

The sixth of them was named Tollintzin. . . . She was one of two daughters.

The seventh was named Macuilxochitzin. From her there issued one named Quauhtlapaltzin.

The eighth was named Xochiacamapichtli.

The ninth was named Xillomantzin.

The tenth was named Tezcatl teuhctli. From him there issued one named Tlacotzin cihuacoatl.

The eleventh was named Itzpapalotzin.

The twelfth was named Chiquatzin teuhctli.

The thirteenth was named Totomochtzin. He begot three daughters; their names are not known.

The fourteenth was named Tlacochchimaltzin.

The fifteenth was named Toznenetzin.

The sixteenth was a girl whose name is not known.

The seventeenth was named Chimalpantzin.

Thus all of Tlacaeleltzin's children together came to seventeen.

And other Mexica say that Huehue Tlacaeleltzin cihuacoatl begot eighty-three children.

And Cacamatzin tlacochcalcatl and Tlilpotoncatzin cihuacoatl were great, brave warriors. The quetzal feather crest device was their insignia; they bore it upon their backs in battle.

And as to the adornment of Tlacaeleltzin cihuacoatl, the cape that he put on[23] fell long; the upper half was white, and it was black below.

And above we forgot another daughter of the ruler Huitzilihuitl. However, it does not appear what the name of the noblewoman was. A Mexica named Tlachquauhtzin, who bound a headband with quetzal feathers to his head, married her, whence were born one named Ixquacquauhiztitl and second, one named Mecatzin or Tlacaquauhiztitl.

---

23. *huitz anqui:* translation is tentative.

v   Auh yn yxquacquauhyztitl, oquinchiuh ypilhuan nahuĩtin ynic ce ytoca tehuehuetzin ynic ome ytoca tlacatlatolpancihuatl, yniquey çan no cihuatl ytoca tlacacitlallacihuatzin auh ynic nahui toquichtin amo huel momati yn itoca // auh yn tlacatolpancihuatl oquichiuh ce ychpoch amo huel momati yn itoca oncan otlacat[237] [52 recto] oytech quiz yn itoca coyoltzitzillin oquichtli // auh yn tlacacitlallacihuatzin, no ce quichiuh ychpoch amo no huel momati tleyn itoca catca cihuapilli yehuatl oytech quiz yn itoca oma-catzin tlahtohuani ynin amo huel momati campa yn tlahtocatito ynin ye cuel yccaton[238] yn ixquacquauhyztitl, yn ixhuiuhtzin huitzillihuitl tlahtohuani.

v   Auh yn mecatzin yeyntin quinchiuh ypilhuan ynic ce ytoca quauhxochitzin, ynic ome ytoca huatzin yniquey ytoca tlacatzin—

v   Auh yn oc ce ypiltzin tlatohuani huitzillihuitl yn itoca huehue çaca huehue tlacateccatl catca ytlan yn itiachcauhtzin yn huehue Moteuhcçoma ylhui-caminatzin, ynin huehue çacatzin quinchiuh oytech quizque omentin ypil-huan oquichtin ynic ce ytoca tzontemoc, ynin ytlan tlacateccatic yn tlahto-huani axayacatzin, yhuã yn iquac tlahtocat tiçocicatzin, auh ynic ome ypilhuan huehue çacatzin ytoca huitzillatzin ynin çan cocoxcatzintli catca ynin ompa tlahtocatito yn huitzillopochco yn axcan ye Sant Mateo, quin yehuatl in conpehualtito yn ompa tlahtocayotl, yehuatl ompa contlahtoca-tlalli yn axayacatzin tlahtohuani tenochtitlan, iuh mitohua iuh momati yn achtopa ayac tlahtohuani catca yn oncã çan catca yhuã çan teycequique catca y huitzillopochca

Auh in yehuatl yn tetatzin yn huehue çacatzin tlacateccatl, ye omito tlaca-teccatia ytlan yn itiachcauhtzin yn huehue Moteuhcçomatzin ylhuicamina auh ypan yquac tlahtocati yn moquetz huehue atetenamitl yn huell ayhtic oy-caya in ye opoliuh axcan ynahuacpa yn tepetzinco. auh to [52 verso] Cem-anahuacatian nohuiampa nepapan tlaca yn quichihuaco yn quiquetzaco tetenamitl, nohuiampa tetzatzilli yn huehue moteuhcçomatzin ylhuicamina

auh yn iquac tequitihuaya in yehuatl huehue çacatzin tlacateccatl ye cuicuicaya tlatlatzotzonaya yn ichan, auh quicac ynacazpan acic yn icacoca yn tlahtohuani huehue Moteuhcçoma ylhuicaminatzin niman quito aquin cuicuica aquin tlatlatzotzona yn oc oncaqui niman quilhuiq̃ ca yehuatl yn motechiuhcauh yn tlacateccatl huehue çacatzin niman no ceppa quihto yn tlahtovani moteuhcçoma auh quen[239] techitozque yn ^(cemantonavac tlaca) yn anahuaca yn quicaqui y nican ocenquiçato yn tequiti otechpinauhti ma miqui niman xocontlahtlatiti yn tlapalpol yc niman conmictico cõtlatlatico yn ichan huehue çacatzin ytencopa mochiuh yn itiachcauh Moteuhcço-matzin ylhuicamina auh ypan yehuatl quimicti ypan in momiquilli

237. In anticipation of the following folio: *oytech quiz.*
238. *yccaton:* read *iicuton.*
239. *quen:* read *quenin.*

And Ixquacquauhiztitl begot four children. The first was named Tehue-huetzin. The second, a girl, was named Tlacatlatolpancihuatl. The third, also a girl, was named Tlacacitlallacihuatzin. And as to the fourth, a male, his name is not known. And Tlacatlatolpancihuatl bore a daughter, whose name is not known, from whom was born and from whom issued a boy named Coyoltzitzillin. And Tlacacitlallacihuatzin also bore a daughter; neither is it known what the name of the noblewoman was. From her there issued a ruler named Omacatzin; it is not known where he ruled. He was actually Ix-quacquauhiztitl's great-grandson and a grandson of the ruler Huitzilihuitl.

And Mecatzin begot three children. The first was named Quauhxochitzin. The second was named Aatzin; the third was named Tlacatzin.

And another of the ruler Huitzilihuitl's children was named Huehue Çaca. He was senior tlacateccatl with his elder brother, Huehue Moteucçoma Ilhuicaminatzin. This Huehue Çaca begot and from him there issued two boys. The first was named Tzontemoc. He was tlacateccatl with the ruler A-xayacatzin and when Tiçocicatzin ruled. And the second of Huehue Çaca's sons was named Huitzillatzin. He was quite sickly; he went to rule in Hui-tzilopochco, now San Mateo. He began the rulership there; Axayacatzin, ruler of Tenochtitlan, installed him as ruler there. It is said, it is thought, that at first no one was ruler there; they only existed; and the Huitzilopochca were people-roasters.

And it has already been said that the father, Huehue Çacatzin tlacateccatl, was tlacateccatl with his elder brother, Huehue Moteucçomatzin Ilhuica-mina. And it was in his time, when he ruled, that there was erected the old dike that rose in the midst of the waters near Tepetzinco but now has disap-peared. But at the time of our world[24] flooding various people from all about came to build the stone wall, to erect it. Moteucçomatzin Ilhuicamina had them summoned from everywhere by cries.

And while tribute labor was being performed, Huehue Çacatzin tlacatec-catl was always singing, always beating the drum at his home, and the ruler Huehue Moteucçomatzin Ilhuicaminatzin heard it; it reached his ears, his hearing. He then said: Who is continuously singing? Who is continually beating the drum that still resounds? Then they said to him: It is your pro-genitor, Huehue Çacatzin tlacateccatl. Then once again the ruler Moteucçoma spoke: And what will the people of our world,[25] the shore people, say to us when they hear him, those who are assembled here, those who give their labor tribute? He shames us. Let him die. Go at once to put the wretched young fel-low to death. At once they went to kill Huehue Çacatzin, put him to death at

24. Tentative translation (cemanahuac + atia?). Tezozomoc, 132, translates it as sitio del que es nuestro mundo.

25. cemantonavac tlaca: tentative translation; perhaps a play on words referring to Cem-anahuacatia. In ibid., 133, Cemantonahuac is given as a place name.

v̱ Auh yn ipiltzin huehue çacatzin tlacateccatl quichiuh ce ypiltzin ytoca yao-
payntzin auh ynin yaopayntzin quichiuh no ce ypiltzin topantlacaquitl—
Auh ynic ome ypilhuan huehue çacatzin ye omotocateneuh yn itoca huitzill-
atzin tlahtohuani huitzillopochco, yn quinchiuh oytech quizque omentin
ypilhuan ynic ce ytoca macuilxochitzin ynic ome cihuatzintli ynin amo huel
momati yn itoca ynin cihuapilli yn iuh quihtotihui huehuetque quihuallitlan
quihuallan yn quauhpopocatzin tlahtohuani cuyohuacan ompa otlacatito oyn-
tech quizque omentin tlahtoque ynic ce ytoca Don hernando cetochtzin[240]
[53 recto] huehue, tlahtohuani cuyohuacan yehuatl in yn momiquillito huey
mollan quinhuicac ompa yn marques—ynic ome ytoca Don Juan de guzman
ytztollinqui tlahtohuani cuyohuacan

v̱ Yn omoteneuh ytlaçopiltzin Axayacatzin yn itoca huehue tlacahuepantzin
huexotzinco moyaomiquillito. ynin ome ypilhuātzintzin quichiuhtia ynic ce
ytoca ypanpoçontzin in tlahtocatito Tenanyocan, ynic ome ytoca Doña Mag-
dalena quiyauhxutzin tlalcohualco[241] tullan cihuapilli inantzin mochihuin
yn don diego luis de Moteuhcçoma yhuitl temoctzin yn españa mohuicac
ompa momiquillito auh yn omoteneuh ypanpoçontzin oquichiuhtia ce ych-
pochtzin ytoca Doña Ynes ynin yehuatl yn conmonamictica Don Pedro de
moteuhcçoma tlacahuepantzin chane catca Atzacualco oncan tlacat Don mj̄n
motlatocaçoma

¶ 2. calli xihuitl. 1481. ypan in momiquillico. yn tlacatl yn axayacatzin tlah-
tohuani tenochtitlan yn ipiltzin huehue teçoçomoctli tlahtocapilli tenochti-
tlan. yn tlahtocat matlactli omey xivitl auh yn quincauhtia ypilhuan yzquin-
tin in yn itech quizque yzcatqui yntotoca yn tlahtocapipiltzin[242] in ye mochi

v̱ Ynic ce ytoca tlacahuepan tlacochcalcatl ᵞⁿ ⁱⁿᵃⁿᵗᶻⁱⁿ ⁱⁿ ᵗᵘˡˡᵃ ᶜⁱʰᵘᵃᵖⁱˡˡⁱ ynin
çatepan huexotzinco yaomiquito. // v̱ tezcatzin yaomiquito huexotzinco.
// v̱ quitzicquaquatzin yaomiquito. huexotzinco //. Machimalle. // v̱ te-
pehuatzī. tlacochcalcatl. // v̱ ylamayehuatzin. // v̱ Don Juan. achicatzin
moch ipilhuā axayacatzin **[53 verso]**

v̱ Ynic ome ytoca yxtlilcuechahuac tlahtohuani tullā ynin ynic ompa tlahto-
catito tullan ypampa yn inantzin catca ompa conitlan ompa hualla tullan ci-
huapilli yn icihuauh catca tlahtohuani axayacatzin ytoca mizquixahualtzin
yn cihuapilli ynin ychpochtzin catca yn itoca yn aztauhyatzin tlahtovani
catca yn ompa tullam ynin ye cuel ytlacamecayohuan ompa ytech oquiçato
yn tullam yn nican mexico ya yn ompa tlahtocatito tullam yc omotocateneuh
tlacpac yn itoca cuitlachtzin teuhctli yn ixhuiuhtzin acamapichtli // Auh

---

240. In anticipation of the following folio: *huehue.*

241. *tlalcohualco:* illegible in the MS. Cf. Tezozomoc, 134, 135, where it is transcribed,
however, as *Tlalcohcalco* and *Tlalcolcalco.*

242. *tlahtocapipiltzin:* read *tlahtocapipiltin.*

his home. It was done by order of his elder brother Moteucçomatzin Il-
huicamina. And for this he killed him; for this he died.

And the son of Huehue Çacatzin tlacateccatl begot a son named Yao-
paintzin; and this Yaopaintzin also begot a son [named] Topantlacaquitl.

And the second of Çacatzin's sons, the already aforenamed Huitzillatzin,
ruler of Huitzilopochco, begot and there issued from him two children. The
first was named Macuilxochitzin. As to the second, a girl, the name of this
noblewoman is not known. The ancient ones said that Quauhpopocatzin,
ruler of Coyoacan, asked for and took her. There were born and issued from
them two rulers. The first was named don Hernando Huehue Cetochtzin,
ruler of Coyoacan. He died in Huey Mollan; the Marquis took them there.
The second was named don Juan de Guzmán Itztollinqui, ruler of Coyoacan.

The aforesaid beloved son of Axayacatzin named Huehue Tlacahuepan-
tzin died in battle in Huexotzinco. He had begotten two children. The first
was named Ipanpoçontzin, who went to Tenanyocan to be ruler. The second
was named doña Magdalena Quiyauhxochtzin, a noblewoman of Tlalcoalco
Tollan. She became the mother of don Diego Luis de Moteucçoma Ihuitl
Temoctzin, who went to Spain and died there. And the aforesaid Ipan-
poçontzin begot a daughter named doña Inés. She married don Pedro de
Moteucçoma Tlacahuepantzin, a native of Atzaqualco, where don Martín
Motlatocaçoma was born.

The year Two House, 1481. At this time the lord Axayacatl, ruler of
Tenochtitlan, died. He was a son of Huehue Teçoçomoctli, a great lord in
Tenochtitlan. He had ruled for thirteen years and left all the children who
had issued from him. Here are the names of all the great lords.

The first was named Tlacahuepan tlacochcalcatl. His mother was a noble-
woman of Tollan. He later died in battle in Huexotzinco. Machimalle. Tepe-
huatzin tlacochcalcatl. Ilamayehuatzin. Don Juan Achitzin. All [these] were
children of Axayacatzin.

The second was named Ixtlilcuechahuactzin. He was ruler of Tollan. The
reason that he went to Tollan to be ruler was that his mother was from there.
The ruler Axayacatzin had asked for her, and the noblewoman came from
Tollan to be his wife. Her name was Mizquixahualtzin. This noblewoman
was a daughter of the then ruler of Tollan, Aztauhyatzin by name. He was in
fact of the lineage issuing from Tollan that had come from here, from Mex-
ico, when the aforementioned Cuitlachtzin teuhctli, a grandson of Acama-
pichtli, went to rule Tollan. And when Ixtlilcuechahuactzin went to Tollan to
be ruler he begot a daughter named doña María Miyahuaxochtzin.

ynic ompa tlahtocatito tullam yn ixtlilcuechahuacatzin ye ompa quichihuato
ce ychpochtzin ytoca Doña Maria miyahuaxochtzin
Ɔnin no yaomiquito vexotzinco[243]

v Ɔniquey ypilhuan axayacatzin ytoca ~~Don Jua~~ teçoçomoctzin yn inātzin in
ytoca cuetlaxxochitzin ychpotzin y̅ Atlaqualotl tlahtohuani ticic cuitlahuac.
vmpa conan yn axayacatzin[244] yc ome iuhqui ytoca yn acolnahuacatl

v Ɔnic nahui ytoca Matlatzincatl
v Ɔnic macuilli ytoca yopihuehuetl
v Ɔnic chiquacen ytoca Macuilmalinal ynin xochimilco tlahtocatito. yn ipiltzin
   ytoca Don franco de guzman omacatzī ynin yaomiquito. atlixco y̅ macuilmali-
   naltzin[245]
v Ɔnic chicome ytoca coyoltzitzillin
v Ɔnic chicuey ytoca Moteuhcçoma xocoyotl tlahtohuani tenochtitlan ynin
   yehuatl ypan acico yn españoles, yn iquac acico yehuatl tlahtocati yn nican
   mexico
v Ɔnic chiuhcnahui ytoca cecepatic yaomic atlixco.
v Ɔnic matlactli ytoca teyohualpachohua—
v Ɔnic matlactli once ytoca cuetlahuatzin ynin ompa contlahtocatlallica yn
   axayacatzin yn itztapalapan ypampa yn inantzin ompa ychan ompa coni-
   tlanca yn axayacatzin, yn cihuapilli amo huel momati yn itoca ynin ychpoch-
   tzin catca **[54 recto]** yn huehue cuitlahuatzin çan no ompa tlahtohuani catca
   yn itztapallapan ye omotocateneuh tlacpac ypiltzī ~~huitzilihuitl~~ ytzcohuatzin
   Ɔpilhuā axayacatzin ynic ce tezcatzin ynin yaomiquito vexotzinco ynic ome
   machimalle yniquey tepehuatzin tlacochcalcatl ynic nahui yllamayehuatzin
   ynic macuilli quitziquaquatzin yaomiquito vexotzinco ynic chiquacen Don
   Juan achicatzin[246] Ynic chicome ytoca ypanpoçontzin ynin tlahtocatito
   tenanyocan vmpa quichihuato, y Doña ines
   Ɔnic matlactli omome[247] yn ipilhuan axayacatzin cihuatzintli ytoca Ma-
   tlalloxochtzin ynin quihuallitlan quihuallan yn toçancoztli tlahtohuani teca-
   machalco auh ompa otlacatito ompa oyntech quiz yn itoca Acuechetzin tlah-
   tohuani tecamachalco.
v Ɔnic matlactli omey ytoca quiyauhtzin auh yn oc omētin amo momati intoca[248]

v Ꝁuh çan niman ipan yn omoteneuh yn 2. calli xihuitl. 1481. años. ypan

---

243. This line is added on the left margin at the head of the last paragraph.

244. *inātzin* to *axayacatzin:* added at right margin.

245. *yn ipiltzin* to *omacatzī* is added above the line; *ynin yaomiquito* to *macuilmalinaltzin* is
added after *tlahtocatito.*

246. This paragraph and the next, beginning at the foot of folio 54r, after *catca yn huehue,*
interrupt the paragraph beginning *Ynic matlactli once.* This is all reproduced with the aid of
Tezozomoc, 138.

247. The intervening five are not given.

248. This paragraph was added later, crowded in between paragraphs.

He also died in battle in Huexotzinco.

The third of Axayacatzin's sons was named Teçoçomoctzin. His mother was named Cuetlaxxochitzin; she was a daughter of Atlaqualotl, ruler of Ticic Cuitlahuac, whence Axayacatzin took her. His second name was thus: Aculnahuacatl.

The fourth was named Matlatzincatl.

The fifth was named Yopihuehuetl.

The sixth was named Macuilmalinal. He went to Xochimilco as ruler. His son was named don Francisco de Guzmán Omacatzin. This Macuilmalinaltzin died in battle in Atlixco.

The seventh was named Coyoltzitzillin.

The eighth was named Moteucçoma Xocoyotl; he was ruler of Tenochtitlan. In his time the Spaniards arrived. When they arrived, he was ruling here in Mexico.

The ninth was named Cecepatic; he died in battle in Atlixco.

The tenth was named Teyohualpachohua.

The eleventh was named Cuitlahuatzin; Axayacatzin installed him as ruler in Itztapalapan because his mother was a native of that place, where Axayacatzin had asked for her. The name of this noblewoman is not known. She was a daughter of Huehue Cuitlahuatzin, who also had been ruler of Itztapalapan and has already been named above. He was a son of Itzcoatzin.

Axayacatzin's children were, first, Tezcatzin, who died in battle in Huexotzinco; second, Machimalle; third, Tepehuatzin tlacochcalcatl; fourth, Ilamayehuatzin; fifth, Quitzicquaquatzin, who died in battle in Huexotzinco; sixth, don Juan Achicatzin; and the seventh, named Ipanpoçontzin, who went to Tenanyocan as ruler, where he begot doña Inés.

The twelfth of Axayacatzin's children, a girl, was named Matlallaxochtzin. Toçancoztli, ruler of Tecamachalco, asked for and took her, and there was born and from them issued one named Acuechetzin, ruler of Tecamachalco.

The thirteenth was named Quiyauhtzin. And there were two others whose names are not known.

And then, in the aforesaid year Two House, 1481, the lord Tiçocicatzin was installed as ruler of Tenochtitlan on the day count Six Vulture, 2 June. He was also a son, the firstborn, of Huehue Teçoçomoctli, the great lord of Tenochtitlan. It has already been said that this Tiçocicatzin was an elder brother.

Motlahtocatlalli yn tlacatl yn tiçocicatzin tlahtohuani tenochtitlan ypā
cemilhuitlapohualli. 6. cozcaquauhtli yc. 2. de Junio ynin çan no ypiltzin in
yacapan yn huehue teçoçomoctli tlahtocapilli tenochtitlan ynin tiçocicatzī ye
omito ye tetiachcauh catca

¶ iij. calli. xihuitl 1469. años. ypan in tlacat. yn nican mexico yn miccacalcatl
tlaltetecuintzin yn ipiltzin tlilpotoncatzin cihuacohuatl yn iuh quitohua
tequanipan tlaca chalca oiuh ye macuilxihuitl poliuhque ynic pehualloq̄
chalca yn tlacat miccacalcatl tlaltetecuintzin yece ynin amo yehuatl mottaz
moneltiliz yn xihuitl quin ye moneltitiliz yn iz tlani ca xihuitl yn ipan tlacat
ypāpa yn ipan in xihuitl omoteneuh yehuatl ypan motlahtocatlalli yn axa-
yacatzin yn. 3. calli xihuitl

¶ iiij. Acatl²⁴⁹ xihuitl 1483. años. yehuatl moneltillia ynin xihuitl. yn ipan tla-
cat yn miccacalcatl tlaltetecuintzin yn ipiltzin tlilpotoncatzin cihuacohuatl
ynin tlahtocapilli ompa ontlacihuaan yn amaq̄mecan chalco yn oncan tequan-
ipan [54 verso] yn ompa hualla cihuapilli ytoca xiuhtoztzin ynin ich-
pochtzin in itoca yaopahintzin quauhtlahtohuaya oncan yn tequanipan
huixtoco. auh yn oiuh hualla nican tenochtitlan yn xiuhtoztzin niman qui-
pilhuati yn omotocateneuh tlilpotoncatzin cihuacohuatl, oncan tlacat yn mic-
cacalcatl tlaltetecuitzin

v   Ａuh ynic ome cihuapipiltin quimonan chalco yn tlilpotoncatzin cihuaco-
huatl yn cihuapilli ytoca quauhtlamiyahualtzin oncan teychpoch yn acxotlan
cihuateopan yn itecpanchan catca yn toteociteuhctli, auh ynin cihuapilli yn
ihuan tlilpotoncatzin cihuacohuatl oquichiuhque çan icel oyntech quiz ci-
huatzintli ytoca quetzalpetlatzin ynin quihuallan quimocihuauhti yn Don
Thomas de S. m̄jn. quetzalmaçatzin chichimeca teuhctli tlahtohuani Ama-
quemecan ompa tlacatito ytoca Don Juan de S⁺. Domingo de mendoça tla-
cayelleltzin chichimeca teuhctli tlahtohuani Amaq̄mecan

¶ vij. tochtli xihuitl. 1486. años. ypan in momiquillico yn tlacatl tiçocicatzin
tlahtohuani catca tenochtitlan, yn ipiltzin huehue teçoçomoctli tlahtocapilli
tenochtitlan yn tlahtocat chiquacen xihuitl yn mellahuac yn cequintin çan
nauhxihuitl quitlalli ynic tlahtocat, auh yn quincauhtia ypilhuan yzquintin
in yn itech quizque yzcatqui yntotoca yn tlahtocapipiltin in ye mochi ma-
tlactli omome

v   Ynic ce ytoca Yaotzin, anoço tepehuatzin tlacochcalcatl²⁵⁰ [55 recto]
v   Ynic ome ytoca Amaquemetzin—
v   Yniquey ytoca tezcatl popoca⁺ ynī oquichiuhtia in Don Diego de S⁺ francᵒ
    tehuetzquititzin²⁵¹
v   Ynic nahui ytoca ymactlahcuia tlacateccatl ynin yaomic atlixco

249. *iiij. Acatl: 3 Acatl* in Tezozomoc, 140.
250. In anticipation of the following folio: *Ynic ome.*
251. After *tezcatl popoca*, the rest of the paragraph was added later, partly between lines.

The year Three House, 1469, was when here in Mexico Miccacalcatl Tlal-tetecuintzin, son of Tlilpotoncatzin cihuacoatl, was born, according to the people of Tequanipan, the Chalca, who say that it was five years after the Chalca were routed, when they were conquered, that Miccacalcatl Tlaltete-cuintzin was born. However, this does not seem to be credible. Later the year will be substantiated; here, below, is the year in which he was born; because the aforesaid year Three House was the one in which Axayacatl was installed as ruler.

The year Four Reed, 1483. It is substantiated that it was in this year that Miccacalcatl Tlaltetecuintzin was born. He was a son of Tlilpotoncatzin ci-huacoatl. This great lord took a wife in Amaquemecan Chalco, in Tequani-pan. From there came the noblewoman named Xiuhtoztzin. She was a daughter of the interim ruler of Tequanipan Huixtoco named Yaopaintzin. And after Xiuhtoztzin came here to Tenochtitlan the aforenamed Tlilpoton-catzin cihuacoatl impregnated her, whence Miccacalcatl Tlaltetecuintzin was born.

And the second of the noblewomen whom Tlilpotoncatzin cihuacoatl took in Chalco was the noblewoman named Quauhtlamiyahualtzin. She was a daughter of people in Acxotlan Cihuateopan, Toteoci teuhctli's palace resi-dence. And this noblewoman and Tlilpotoncatzin cihuacoatl begot only the girl who issued from them, named Quetzalpetlatzin. Don Tomás de San Martín Quetzalmaçatzin Chichimeca teuhctli, ruler of Amaquemecan, took her and married her, whence was born the ruler of Amaquemecan named don Juan de Santo Domingo de Mendoza Tlacaeleltzin Chichimeca teuhctli.

The year Seven Rabbit, 1486. At this time the lord Tiçocicatzin, who was ruler of Tenochtitlan, died. He was a son of Huehue Teçoçomoctli, great lord of Tenochtitlan. He really ruled for six years [though] some state that he ruled only four years. And he left all the children who had issued from him. Here are the names of the great lords, all twelve of them.

The name of the first was Yaotzin or Tepehuatzin tlacochcalcatl.

The name of the second was Amaquemetzin.

The name of the third was Tezcatl Popoca. He begot don Diego de San Francisco Tehuetzquititzin.

The name of the fourth was Imactlahcuia tlacateccatl. He died in battle in Atlixco.

v̲Ɪnic macuilli ytoca mauhcaxochitl huehue ᵞⁿⁱ oquichiuh in Doña Maria. quimo-
namicti in Don Diego tehuetzquiti oncan otlacatque yeyntin ynpilhuan ynic ce ytoca tezcatl
popocatzin oc ce. ynic ome ytoca Don P.o mauhcaxochitl oc ce ychpochtzin inyn ya xochi-
milco yniquey ytoca Don Pablo yxcuinantzin. auh yn oc chicomentin ypilhuan tiço-
cicatzin amo huel momati yn intoca

¶ *a*uh çan niman ipan inyn omoteneuh xihuitl yn vij. tochtli yn motlahtoca-
tlalli yn tlacatl yn ahuitzotl tlahtohuani tenochtitlan ypā cemilhuitlapohualli
10. tochtli. yc 15 de abril ynī çan no ypiltzin yn huehue teçoçomoctli tlahto-
capilli tenochtitlan ynin yquimeyxtin ypilhuan ye omito ye teyacapan yn
tiçocic tlatlacoyehua yn ahuitzotl yhuan yn chalchiuhnenetzin ycihuauh
catca yn moquihuix. tlahtohuani tlatilolco. auh ça xocoyotl catca yn axaya-
catzin. auh yc achtopa yehuatl otlahtocat yn tenochtitlan çatepā yn itiach-
cahuan yn iuh onmottac nican

¶ x. tochtli²⁵² xihuitl. 1502 años. ypan in momiquillico. yn tlacatl yn ahui-
tzotzin tlahtohuani tenochtitlan yn ipiltzin huehue teçoçomoctli tlahtocapilli
tenochtitlan yn imeyxtin in nican omotocateneuhque tlahtoque ymeyxtin
[55 verso] yxhuiuhtzitzinhuan yn tlacatl ytzcohuatzin tlahtohuani tenochti-
tlan. auh yn quincauhtia ypilhuan ahuitzotzī yzquintin in yn itech quizque
yzcatqui yn intotoca yn tlahtocapipiltin in ye mochi

v̲Ɪnic ce ytoca quauhtimoctzin tlahtohuani tenochtitlan, yehuatl in yn cacico
españoles, yn ipan yc 13. de agosto yn ipan ylhuitzin S⁺. tipolito Martyr. ynic
axihuaq̄. ynic poliuhque mexica.

v̲Ɪnic ome ytoca atlixcatzin tlacateccatl

v̲ꞯniquey cihuatzintli amo huel momati yn itoca ynin cihuapilli ça ce ynnan-
tzin ynehuan tlacatque yn atlixcatzin tlacateccatl yncoltzin yn huehue cahual-
tzin ychpochtzin yn innantzin yn icihuauh catca Ahuitzotzin ynic oncan otla-
catque yn ye omoteneuhque auh ynin cihuapilli²⁵³ omoteneuh yn ichpoch
ahuitzotzin quimocihuahuati yn tlacatl huey tlahtohuani Moteuhcçomatzin
xocoyotl. yc oncan otlacatque oyntech quizque omentin ynpilhuan ynic ce
ytoca axayaca ynin çan telpochmictiloc. ynic ome ytoca Doña isabel de Mo-
teuhcçoma ymomextin ypilhuan yn moteuhcçomatzin xocoyotl yn iuh ye
onneciz

v̲ꞯnic nahui ypilhuan ahuitzotzin ~~ytoca tlacayellel ttelpochtti~~²⁵⁴

v̲ꞯnic macuilli ytoca Moteuhcçoma oc ce

v̲ꞯnic chiquacen ytoca citlalcohuatl

v̲ꞯnic chicome ytoca azcacohuatl

v̲ꞯnic chicuey ytoca axicyotzin

v̲ꞯnic chiuhcnahui ytoca quauhtzitzimitzin

v̲ꞯnic matlactli ytoca xiconoc²⁵⁵ **[56 recto]**

---

252. *x. tochtli: 10. Tochtli* in Tezozomoc, 143.

253. The phrase *omoteneuhque auh ynin cihuapilli* is omitted in ibid., 144.

254. These last three words, which are crossed out, are not omitted in ibid.

255. In anticipation of the following folio: *Ynic.*

The name of the fifth was Huehue Mauhcaxochitl. He begot doña María; she married don Diego Tehuetzquiti, whence were born three children. The first was named Tezcatl Popocatzin (another one). The second was named don Pedro Mauhcaxochitl (another one); his daughter went to Xochimilco. The third was named don Pablo Ixcuinantzin. And the names of Tiçocicatzin's other seven children are not known.

And then in the aforesaid year Seven Rabbit, the lord Ahuitzotl was installed as ruler of Tenochtitlan on the day count Ten Rabbit, 15 April. He was also a son of Huehue Teçoçomoctli, the great lord of Tenochtitlan. Of all three of his children, as has already been said, the eldest was Tiçocic. The next were Ahuitzotl and Chalchiuhnenetzin, who was the wife of Moquihuix, ruler of Tlatelolco. And the youngest was Axayacatl. But he was the first to rule Tenochtitlan; his elder brothers [ruled] later, as has been seen here.

The year Ten Rabbit, 1502. At this time the lord Ahuitzotzin, ruler of Tenochtitlan, died. He was a son of Huehue Teçoçomoctli, great lord of Tenochtitlan. All three of the rulers named here, all three, were grandsons of the lord Itzcoatzin, ruler of Tenochtitlan. And Ahuitzotzin left all the children who had issued from him. Here are the names of all the great lords.

The first was named Quauhtemoctzin, ruler of Tenochtitlan. The Spaniards captured him on 21 August, the feast day of Saint Hippolytus Martyr, when the Mexica were overcome and routed.

The second was named Atlixcatzin tlacateccatl.

The third was a girl whose name is not known. This noblewoman and Atlixcatzin tlacateccatl were both born to the same mother. Their grandfather was Huehue Cahualtzin the elder; his daughter was their mother and a wife of Ahuitzotzin; so thence were the aforenamed born. And the aforesaid noblewoman, Ahuitzotzin's daughter, the lord and great ruler Moteucçoma Xocoyotl married. So thence were born and from them issued two children. The first was named Axayaca; he was killed when only a youth. The second was named doña Isabel de Moteucçoma. Both were children of Moteucçoma Xocoyotl, as will be seen.

The fourth of Ahuitzotzin's children was named Tlacaelel Xocoyotl.

The fifth was named Moteucçoma (another one).

The sixth was named Citlalcoatl.

The seventh was named Azcacoatl.

The eighth was named Axicyotzin.

The ninth was named Quauhtzitzimitzin.

The tenth was named Xiconoc.

<u>v</u> *Y*nic matlactli once ytoca Macuilmalinalli, oc ce +

<u>v</u> *Y*nic matlactli omome ytoca acamapich oc ce. ynin huey tequihua catca ye-
huatl oquinchiuh omentin ypilhua ynic ce ytoca yxconantzin, ynic ome ytoca
macpaltzin

<u>v</u> *Y*nic matlactli omey ytoca huitzillihuitl, oc ce

<u>v</u> *Y*nic matlactli onnahui ytoca Machimalle

<u>v</u> *Y*nic caxtolli ytoca yaotzin oc ce

<u>v</u> *Y*nic caxtolli once ytoca panchimaltzin anoço chimalpilli tlahtohuani—

<u>v</u> *Y*nic caxtolli omome ytoca yohualpopocatzin

<u>v</u> *Y*nic caxtolli omey ytoca acachimaltzin yn oc ometin amo huel momati yn
intoca toquichtin

<u>v</u> ¶ xiij. tecpatl xihuitl 1492. años. ypan in motlahtocatlalli yn tlacatl Miccacal-
catl tlaltetecuintzin chichimeca teuhctli mochiuh tlahtohuani tequanipa
Amaqmecan chalco quin icel conpehualti yehuatl yn chichimeca teuhcyotl
ynin ypiltzin yn tlilpotoncantzin[256] cihuacohuatl tlahtocapilli tenochtitlan
ye iuh chiconxihuitl tlahtocati yn ahuitzotzin oc yehuatl quitlahtocatlalli
matlacxiuhtia yn miccacalcatl yn motlahtocatlalli tequanipan ompa ychan
catca ye omito yn inantzin yn itoca xiuhtoztzin

¶ xi. Acatl xihuitl 1503. años. ypan in momiquillico yn tlacatl tlilpotoncatzin
cihuacohuatl tlahtocapilli tenochtitlan yn ipiltzin tlacayelleltzin cihuaco-
huatl ye omito tlacpac yn izquintin quincauhtia ypilhuantzitzinhuan cexi-
uhtica motztiaque yn ahuitzotzin ynic momiquillique ye omito oquixpan yn
tlilpotoncatzin cihuacohuatl yn motlahcatlalli[257] yn ipiltzin yn itoca Micca-
calcatl tlaltetecuintzin, auh ayocmo yxpan yn ompa ya ychpoch tlacpac
omotocateneuh yn itoca quetzal **[56 verso]** petlatzin yn quihuallanca Don.
Thomas de. S⁺. n̄j̄n̄[258] quetzalmaçatzin chichimeca teuhctli tlahtohuani catca
Amaquemecan chalco.—

<u>v</u> *A*uh çan niman ipan in omoteneuh yn x. tochtli[259] xihuitl 1502. años. yn mo-
tlahtocatlalli yn tlacatl Moteuhcçomatzin xocoyotl tlahtohuani tenochtitlan
ypan cemilhuitlapohualli. 9. maçatl yc 14. de abril ynin ypiltzin yn axaya-
catzin tlahtohuani tenochtitlan

¶ i. acatl xihuitl. 1519. años. ypan in callaquico yn mexico tenochtitlan. yn
Don fernando cortes marques del valle ypan ynmetztlapohual huehuetque

---

256. *tlilpotoncantzin:* read *Tlilpotoncatzin.*

257. *motlahcatlalli:* read *motlahtocatlalli.*

258. *n̄j̄n̄:* read *m̄j̄n̄.*

259. *x. tochtli:* 1.o *Tochtli* in Tezozomoc, 148.

The eleventh was named Macuilmalinalli (another one).

The twelfth was named Acamapich (another one). He was a great, brave warrior. He begot two children. The first was named Ixconantzin. The second was named Macpaltzin.

The thirteenth was named Huitzilihuitl (another one).

The fourteenth was named Machimalle.

The fifteenth was named Yaotzin (another one).

The sixteenth was named Panchimaltzin or Chimalpilli. He was a ruler.

The seventeenth was named Yohualpopocatzin.

The eighteenth was named Acachimaltzin. The names of two others, males, are not known.

The year Thirteen Flint, 1492. At this time the lord Miccacalcatl Tlaltetecuintzin Chichimeca teuhctli was installed as ruler; he became ruler of Tequanipan Amaquemecan Chalco. He himself then began the Chichimeca lordship [there]. He was a son of Tlilpotoncatzin cihuacoatl, the great lord of Tenochtitlan. After ruling for seven years, Ahuitzotzin installed Miccacalcatl as ruler; he lived another ten years after [Miccacalcatl] was installed as ruler of Tequanipan, where his residence was. It has already been said that his mother's name was Xiuhtoztzin.

The year Eleven Reed, 1503. At this time the lord Tlilpotoncatzin cihuacoatl, the great lord of Tenochtitlan, died. He was a son of Tlacaeleltzin cihuacoatl. All the children whom he left, who were with Ahuitzotzin for a year and then died, have already been named above. It has already been said that it was still in Tlilpotoncatzin cihuacoatl's time that his son named Miccacalcatl Tlaltetecuintzin was installed as ruler, but it was not during his lifetime that his above-named daughter, named Quetzalpetlatzin, went away. Don Tomás de San Martín Quetzalmaçatzin Chichimeca teuhctli, who was ruler of Amaquemecan Chalco, took her.

[Moteucçoma Xocoyotl]

And then in the aforesaid year Ten Rabbit, 1502, the lord Moteucçomatzin Xocoyotl was installed as ruler of Tenochtitlan, on the day count Nine Deer, 14 April. He was a son of Axayacatzin, ruler of Tenochtitlan.

In the year One Reed, 1519, on Ten Quecholli of the ancestors' month count, 23 November, don Hernando Cortés, Marquis del Valle, arrived in Mexico Tenochtitlan. These rulers met him: The first was the lord Moteucçomatzin Xocoyotl, ruler of Tenochtitlan; the second was named Tetlepanquetzatzin, ruler of Tlacopan; the third was named Cacamatzin, ruler of Aculhuacan Texcoco; the fourth was named Itzquauhtzin tlacochcalcatl, interim

10. quecholli[260] yc 23 de Nobiembre. yehuantin quinamicque yn tlahtoque ynic ce yehuatl yn tlacatl Moteuhcçomatzin xocoyotl tlahtohuani tenochtitlan,[261] ynic ome ytoca tetlepanquetzatzin tlahtohuani tlacopan, yniquey ytoca cacamatzin tlahtohuani Aculhuacan tetzcoco. ynic nahui ytoca ytzquauhtzin tlacochcalcatl quauhtlahtohuani tlatilolco yehuantin in yn tenamicque nican tenochtitlan ynic acico españolesme

¶ 2. *t*ecpatl xihuitl. 1520. años. ypan in momiquillico yn tlacatl. Moteuhcçomatzin xocoyotl. tlahtohuani tenochtitlan yn ipiltzin axayacatzin yn tlahtocat caxtolli onnahui xihuitl. çan quinmictique yn españoles. ymeyxtin yn itzquauhtzin tlacochcalcatl quauhtlahtohuani tlatilolco yhuā cacamatzin tlahtohuani tetzcoco, auh yn itzquauhtzin tlacochcalcatl yn quauhtlato yn iuhqui tlahtocapouhticatca tlatilolco ompohualli[262] **[57 recto]** onchiquacen xihuitl. auh ȳ quicauhtia[263] ypiltzin ytzquauhtzin ytoca yxehuatzin çan piltic in tlatilolco[264] // Auh yn tlacatl cacamatzin tlahtohuani tetzcoco yn ipiltzin neçahualpilli yn tlahtocat macuilxihuitl. // Auh yn quincauhtia ypilhuan yn Moteuhcçomatzin yzquintin in yn itech quizque yzcatqui yntotoca yn tlahtocapipiltin in ye mochi caxtolli onnahui

v   Ɔnic ce ytoca yhuitl temoc oc ce ynin çan momiquilli
v   Ɔnic ome ytoca axayaca oc ce
v   Ɔniquey ytoca xoxopehualloc quimictique mexica tolteca acalloco

v   ~~Ɔnic nahui ytoca tzihuacpopoca~~[265]
v   ~~Ɔnic macuilli ytoca tocuccucnotl~~[266]
v   ~~Ɔnic chiquacen ytoca tetlehuicol~~ quatlecohuatzin[267]
~~Ɔnic chicome ytoca tzihuactzin~~ v tzihuacyotzin
~~ynin chiquacemixtin çan mictilloque ytencopa mochiuh yn quauhtemoctzin~~[268]
v   Ɔnic chicome ytoca acamapich—
v   Ɔnic chicuey ypilhuan moteuhcçomatzin ytoca chimalpopoca quimictiq̄ tolteca acalloco in mexica[269]

v   ~~Ɔnic chiuhcnahui ytoca tlaltecatzin~~ ynin omentin tolteca acalloco ~~tlacopan xoxocotla tiliuhcan~~ mictilloto in o^quin moztla yn iquac yohualtica cholloque ynic quintocaque españoles ynic yaque tlaxcallan yn ompa yhiyocuito yn oiuh quimonmictitehuaque Moteuhcçomatzin xocoyotl yhuan yn oc cequintin

---

260. *10. quecholli: 1. Quecholli* in ibid.

261. *tenochtitlan* is omitted in ibid.

262. In anticipation of the following folio: ōchiquacē.

263. *quicauhtia: quincauhtia* in Tezozomoc, 149.

264. Mostly illegible. Cf. ibid.

265. Tezozomoc, 150, names Quauhtlecohuatzin.

266. Ibid. names Tzihuacyotzin.

267. Ibid. omits all of this paragraph.

268. Ibid. omits the paragraph.

269. In ibid. nos. 2 through 8 of the writer's enumerations appear, followed by *[Glosa: Los demás están borrados por el Author Indio.]*.

ruler of Tlatelolco. These met the Spaniards here in Tenochtitlan when they
arrived.

The year Two Flint, 1520. At this time the lord Moteucçomatzin Xocoyotl,
ruler of Tenochtitlan, died. He was a son of Axayacatzin. He had ruled for
nineteen years. The Spaniards just killed all three: [Moteucçoma;] Itzquauh-
tzin tlacochcalcatl, interim ruler of Tlatelolco; and Cacamatzin, ruler of Tex-
coco. And Itzquauhtzin tlacochcalcatl had governed as the equivalent of
ruler of Tlatelolco for forty-six years. And Itzquauhtzin left a son named Ixehua-
tzin who was only a noble in Tlatelolco. And the lord Cacamatzin, ruler of Tex-
coco, a son of Neçahualpilli, had ruled for five years. And Moteucçomatzin
left all the children who had issued from him. Here are the names of the great
lords, all nineteen of them.

The first was named Ihuitl Temoc (another one). He just died.
The second was named Axayaca (another one).
The third was named Xoxopehualloc. The Mexica killed him at the Tolteca
canal.
~~The fourth was named Tzihuacpopoca.~~
~~The fifth was named Tecuccuenotl.~~
~~The sixth was named Totlehuicol~~ Quatlecoatzin.
~~The seventh was named Tzihuactzin~~ Tzihuacyotzin.
~~All these six were just killed. It was done on Quauhtemoc's orders.~~
The seventh was named Acamapich.
The eighth of Moteucçoma's children was named Chimalpopoca. The
Mexica killed him at the Tolteca canal.
~~The ninth was named Tlaltecatzin.~~ These [last] two were killed at the
Tolteca canal the day after the Spaniards had fled during the night, as [the Me-
xica] pursued them as they went to Tlaxcala to recover their strength there
after they had hastily killed Moteucçomatzin Xocoyotl and the rest of the
afore named rulers. Only nine of the children whom [Moteucçoma] begot
were males.

tlahtoque ye omotocateneuhque. çan chiuhcnahuintin yn quichiuh toquichtin ypilhuātzitzin

v Ynic matlactli ypilhuan Moteuhcçomatzin xocoyotl ytoca Don Martin cortes neçahualtecollotzin ynin çan quipamictito yn ~~españoles~~ Mexica ohtlipā ynic ye hualmocuepaya yn españa yc huia çan oyolcocoq̄. y motelchiuhtzin. yhuā cuetzpallomi tlacateccatl atzacualco chane. ynin española yn inamic quihualhuicaya

v **[57 verso]** Ynic matlactli once ytoca Don Pedro tlacahuepā ynin ye omito tlacpac yn axayacatzin tlahtohuani tenochtitlan ompa ontlacihuaan yn tullam yn cihuapilli ompa conan ye omito ytoca mizquixahualtzin ychpochtzin yn aztauhyatzin tlahtohuani catca tullam auh yn axayacatzin yhuā mizquixahualtzin quīchiuhque oncan motlacatiliq̄ yn huehue tlacahuella[270] yhuā yn ixtlilcuechahuacatzin ynin ompa tlahtocatito yn tullam ompa contlahtocatlalli yn ittatzin axayacatzin ypampa yn inantzin ompa ychan yn mizquixahualtzin, auh yn ixtlilcuechahuacatzin ompa ce quichihuato ychpochtzin yn tullan ytoca Doña Maria miyahuaxochtzin auh ynin cihuapilli miyahuaxochtzin yn conitlan çan itlatzin yn tlacatl Moteuhcçomatzin xocoyotl. tlahtohuani tenochtitlan auh yc oncan omotlacatilli yn tlacatl Don Pedro tlacahuepātzin, auh ynin Don P.º tlacahuepātzin yzquintin in ynic ce ytoca Dō[271] martin motlahtocaçoma ynin quichihuilli yn Doña ynes. çan mixpopollotihuin, ynic ome ytoca Don diego luis de moteuhcçoma yhuitl temoc. ynin quichihuilli ce cihuapilli tullam ytoca Doña magdalena quiyauhxotzin[272] auh españa omomiquillito yn ompa cate ypilhuā, yniquey ytoca Don lurenço de moteuhcçoma helleltzin,[273] ynic nahui ytoca Don Bartholome ~~cacamatzin~~ macuilmalinal yn omētin çan motelpochmiquillique yhuā ça ce ȳnantzin ȳ quinchiuh ytech tlilpotonqui quiztica // ynic macuilli ytoca Doña Maria de moteuhcçoma ynin ce cuyohuacā pilli quihuallan

v Ynic matlactli omome ypilhuan moteuhcçomatzin xoyotl[274] yn itoca amo huel momati cihuatzintli ynī cihuapilli quihuallitlan quihuallan yn nequametzin [annoço ytzcahuatzin tlatquic[275]] teohuateuhctli tlahtohuani opochhuacā chalco[276] **[58 recto]** tlalmanalco

v Ynic matlactli omey çan no cihuatzintli amo no huel momati yn itoca cequintin huehuetque quitohua ytoca ylācueytl, ynin quihuallitlan quihuallan ~~yn aztatzontzin~~ tlahtohuani quauhtitlan ytoca tzoniztaltzin

v Ynic matlactli onnahui çan no cihuatzintli amo no huel momati yn itoca ynin cihuapilli quihuallitlan quihuallā yn coxcotzin tlahtocapilli culhuacan ynin

270. *yn huehue tlacahuellā* is illegible in the MS. Cf. Tezozomoc, 151.

271. *Dō* is illegible in the MS. Cf. ibid., 152.

272. Illegible. Cf. ibid.

273. *helleltzin: Leletlzin* in ibid. The first letter is blurred and could be read as either *h* or *l*.

274. *xoyotl:* read *xocoyotl*.

275. *annoço ytzcahuatzin tlatquic* (right margin), mostly illegible, is reproduced with the aid of Tezozomoc, 153.

276. In anticipation of the following folio: *[tlalma[?]]nalco*.

The tenth of Moteucçomatzin Xocoyotl's children was named don Martín
Cortés Neçahualtecolotzin. The Mexica just poisoned him on his way back
from Spain, where he had gone. Motelchiuhtzin and Cuetzpallomi tlacatec-
catl, a resident of Atzaqualco, were envious. [Don Martín] was bringing back
his wife, a Spanish woman.

The eleventh was named don Pedro Tlacahuepan. It has already been said
above that Axayacatzin, ruler of Tenochtitlan, took a wife in Tollan. The noble-
woman whom he took from there, as has already been said, was named
Mizquixahualtzin. She was a daughter of Aztauhyatzin, who was ruler of
Tollan. And Mizquixahualtzin and Axayacatzin begot and thence were born
Huehue Tlacahuellan and Ixtlilcuechahuacatzin. [The latter] went to Tollan
as ruler; his father Axayacatzin installed him as ruler there because it was
the home of his mother, Mizquixahualtzin. And in Tollan Ixtlilcuechahua-
catzin begot a daughter named doña María Miyahuaxochtzin. And it was re-
ally her uncle, the lord Moteucçomatzin Xocoyotl, ruler of Tenochtitlan, who
asked for and took this noblewoman Miyahuaxochtzin. And thence was born
the lord don Pedro Tlacahuepantzin. And from this don Pedro Tlacahue-
pantzin all [these issued]: The first was named don Martín Motlatocaçoma.
He begot doña Inés, who just disappeared. The second was named don
Diego Luis de Moteucçoma Ihuitl Temoc. He begot a noblewoman in Tollan
named doña Magdalena Quiyauhxochtzin; but she died in Spain. Her children are
there. The third was named don Lorenzo de Moteucçoma Eleltzin. The
fourth was named don Bartolomé Macuilmalinal. The [last] two died only as
youths; and the same mother begot them; she issued from Tlilpotonqui. The
fifth was named doña María de Moteucçoma; a Coyoacan nobleman took her.

The name of the twelfth of Moteucçomatzin Xocoyotl's children, a girl, is
not known. Nequametzin or Itzcahuatzin tlatquic teohua teuhctli asked for
and took her. He was ruler of Opochhuacan Tlalmanalco Chalco.

The thirteenth was also a girl. Neither is her name known. Some of the
ancient ones say that her name was Illancueitl. The ruler of Quauhtitlan,
named Tzoniztaltzin, asked for and took her.

The fourteenth was also a girl, nor is her name known. Coxcoxtzin, a great
lord of Culhuacan, asked for and took her. He was a son of Teçoçomoctzin,
who was the second ruler of Culhuacan. And Moteucçomatzin's daughter
and Coxcoxtzin begot and from them issued one named don Diego Tiçaatzin
de Moteucçoma, who was ruler of Culhuacan.

ypiltzin yn teçoçomoctzin tlahtohuani catca culhuacā teomeca. auh yn ich-
pochtzin moteuhcçomatzin yn ihuan coxcotzin. oquichiuhque oyntech quiz
yn itoca Don Diego tiçaatzin de moteuhcçoma tlahtohuani culhuacan catca.

v Ynic caxtolli çan no cihuatzintli ytoca Doña fran^ca de moteuhcçoma ynin
   quihuallitlan quihuallan yn Don Pedro de aluarado ~~chimalpopoca~~ temictzin
   tlahtohuani tiliuhcan tlacopan

v Ynic caxtolli once çan no cihuatzintli ytoca Doña leonor de moteuhcçoma
   ynin quimonamicti ce español conquistador ytoca Don x̄poual Balderrama
   ompa tlayecoltilloya hecātepec oncan otlacat oyntech quiz ce ymichpoch çan
   no ytoca Doña leonor Balderrama de moteuhcçoma ynin mestiça quimo-
   namicti oc ce español ytoca Don ~~fernando~~ diego sotelo. oncan otlacatque
   omentin castiçoztin ynic ce ytoca Doña Anan sotelo de moteuhcçoma yxtla-
   matqui ynin monja S^+.ta clara, S^+ fran^co ytech pohui, ynic ome, çan no ytoca
   huehue Don fernando sotelo de moteuhcçoma yehuatl in oquinchiuh ypilh-
   huan ynic ce ytoca Don diego sotelo de moteuhcçoma ^clerigo ynic ome ytoca
   Doña ~~anan~~ leonor de la trinidad sotelo de moteuhcçoma ychpochtli **[58 verso]**
   Ynin çan no monja S^+ta clara oncan motlallia yn visitacion monasterio, ^auh
   ynin çatepan oncā valmiquani Sta clara / / yniquey ytoca Doña Anan del Spū sancto
   Sotelo de moteuhcçoma ychpochtli ynin monja S^+ Jeronimo ynin monjastin
   ye ymintotonhuan yn huey tlahtohuani catca moteuhcçomatzin xocoyotl.
   ynic nahui ytoca Don Juan sotelo de moteuhcçoma. ynic macuilli ytoca Don
   fernando sotelo de moteuhcçoma telpochtli auh yn oc macuiltin amo mo-
   mati yn intoca in ye mochtin matlactin

v Ynic caxtolli omome çan no cihuatzintli yn ipilhuan huey tlahtohuani mo-
   teuhcçomatzin xocoyotl ytoca Doña maria de moteuhcçoma ynin çan no
   mochpochmiquilli ça ce ynnantzin yn inehuan Doña leonor de moteuhc-
   çoma yn quimonamicti Balderrama yxhuiuhtzitzinhuan i yn tlilpotoncatzin
   cihuacohuatl

v Ynic caxtolli omey çan no cihuatzintli ytoca Doña isabel de moteuhcçoma
   tecuichpochtzī ynin cihuapilli yn iuh quitohua huehuetque achtopa quihuica-
   ticatca yn Don fernando cortes marques del valle oncan tlacat oyntech quiz ce
   ytoca Doña Maria cortes de moteuhcçoma ynin cihuapilli mestiça quilmach
   quimonamicti ce minero çacatlan ychan ompa contemacac yn marques del
   valle yn inamic mochiuh ytoca Juā de turosas

v Auh ynin cihuapilli Doña isabel de moteuhcçoma tecuichpotzin quicauh yn
   marques. niman conmonamicti teoyotica oc ce español conquistador ytoca
   ~~Pedro Gallego Juan antrada oncan tlacat oyntech quiz çan icel yn momati~~
   ~~oncan tlacat Don P.^o antrada~~ Pedro galleco. oncan tlacat Don Juan antrada de
   moteuhcçoma ynin ompa miquito yn españa. quincauhtia omentin çan icel
   ypilhuan ynic ce ytoca Don Pedro antrada. ynic ome cihuatl. amo huel mo-
   mati yn itoca. yn iuh quitohua ytoca Doña Ines[277]

---

277. The last six words are added on the margin.

The fifteenth was also a girl, named doña Francisca de Moteucçoma. Don Pedro de Alvarado Temictzin, ruler of Tiliuhcan Tlacopan, asked for and took her.

The sixteenth was also a girl, named doña Leonor de Moteucçoma. A Spanish conquistador named don Cristóbal Valderrama married her; she was given [encomienda] service in Ecatepec. From them was born and issued a daughter, also named doña Leonor Valderrama de Moteucçoma. Another Spaniard, named don Diego Sotelo, married this mestiza, whence were born two quadroons. The first was named doña Ana Sotelo de Moteucçoma Ixtlamatqui. She was a nun in the Poor Clares, belonging to [the second Order of] Saint Francis. The second was also named Huehue don Hernando Sotelo de Moteucçoma. He begot [these] children: The first was named don Diego Sotelo de Moteucçoma, a clergyman. The second was named doña Leonor de la Trinidad Sotelo de Moteucçoma Ychpochtli. She also was a nun in the Poor Clares; she settled in the Monastery of La Visitación but later moved to Saint Clare. The third was named doña Ana del Espíritu Santo Sotelo de Moteucçoma Ychpochtli. She was a nun [of the Order of] Saint Jerome. These nuns were great-granddaughters of the late great ruler Moteucçomatzin Xocoyotl. The fourth was named don Juan Sotelo de Moteucçoma. The fifth was named don Hernando Sotelo de Moteucçoma Xocoyotl. And there were five more whose names are not known. There were ten in all.

Of the children of the great ruler Moteucçomatzin Xocoyotl, the seventeenth was also a girl. Her name was doña María de Moteucçoma. She also died as a girl. Her mother was the same as that of doña Leonor de Moteucçoma, whom Valderrama married. [These children] were granddaughters of Tlilpotoncatzin cihuacoatl.

The eighteenth was also a girl, named doña Isabel de Moteucçoma Tecuichpotzin. This noblewoman, the ancient ones say, don Hernando Cortés, Marquis del Valle, had taken; thence was born and from them issued one named doña María Cortés de Moteucçoma. It is said that a miner, who resided in Çacatlan, married this mestiza noblewoman; the Marquis gave her to one named Juan de Tolosa to become his wife.

And this noblewoman doña Isabel de Moteucçoma Tecuichpotzin, whom the Marquis abandoned, then joined another Spanish conquistador named Pedro Gallego in holy wedlock, whence was born don Juan Andrada de Moteucçoma. He died in Spain. He left two children who were his alone. The first was named don Pedro Andrada. The name of the second, a girl, is not known; they say her name was doña Inés.

v Auh ynic oppa omonamicti Doña isabel[278] **[59 recto]** De moteuhcçoma. yehuatl quimonamicti oc ce español conquistador çan no ytoca Juan gano. oncan otlacatque yeyntin ynpilhuan ynic ce ytoca Pedro gano ynic ome ytoca goçalo gano. yniquey ytoca Doña ysabel de Jesus gano de moteuhcçoma ~~de la Visitacion~~ monja de la cocepcion ynic nahui ytoca Don Juan gano ça xo-coyotl. españa mohuicac yccē ya aço pilhua yn ompa españa amo momati[279] Auh yn goçallo gano oquichiuh oytech quizque yn Don Juan[280] gano de mo-teuhcçoma, ynin oquichiuh ce ypiltzin ytoca Don diego Motecçuma. a de ser cauallero del auito de S.tiago[281]

v Ynic caxtolli onnahui yn ipilhuan moteuhcçomatzī xocoyotl çan no cihua-tzintli ytoca Doña fran^ca de moteuhcçomatzin ynin quimonamicti yn tlacatl Don diego huanitzin tlahtohuani tenochtitlan oncan tlacatque oyntech quiz-que ynpilhuan ynic ce ytoca Don felipeh huitzillihuitl, ynic ome ytoca Doña Ana yniquey ytoca [blank space] axayaca, ynic nahui ytoca Don fernando de aluarado teçoçomoctzin

Auh çan niman ipan inyn omoteneuh yn 2. tecpatl xihuitl 1520. años. yn mo-tlahtocatlalli yn tlacatl cuitlahuatzin tlahtohuani tenochtitlan ypan cemil-huitlapohualli. 8. hecatl anoço 5. yc 16. de septiembre ypan ynmetztlapohual huehuetque yc cemilhuitia ochpaniztli ynin ypiltzin axayacatzin tlahto-huani catca tenochtitlan ye ymicampa ye tlaxcallan temi ynic nican mexico quintocaque españoles. yn onmotlahtocatlallica cuitlahuatzin achtopa tlah-tohuani catca ytztapallapan ynin huell iteyccauh catca yn Moteuhcçomatzin xocoyotl

Auh çan ye ypan inyn omoteneuh 2. tecpatl xihuitl tlami quecholli yn hue-hue metztlapohualli yc 3. mani metztli de diciembre yn omomiquillico yn tlacatl cuitlahuatzin tlahtohuani tenochtitlan yn ipiltzin axayacatzin, to-tomonalliztli ynic momiquilli **[59 verso]** yquac çan ye oc ompa temi tlax-callan yn españoles. ȳ tlahtocat çan napohuallilhuitl yn tenochtitlan auh yn quincauhtia ypilhuan yzquintin in yn itech quizque yzcatqui yntotoca yn tlahtocapipiltin in ye mochi macuiltin

Yn tlacatl cuitlahuatzin ompa ontlacihuaan yn tetzcoco aculhuacan yn conan cihuapilli amo huel momati yn itoca ychpoch yn tlatl[282] moteyxcahuia

---

278. In anticipation of the following folio: *de moteuhcçoma*.
279. *ynic nahui* to *momati* is written between lines and on the right margin.
280. After *goçalo gano*, Tezozomoc, 157, lacks *oquichiuh* to *Don Juan*.
281. *ynin* to *S. tiago* is added, partly between lines.
282. *tlatl*: read *tlacatl*.

And the second time that doña Isabel de Moteucçoma was married, she married another Spanish conquistador. Also, his name was Juan Cano. To them were born three children. The first was named Pedro Cano. The second was named Gonzalo Cano. The third was named doña Isabel de Jesús Cano de Moteucçoma; she was a nun of [the Order of the Immaculate] Conception. The fourth was named don Juan Cano Xocoyotl. He was taken to Spain; he went permanently. It is not known if perhaps he had children in Spain. And Gonzalo Cano begot and from him issued don Juan Cano de Moteucçoma. He begot a son named don Diego Moteucçoma; he was probably a knight of the Order of Santiago.

The nineteenth of the children of Moteucçoma Xocoyotl was also a girl, named doña Francisca de Moteucçomatzin. The lord don Diego Huanitzin, ruler of Tenochtitlan, married her, whence were born and from whom issued children. The first was named don Felipe Huitzilihuitl. The second was named doña Ana. The third was named [blank space] Axayaca. The fourth was named don Hernando de Alvarado Teçoçomoctzin.

[Cuitlahuac]

And then, in the said year Two Flint, 1520, the lord Cuitlahuatzin was installed as ruler of Tenochtitlan on the day count Eight (or Five) Wind, 16 September, the first day of Ochpaniztli, in the month count of the ancient ones. He was a son of Axayacatzin, who was ruler of Tenochtitlan. It was in the Spaniards' absence, now that they occupied Tlaxcala when they had been driven from Mexico, that Cuitlahuatzin was installed as ruler. First he had been ruler of Itztapalapan. He was in fact a younger brother of Moteucçomatzin Xocoyotl.

And in this aforesaid year, Two Flint, at the end of Quecholli in the ancient month count, 3 December, the lord Cuitlahuatzin, ruler of Tenochtitlan, son of Axayacatzin, died. It was of the blisters that he died, when the Spaniards still occupied Tlaxcala. He had ruled in Tenochtitlan for only eighty days. And he left all the children who had issued from him. Here are the names of the great lords, all five of them.

In Texcoco Aculhuacan the lord Cuitlahuatzin had taken as a wife a noblewoman whose name is not known, a daughter of lord Moteixcahuia Quauhtlehuanitzin, a great noble, a son of Neçahualpilli, ruler of Texcoco. And Cuitlahuatzin and the Texcoco noblewoman begot and from them issued three children.

quauhtlehuanitzin tlahtocapilli ypiltzin neçahualcoyotl tlahtohuani tetz-
coco, auh yn cuitlahuatzin in ihuā tetzcoco cihuapilli oquinchiuhque oyn-
tech quizque yeyntin ynpilhuan

v Ynic ce ytoca Don Alonso ᵃˣᵃʸᵃᶜᵃ yxhuetzcatocatzin tlahtohuani ytztapallapan

v Ynic ome ytoca Doña Ana
v Yniquey ytoca Doña luisa auh yn oc omentin amo huel momati yn intoca

Auh yn Don Alonso yxhuetzcatocatzin tlahtohuani ytztapallapan yn omoci-
huatlani çan icuitlahuic yn ōtlacihuaan yn ompa tetzcoco yn conan cihua-
pilli ytoca Doña Juana²⁸³ Maria ynin ychpochtzin in ȳ ᴰᵒⁿ ᴶᵒʳᵍᵉ ᵈᵉ ᵃˡᵘᵃʳᵃᵈᵒ in
yoyontzin²⁸⁴ tlahtocapilli tetzcoco ypiltzin y neçahualpiltzintli oncā otla-
catque Doña Magdalena gouernadora catca yn itztapalapan ynic ome ytoca
Doña Balpora yniquey ytoca Pedronilla // auh yn Doña Balpora oquichiuh-
tia ce ychpochtzin ytoca Doña Maria ychpochtli

v Auh yn Doña Ana quihuallitlan ce tlahtohuani yn ompa tihuacan oncan
otlacat Doña Christina ynin cihuapilli Doña christina oquimonamicti²⁸⁵
[60 recto] ce español ytoca Juan grande nahuatlahto audiencia real yn nican
mexico
Auh yn Doña luisa oc no ce tlahtohuani quihuallitlan ompa yn tepepolco,

¶ iij calli xihuitl. 1521 años. ypan in motlahtocatlalli ȳ tlacatl quauhtimoctzin
tlahtohuani tenochtitlan ypan huehue metztlapohualli yzcalli yuh yn chris-
tiano metztlapohualli ypan de febrero, yn iquac yn çan ye oc tlaxcallā temi
in españoles. ynin ypiltzin yn ahuitzotzin
Auh çan ye ypan inyn omoteneuh iij. calli xihuitl ypan huehue metztlapo-
hualli toçoztontli, auh yn christiano meztlapohualli ypā abril, yn mictilloque
= tlahtocapipiltin yn ipilhuantzitzinhuan tlacatl Moteuhcçomatzin xocoyotl
ye otocatenehualloque tlacpac ynic ce ytoca tzihuacpopoca, ynic ome ytoca
xoxopehualloc, yniquey ytoca tzihuactzin, ynic nahui ytoca tecuecuenotl,
ynic macuilli ytoca axayaca, ynic chiquacen ytoca totlehuicol ynic mictillo-
que ytencopa mochiuh yn quauhtimoctzin-
Auh yn ipiltzin Ahuitzotzin yn itoca atlixcatzin tlacateccatl quichihuin ytech
quiz ce ypiltzin ytoca Don diego cahualtzin yhuan ynic ome ytoca ᴰᵒ̄ ᵐʲⁿ ez-
malintzin, auh yn don diego cahualtzin oquīchiuh omentin ypilhuan ynic ce

---

283. Illegible. Cf. Tezozomoc, 161.
284. Cf. ibid., where the surname is transcribed *Miyoyontzin*.
285. In anticipation of the following folio: *ce español*.

The first was named don Alonso ^Axayaca^ Ixhuetzcatocatzin, ruler of Itztapalapan.

The second was named doña Ana.

The third was named doña Luisa. And the names of two others are not known.

And don Alonso Ixhuetzcatocatzin, ruler of Itztapalapan, asked for and took a wife back there in Texcoco; he took a noblewoman named doña ^Juana^ María. She was a daughter of ^don Jorge de Alvarado^ Yoyontzin, a great noble of Texcoco, a son of Neçahualpiltzintli. From this were born doña Magdalena, who was governor of Itztapalapan; second, doña Bárbara by name; third, Petronilla by name. And doña Bárbara bore a daughter named doña María Ychpochtli.

And a ruler of Tehuacan asked for doña Ana, whence was born doña Cristina. A Spaniard named Juan Grande, an interpreter in the Audiencia Real here in Mexico, married this noblewoman.

And another ruler, in Tepepolco, asked for doña Luisa.

[Quauhtemoc and the Last of the Native Rulers]

The year Three House, 1521. At this time the lord Quauhtemoctzin was installed as ruler of Tenochtitlan in Izcalli in the ancient month count, and in [the month of] February in the Christian month count, when the Spaniards still occupied Tlaxcala. He was a son of Ahuitzotzin.

And in this same said year, Three House, in Toçoztontli in the ancient month count and in April in the Christian month count, the great lords named above, sons of the lord Moteucçoma Xocoyotl, were killed. The first was named Tzihuacpopoca; the second was named Xoxopehualloc; the third was named Tzihuactzin; the fourth was named Tecuecuenotl; the fifth was named Axayaca; the sixth was named Totlehuicol. They were killed on Quauhtemoctzin's orders.[26]

And Ahuitzotl's son named Atlixcatzin tlacateccatl begot and from him issued one son named don Diego Cahualtzin, as well as a second, named ^don^ ^Martín^ Ezmalintzin. And don Diego Cahualtzin begot two sons. The first was

---

26. In *Historia de la nación mexicana: Códice de 1576 (Códice Aubin),* trans. and ed. Charles E. Dibble (Madrid: Ediciones José Porrúa Turanzas, 1963), 59–60, there is a fuller account of this, especially of the death of Tzihuacpopoca.

ytoca Don diego atlixcatzin, ynic ome ytoca Don Antonio de mendoça tla-
cacuitlahuatzin temazcalxollotzin—

Auh yn ipiltzin axayacatzin tlahtohuani tenochtitlan yn itoca teçoçomoctli
aculnahuacatl oquĩ [60 verso] chiuh omentin ypilhuan ynic ce ytoca Don
diego = huanitzin tlahtohuani mochiuh yn tenochtitlan çatepa ynic ome
ytoca Don garlos. oquiztzin tlahtocapilli tenochtitlan auh yece yn Don diego
huanitzin achtopa ompa tlahtohuani catca yn ecatepec ompa ypan acico ỹ
españoles yn iquac acico, auh yn don garlos oquiztzin tlahtohuani catca yn
ompa azcapotzalco mexicapan,—

¶ vij. calli xihuitl. 1525. años. ypan in ompa quintlahtollehuique yn tlahtoque
yn quauhtimoctzin yhuan yn oc cequintin tlahtoq̄. yehuantin tlahtolleuhque
yn tlatilolca yhuan michhuaque yn ompa huey mollan yn iquac ompa quin-
huicac Don fernando cortes marques del valle, auh ynic quintlahtollehuique
tlahtoque yn quauhtimoctzin tlahtohuani tenochtitlan yhuan tetlepanquetza-
tzin tlahtohuani tlacopan yn intech quitlamique quilmach oc ceppa quichi-
huazquia yaoyotl ynpan yn españoles. huel yehuatl quinteyztlacahui yn
itoca cotztemexi tlatilolco ychan.

auh yn iquac oquicac iuhqui yztlacatlatolli yn marques yc niman quinquate-
qui yn tlahtoque yn quauhtimoctzin yhuan tetlepanquetzatzin yhuan tla-
cotzin cihuacohuatl, auh ynic moquatequique yn intoca mochiuh yzcatqui
ynic ce ytoca mochiuh Don fernando quauhtimoctzin, ynic ome ytoca mo-
chiuh Don Pedro tetlepanquetzatzin yniquey ytoca mochiuh Don Juã velas-
quez tlacotzin cihuacohuatl, auh yn Don fernando quauhtimoctzin yhuan
don P.º tetlepanquetzatzin yn oiuh quinquatequique niman quintlatzonte-
quilli Justiciatica yn marques. ym omextin yn tlahtoque ompa momiquilli-
que yn huey mollan ompa quinpilloque pochoquauhtitech²⁸⁶ [61 recto]

Auh yc niman yehuatl ompa quitlahtocatlallica yn marques yn Don Juan
velasquez tlacotzin cihuacohuatl ynĩ yxhuiuhtzin yn tlacayelleltzin cihuaco-
huatl nican tlahtocatizquia tenochtitlan auh yc ye hualmocuepaya²⁸⁷ yn
tlahtoque ye nochiztlan yn onmomiquillico yn tlahtohuani Don Juan velas-
quez tlacotzin cihuacohuatl auh çan niman ic oncan concuilli yn itlatocayo
yn ipan in xihuitl omoteneuh vij. calli yn motelchiuhtzin yehuatl oquauh-
tlahto yn tenochtitlan,

auh yn tlahtohuani quauhtimoctzin yn ipiltzin ahuitzotzin yn itech catca
tlahtocayotl tenochtitlan çan macuilxihuitl, auh çan ce yn ichpoch quicauh-
tia çan omixpopollo yn cihuapilli,

vmpa quimomaquilli yn intlaq̄ españoles yhuan espada daga yhuan ce
cauallo yztac²⁸⁸

286. In anticipation of the following folio: *auh.*
287. *ye hualmocuepaya: yehuatl mocuepaya* in Tezozomoc, 166.
288. This paragraph was added in the upper left margin.

named don Diego Atlixcatzin; the second was named don Antonio de Mendoza Tlacacuitlahuatzin Temazcalxollotzin.

And the son of Axayacatzin, ruler of Tenochtitlan, named Teçoçomoctli Aculnahuacatl, begot two sons. The first was named don Diego Huanitzin, who later became ruler of Tenochtitlan. The second was named don Carlos Oquiztzin, a great lord of Tenochtitlan. However, don Diego Huanitzin had first been ruler of Ecatepec at the time that the Spaniards arrived, and don Carlos Oquiztzin was ruler in Azcapotzalco Mexicapan.

The year Seven House, 1525. At this time they falsely accused the ruler Quauhtemoctzin and the other rulers. Those who made false accusations were the Tlatelolca and the Michhuaque at Huey Mollan when don Hernando Cortés, Marquis del Valle, took them there. And thus did they falsely accuse the rulers, Quauhtemoctzin, ruler of Tenochtitlan, and Tetlepanquetzatzin, ruler of Tlacopan: they falsely claimed that it was said that they would once more make war upon the Spaniards. The one who falsely accused them was a resident of Tlatelolco named Cotztemexi.

And when the Marquis heard the false statement, he at once baptized the rulers Quauhtemoctzin, Tetlepanquetzatzin, and Tlacotzin cihuacoatl. And when they were baptized, here is what their names became: the name of the first became don Hernando Quauhtemoctzin; the name of the second became don Pedro Tetlepanquetzatzin; the name of the third became don Juan Velásquez Tlacotzin cihuacoatl. And when they had baptized don Hernando Quauhtemoctzin and don Pedro Tetlepanquetzatzin, then in a trial the Marquis condemned both rulers. They died in Huey Mollan. They hanged them on a ceiba tree.

And the Marquis at once installed don Juan Velásquez Tlacotzin cihuacoatl as ruler. He was a grandson of Tlacaeleltzin cihuacoatl. He then would have ruled Tenochtitlan, but as the rulers were turning back and were already in Nochiztlan, the ruler, don Juan Velásquez Tlacotzin cihuacoatl, died. And then, in the said same year, Seven House, Motelchiuhtzin assumed the rulership. He was interim ruler of Tenochtitlan.

And the ruler Quauhtemoctzin, son of Ahuitzotzin, had held the rulership of Tenochtitlan for only five years. And he left only a daughter, a noblewoman, who likewise has disappeared.

There [in Huey Mollan] the Spaniards gave [Tlacotzin] their [type of] clothing and a sword, a dagger, and a white horse.

Don Andres anoço ~~Don Jua~~²⁸⁹ de tabia motelchiuhtzin quauhnochtli yn iquac oquauhtlahto ynic quauhnochtli mochiuh ōpa quicuito huey mollan²⁹⁰

¶ xij. tochtli xihuitl. 1530 años. ypan in ya teocolhuacan yn motelchiuhtzin yquac poliuhque yn teocolhuacan tlaca ompa quiminque yn chichimeca yn motelchiuhtzin huell oncan momiquillico yn aztatlā ynin çan quauhpilli mexicatl yn motelchiuhtzin yn quauhtlato tenochtitlan macuilxihuitl auh yn quicauhtia ypiltzin ytoca ʰᵉʳⁿᵃᵈᵒ dapian tlatol nahuatlahtohuaya yn audiencia real

¶ i. tecpatl xihuitl. 1532. años. ypan in oquauhtlahto yn Don Pablo xochiquentzin ynin çan calpixcapilli, auh çan no ypan yn axihuaco ya yexiuhtica ynic ompa huillohuaya teoculhuacā

¶ v. tecpatl xihuitl. 1536. años. ypan in momiquillico yn Don Pablo xochiquentzin quauhtlahtohuani tenochtitlan ye omito çan calpixcapilli catca yn quauhtlahto macuilxihuitl, auh ça ce yn ipiltzin quicauhtia ytoca Don Bartholome xochiquentzin ynin ça no mixpollotia [61 verso]

¶ vij. tochtli xihuitl. 1539. años. ypan in motlahtocatlalli yn tlacatl Don diego huanitzin tlahtohuani tenochtitlan ynin yxhuiuhtzin yn axayacatzin tlahtohuani tenochtitlan yehuatl ypiltzin ynic ome ytoca teçoçomoctzī aculnahuacatl, auh ye omito tlacpac ȳ Don diego huanitzin achtopa ompa tlahtohuani catca yn ecatepec ompa anoto ynic mexico hualla

¶ x. calli xihuitl. 1541 años. ypan in momiquillico yn tlacatl Don diego huanitzin tlahtohuani catca tenochtitlan yn ipiltzin yc ome teçoçomoctli aculnahuacatl²⁹¹ yn tlahtocat nauhxihuitl auh yn quincauhtia ypilhuan yzquintin in yn itech quizque yzcatqui yntotoca yn tlahtocapipiltin in ye mochi

v   Ɣnic ce ytoca Doña Juana ᵈᵉ ᵃˡᵘᵃʳᵃᵈᵒ ynin quihuallitlan quihuallan yn tlacatl Don Antonio cortes totoquihuaztli hueve tlahtohuani ᵍᵒᵘ·ᵒʳ tlacopan ompa otlacatito oyntech quizque omentin ynpilhuan ynic ce ytoca Don Pedro cortes tetlepanquetzatzin ynin ompa ca chillapan ynic ome ytoca Don Juan cortes. ynin oquinchiuh yeyntin ypilhuantzitzinhuan ynic ce ytoca Don Antonio cortes totoquihuaztli²⁹² tlahtohuani gouernador tlacopan ynic ome ytoca Don diego cortes. ʰᵘᵃⁿⁱᵗᶻⁱⁿ yniquey ytoca Don Juā cortes ᵗᵒᵗᵒᑫᵘⁱʰᵘᵃᶻᵗˡⁱ ²⁹³ yehuantin in yn itech quizque tlacatl cihuapilli Doña Juana yn ichpochtzin Don diego huanitzī

289. This crossed-out name is not included in Tezozomoc, 167.

290. This paragraph was added in the left margin.

291. *yn ipiltzin* to *aculnahuacatl* is omitted in Tezozomoc, 169.

292. Illegible; cf. ibid.

293. Illegible; cf. ibid.

Don Andrés (or don Juan) de Tapia Motelchiuhtzin was *quauhnochtli* when he was interim ruler. It was a quauhnochtli in Huey Mollan that it came about that he took [the office of interim ruler].

The year Twelve Rabbit, 1530. At this time Motelchiuhtzin went to Teoculhuacan when the people of Teoculhuacan were defeated. There the Chichimeca shot Motelchiuhtzin with arrows, of which in fact he died in Aztatlan. He was only a Mexica eagle-noble. Motelchiuhtzin had governed Tenochtitlan for five years. And he left a son named ᴴᵉʳⁿᵃⁿᵈᵒ Tapia, who interpreted for the Audiencia Real.

The year One Flint, 1532. At this time don Pablo Xochiquentzin was interim ruler. He was only a nobleman-steward. And also it was at the time that they all reached [Tenochtitlan] three years after they had all gone to Teoculhuacan.

The year Five Flint, 1536. At this time don Pablo Xochiquentzin, interim ruler of Tenochtitlan, died. It has already been said that he was only a nobleman-steward. He had governed for five years, and he left only one son, named don Bartolomé Xochiquentzin. He also has disappeared.

The year Seven Rabbit, 1539. At this time the lord don Diego Huanitzin was installed as ruler of Tenochtitlan. He was a grandson of Axayacatzin, ruler of Tenochtitlan, and a son of Teçoçomoctzin Aculnahuacatl, second of that name. And it has already been said above that don Diego Huanitzin had first been ruler in Ecatepec, whence he had been taken when he came to Mexico.

The year Ten House, 1541. At this time the lord don Diego Huanitzin, who was ruler of Tenochtitlan, died. He was a son of Teçoçomoctli Aculnahuacatl the second. He had ruled for four years, and he left all the children who had issued from him. Here are the names of all the great nobles.

The first was named doña Juana ᵈᵉ ᴬˡᵛᵃʳᵃᵈᵒ· The lord don Alonso Cortés Huehue Totoquihuaztli, ruler and governor of Tlacopan, asked for and took her. There were born and issued from them two children. The first was named don Pedro Cortés Tetlepanquetzatzin; he is in Chillapan. The second was named don Juan Cortés. He begot three children. The first was named don Antonio Cortés ᵀᵒᵗᵒqᵘⁱʰᵘᵃᶻᵗˡⁱ· ruler and governor of Tlacopan. The second was named don Diego Cortés ᴴᵘᵃⁿⁱᵗᶻⁱⁿ· The third was named don Juan Cortés Totoquihuaztli. These descended from the lady noblewoman doña Juana, daughter of don Diego Huanitzin.

<u>v</u>   Ynic ome ypilhuan Don diego huanitzin ytoca Don x̄poual de guzman cecetzin gou.ᵒʳ mexico catca

Doña Juana tlapalyzquixotzin. ynin quihuallitlā xillotepec Dō luis aualos gou ᵒʳ 294

Yniquey ypilhuan Don diego huanitzin ytoca Don felipe huitzillihuitl de S+tiago // ynic nahui ytoca Don Juā ylvicamina moteuhcçoma295

<u>v</u>   Ynic nahui ytoca Don miguel axayaca

<u>v</u>   Ynic macuilli ytoca Don hernando de aluarado teçoçomoctzin

<u>v</u>   Ynic chiquacen ytoca Doña Ana ylhuicaxahual. ynī quihualmitlani ȳ te-nantzinco. Don franᶜᵒ de muntufar ompa otlacatito. in Doña Maria yxtlilxi-uhtli // ynin teoyotica tepilhuā **[62 recto]**

<u>v</u>   Ynic chicome ytoca Doña isabel ynin ᵗˡᵃçᵒᶜᵒⁿᵉᵗˡ quimonamicti yn tlacatl Don Antonio valleriano. amo pilli çan huey momachtiani colegial latin tlahtolli quimatia azcapotzalco ychan oncan otlacat Don Diego valleriano, ynin az-capotzalco cihuapilli yn conan oncan otlacat yn Don Antonio valleriano telpochtli, yhuan yn Doña ysabel ychpochtli yn innantzin ytoca Doña maria ynin ychpochtzin yn Don Alonso ᵗᵉçᵒçᵒᵐᵒᶜᵗᶻⁱⁿ tlahtoahuani azcapotzalco mexicapan

<u>v</u>   Doña fran.ᶜᵃ tlacoconetl296 ynī quimonamicti Juā bap.ᵗᵃ mestiço nahuatlato.

<u>v</u>   Doña Martha ᵗˡᵃçᵒᶜᵒⁿᵉᵗˡ quihualla tzonpahuacā297

<u>v</u>   Auh çan niman ipan inyn omoteneuh yn x. calli xivitl yn motlahtocatlalli yn tlacatl Don diego de S+. franᶜᵒ tehuetzquititzin tlahtohuani tenochtitlan ynin ypiltzin yn tezcatl popocatzin tlahtocapilli tenochtitlan ynin ypiltzin yn tiçocicatzin tlahtohuani auh çan no yquac ypan in xihuitl huillohuac yn xochipillan yquac polliuhque yn xochipilteca ompa motlahtocapacato298 yn Don diego tehuetzquititzin

¶ v. calli xihuitl. 1549. años. ypan in motlahtocatlalli yn tlacatl Don diego de mendoça tlahtohuani tlatilolco, ypiltzin yn tlacatl çayoltzin tlahtocapilli tlatilolco

¶ x. tochtli xihuitl. 1554. años. ypan in momiquillico yn tlacatl Don diego de S+. franᶜᵒ tehuetzquititzin tlahtohuani catca tenochtitlan yn ipiltzin tezcatl popocatzin tlahtocapilli tenochtitlan yn tlahtocat matlactli onnahui xihuitl,

---

294. This paragraph is written between lines; *gou*ᵒʳ is written above *luis aualos*.

295. *ynic* to *moteuhcçoma* is added later; it runs over the right margin. In Tezozomoc, 170, the name is transcribed as "Doña Juana."

296. *tlacoconetl:* read *tlaçoconetl.*

297. These two paragraphs are written between lines; the *qui-* in *quihualla* is probably an error.

298. *motlahtocapacato:* in Tezozomoc, 172, translated as *se fué a lavar como señor* and *fué a hacerse pediluvio real.*

The second of don Diego Huanitzin's children was named don Cristóbal de Guzmán Cecetzin; he was governor of Mexico.

Doña Juana Tlapalizquixochtzin: in Xilotepec don Luis Ávalos, the governor, asked for her.

The third of the children of don Diego Huanitzin was named don Felipe Huitzilihuitl de Santiago. The fourth was named don Juan Ilhuicamina Moteucçoma.

The fourth was named don Miguel Axayaca.

The fifth was named don Hernando de Alvarado Teçoçomoctzin.

The sixth was named doña Ana Ilhuicaxahual. Don Francisco de Montúfar of Tenantzinco asked for her. Doña María Ixtlilxiuhtli was born there. These were children [born in] holy [wedlock].

The seventh was named doña Isabel. The lord don Antonio Valeriano married this beloved child. He was not a nobleman but a great scholar, a collegian, who knew the Latin language. He was a native of Azcapotzalco. Thence was born don Diego Valeriano, who took a noblewoman of Azcapotzalco, whence were born don Antonio Valeriano Telpochtli and doña Isabel Ychpochtli. Their mother was named doña María; she was a daughter of don Alonso Teçoçomoctzin, ruler of Azcapotzalco Mexicapan.

Doña Francisca; Juan Bautista, a mestizo interpreter, married this beloved child.

Doña Marta: [This] beloved child came to Tzompahuacan.

And then, in this said year, Ten House, the lord don Diego de San Francisco Tehuetzquititzin was installed as ruler of Tenochtitlan. He was a son of Tezcatl Popocatzin, a great lord of Tenochtitlan, who was a son of the ruler Tiçocicatzin. And it was also at this time, in [this] year, that one went to Xochipillan when the people of Xochipillan were defeated. There don Diego Tehuetzquititzin went to be bathed as ruler.

The year Four House, 1549. At this time the lord don Diego de Mendoza was installed as ruler of Tlatelolco. He was a son of the lord Çayoltzin, a great noble of Tlatelolco.

The year Ten Rabbit, 1554. At this time the lord don Diego de San Francisco Tehuetzquititzin, who was ruler of Tenochtitlan, died. He was a son of Tezcatl Popocatzin, a great lord of Tenochtitlan. He had ruled for fourteen years, and he left all the children who had issued from him. Here are the names of all the great nobles.

auh yn quincauhtia ypilhuan yzquintin yn itech quizque yzcatqui ynto-
toca[299] yn tlahtocapipiltinin ye mochi

*Y*nic ce ytoca Don Pedro mauhcaxochitzin ychpochtzin in ya xochimilco

~~*Y*nic ome ytoca chimalpopoca,~~[300] **[62 verso]**

v *Y*niquey ytoca Don Pablo yxcuinantzin

v *Y*nic nahui ytoca tezcatl popocatzin

¶ xiij. calli xihuitl. 1557. años. ypan in motlahtocatlalli yn tlacatl Don x̄poual
de guzman cecetzin tlahtohuani tenochtitlan ynin ypiltzin yn Don Diego
huanitzin

¶ v. tochtli xihuitl. 1562. años. ypan in[301] momiquillico yn tlacatl Don x̄poual
de guzman cecetzin tlahtohuani catca tenochtitlan yn ipiltzin Don diego
huanitzin yn tlahtocat chiquacen xihuitl

v *A*uh çan no ypan inyn omoteneuh xihuitl yn momiquillico yn tlacatl Don
diego de mendoça tlahtohuani catca tlatilolco yn tlahtocat matlacxihuitl
ypan nauhxihuitl auh yn oiuh momiquilli oc nauhxihuitl yn cactimanca yn
ayac tlahtocat tlatilolco auh ȳ quīcauhtia ypilhuan omentin ynic ce ytoca
Don balthasar de mendoça ytzquauhtzin ynic ome Don Melchior de men-
doça auh yn Don balthasar de mendoça ytzquauhtzin ȳ quimocihuauhti
ytoca Doña Anna ichpoch yn Huitzilcalcatl Tlayllotlac, zan pochtecatl
tlatilolca oncan tlacat yn Doña Magdalena de mendoça ynin quimonamicti
ce español ytoca Juan de Santa maria oncā otlactque ȳpilhuan chiuhcna-
huintin ynic ce ytoca felipe de s tiago ynic ome ytoca Juan de Sta Maria yni-
quey ytoca Doña Magdalena ynic nahui ytoca Doña melchiora de mendoça
ynic macuilli ytoca D.ª Agustina, inic chicuacen itoca D.ª Anna, ynic chicome
itoca Diego de Sta. Maria, ynic 8 ytoca Maria, inic chiuhcnahui itoca Juana.[302]

¶ vi. acatl[303] xihuitl. 1563. años. ypan in motlahtocatlalli yn tlacatl Don luis
de S+.ta Maria nacacipactzin tlahtohuani tenochtitlan

¶ ~~x. acatl xihuitl. 1567. años. ypan in~~[304]

¶ viij calli xihuitl. 1565. años. ypan in momiquillico yn tlacatl Don luis de
S+ta maria nacacipactzin tlahtohuani tenochtitlan. yn tlahtocat çan yexivitl
oncan ipan in tlamico yn intlapacholliz yn tenochca tlaçotlatocatepilhuan yn
mexico tenochtitlan atlitic

¶ x. Acatl xihuitl. 1567. años. ypan in motlahtocatlalli yn tlacatl Don Miguel

---

299. *yntotoca: intoca* in ibid.

300. In anticipation of the following folio: *ynic.*

301. Tezozomoc, 173, omits everything from *ypan in* in the previous paragraph to *ypan in* in this paragraph.

302. *auh ȳ quīcauhtia* to *Juana* (end of this paragraph) is added between lines and on right and bottom margins. Illegible sections were reproduced with the aid of Tezozomoc, 173–74.

303. *vi. acatl: 7 Acatl* in ibid.

304. Chimalpahin's error; he anticipated a paragraph two entries below.

The first was named don Pedro Mauhcaxochitzin. His daughter went to Xochimilco.

~~The second was named Chimalpopoca.~~

The third was named don Pablo Ixcuinantzin.

The fourth was named Tezcatl Popocatzin.

The year Thirteen House, 1557. At this time the lord don Cristóbal de Guzmán Cecetzin was installed as ruler of Tenochtitlan. He was a son of don Diego Huanitzin.

The year Five Rabbit, 1562. At this time the lord don Cristóbal de Guzmán Cecetzin, who was ruler of Tenochtitlan, died. He was a son of don Diego Huanitzin. He had ruled for six years.

And also in the said year the lord don Diego de Mendoza, who was ruler of Tlatelolco, died. He had ruled for fourteen years. And after he died, for another four years there was a vacancy; no one ruled in Tlatelolco. And he left two children. The first was named don Baltasar de Mendoza Itzquauhtzin. The second was named don Melchor de Mendoza. And don Baltasar de Mendoza Itzquauhtzin married one named doña Ana, a daughter of Huitzil-calcatl tlailotlac, who was only a Tlatelolca merchant. From this was born doña Magdalena de Mendoza. A Spaniard named Juan de Santa María married her, whence nine children were born. The first was named Felipe de Santiago. The second was named Juan de Santa María. The third was named doña Magdalena. The fourth was named doña Melchora de Mendoza. The fifth was named doña Agustina. The sixth was named doña Ana. The seventh was named Diego de Santa María. The eighth was named María. The ninth was named Juana.

The year Six Reed, 1563. At this time the lord don Luis de Santa María Nacacipactzin [sic] was installed as ruler of Tenochtitlan.

The year Eight House, 1565. At this time the lord don Luis de Santa María Nacacipactzin, ruler of Tenochtitlan, died. He had ruled for only three years. With him the administration of Mexico Tenochtitlan in the midst of the waters by the highborn heirs of Tenochca rulers came to an end.

The year Ten Reed, 1567. At this time the lord don Miguel García Oquiztzin was installed as ruler of Tlatelolco. He was the seventh ruler of Tlatelolco.

garcia oquiztzin[305] **[63 recto]** tlahtohuani tlatilolco yc chicome ompa tlah-
toque ȳ tlatilolco,

¶ xi. tecpatl xihuitl 1568. años. ypan in hualla ce Juez gouernador teca-
machalco. ychan. ytoca Don fran[co] ximenez quin yehuatl conpehualtico yece
yn nican tenochtitlan ynic altepehuaque ye quihualpachoa yn mexicayotl
tenochcayotl, auh macihui yn ipan hualcallacca Don diego de S⁺. fran[co] te-
huetzquititzin yn iquac momiquilli ce Juez huitza ytoca Don esteuan de guz-
man xochmilco ychan ca çan Jueztico quintlatemollico yn mexica nauhxi-
uhtico ȳ mexico, contlahtocatlallitehuac yn Don xp̄oual de guzman cecetzin
nimā ya yn ichan xochmilco

¶ iij. calli xihuitl. 1573. años. ypan in momiquillico yn Don fran[co] ximenez
Juez gouernador tenochtitlan tecamachalco chane catca ychan yn momi-
quillito auh yn Juez gouernadortic chiquacen xihuitl
*a*uh çan niman ipan īyn xihuitl moteneuh hualla yn Don Antonio valeriano
Juez gouernador tenochtitlan ychan azcapotzalco ynin ye omito amo pilli
çan momachtiani tlamatini yn itechpa Latin tlahtolli ynin ymontzin yn tla-
catl Don diego huanitzin

¶ ix. acatl xihuitl. 1579.[306] años. ypan in yquac ya yn tlacatl Don Miguel gar-
cia tepeyacac Jueztito, auh yn tlahtocat, matlactli omome xihuitl ȳ tlatilolco,
auh niman yehuatl conpatlaco yn ipan in xihuitl yquac hualla yn Don Juan
de çarate Juez gouernadortico yn tlatilolco ychan mixtecapā
*A*uh yn Don Pedro antrada de moteuhcçoma yn çatepan ompa yhuan mi-
quito in españa quicauhtia. ypiltzin ytoca Don fernando moteuhcçoma

---

305. In anticipation of the following folio: *tlahtohuani*.
306. *1579: 1578* in Tezozomoc, 176.

The year Eleven Flint, 1568. At this time a judge-governor came who was a resident of Tecamachalco. His name was don Francisco Jiménez. However, from now on citizens [of other altepetl] began to govern the Mexica Tenochca altepetl here in Tenochtitlan. Although at the time that don Diego de San Francisco Tehuetzquititzin had died there had entered a judge named don Esteban de Guzmán, a native of Xochimilco, he came only as a judge to examine the Mexica. He spent four years in Mexico; he soon installed don Cristóbal de Guzmán Cecetzin as ruler and then he went to his home in Xochimilco.

The year Three House, 1573. At this time don Francisco Jiménez, judge-governor of Tenochtitlan, died. He was a native of Tecamachalco. He died in his home. He had been judge-governor for six years.

And then, in the same aforesaid year, don Antonio Valeriano came as judge-governor of Tenochtitlan. He was a native of Azcapotzalco. It has already been said that he was not a nobleman but a scholar learned in the Latin language. He was a son-in-law of the lord don Diego Huanitzin.

The year Nine Reed, 1579. It was at this time that the lord don Miguel García went to be judge in Tepeyacac. And he had ruled in Tlatelolco for twelve years, but then he changed places in [that] year when don Juan de Zárate came as judge-governor of Tlatelolco. He was a native of Mixtecapan.

And don Pedro Andrada de Moteucçoma later died in Spain. He left a son named don Hernando Moteucçoma.

—+—

[87 recto] ℋistoria. o chronica y ^{con su} Calendario Mexicana¹ de los años.

v̱   Ɛn la qual se contienen sus Antiguedades grandeza y cosas Memorables en ella acontecida desde su fundacion hasta nuestros Tiempos.

v̱   Ҫon mas El Discurso De su estado con todo este progresso de tiempo, assi en lo Ecclesiastico, como en lo Secular.

v̱   Ɛl lugar y asiento y rrenombre y apellido de la muy noble y muy leal la gran ciudad de Mexico Tenuchtitlan, assi se llama en lengua Mexicana.

v̱   ℳexico Tenuchtitlan / atlihtic / Tultzallan. acatzallan, yn Tulli. yn acatl, ycoyocayan, Quauhtli ynequetzayan yhuan ypahpaquian. Quauhtli ypipitzcayā yhuan ytlanquiquiçayan, Quauhtli ynetomayan, Quauhtli ytlaquayan, ynetomahuayan, yn Michin ypatlanian, yn cohuatl yçomocayan, yn Tleatl ymanican, yn matlallatl yn Tozpalatl ymanican yyolloco ytzontecompa ycpac xochiyocan yn yancuic cemanahuatl. que es dezir.

v̱   ℳexico Tenuchtitlan dentro del gran lago de agua o laguna del Tural y cañaberal, do haze el ruydo Tural y cañaberal, en el paradero y descanso del aguila, lugar ado silua y adonde ᶜome el aguila. lugar que el aguila se huelga y despereza con alegria, lugar que engorda El aguila, y come toda abe bolante, y lugar ado boela el pescado. y lugar ado rronca la culebra y lugar de asiento y ojo el² agua de fuego, [el agua] azul preciada,³ y sauze blanco, y centro [y] **[87 verso]** corona del nuevo mundo de la nueua españa—

v̱   Ҏor auerse llamado assi esta grand ciudad de Mexico Tenuchtitlan como los primeros Antiguos viejos. ballientes llamados Teochichimecas. azteca chico-

---

1. Domingo de San Antón Muñón Chimalpahin Quauhtlehuanitzin's "Compendio de la historia mexicana," in *Contributions to the Ethnohistory of Mexico*, 3, *Lesser Writings of Chimalpahin*, pt. 7, ed. John B. Glass, trans. Gordon Whittaker (Lincoln Center, Mass.: Conemex Associates, 1975), contains a number of passages to be found in this section of *Codex Chimalpahin*. They are only a small part of the "Historia o chronica," and many are incomplete. Glass's account of its history in his very informative introduction states that the original, which may well be the British and Foreign Bible Society MS 374, has been lost since the 1780s.

2. *el:* read *de*.

3. Missing letters or words are supplied in brackets.

[$\mathcal{H}$istory or Chronicle with Its Calendar of the Mexica Years]

History or chronicle with its Mexica calendar of years.

In this are included [accounts of] its ancient times and grandeur, and the memorable things that took place in them, from its founding to our times;

With, in addition, a dissertation on conditions during all this passage of time, both ecclesiastical and secular.

Of the location, site, titles, and names of the very noble and very loyal, great city of Mexico Tenochtitlan, as it is called in the Mexica tongue.

Mexico Tenochtitlan, girded by water, among sedges and reeds; where sedges and reeds whisper; where the eagle rests and rejoices; where the eagle screeches and whistles; where the eagle stretches; where the eagle eats, where it fattens itself; where the fish flies; where the serpent hisses; where there are fiery waters; where there are yellow and blue waters; at the heart, at the garlanded head of the New World. That is:

Mexico Tenochtitlan within the great lake or lagoon of stands of sedges and reeds, where the stands of sedges and reeds make their sounds; in the stopping and resting place of the eagle, where it whistles, where it eats, where it takes its pleasure and stretches itself with joy, where it fattens itself and eats all kinds of birds, and where the fish swim, and where the snake hisses; and where the site of the spring of fiery water, the precious blue water, is, and the white willow, and the center and crown of the New World of New Spain.

As for this great city of Mexico Tenochtitlan having thus been named, as the first brave old men of ancient times known as Teochichimeca Azteca Chicomoztoca Mexitin who emerged and came from the great province of Aztlan Chicomoztoc [named it]: when they arrived and came to this great lagoon [where] they founded it, they named it Mexico Tenochtitlan because in the middle of the great stand of sedges and reeds and the great lagoon they found and saw a small hill on a crag, and on the crag a stand of cacti, and on this they saw an eagle eating a viper. This was the site and glory of Mexico Tenochtitlan Atlihtic, because they founded it over the waters or about the lagoon named Atlihtic that surrounds this great city.

moztoca, mexitin, Salidos y venidos de la gran Prouincia de aztlan. chico-
moztoc, Porque quando llegaron y binieron en esta gran laguna que la fun-
daron la llamaron Mexico tenuchtitlan, es porque hallaron y bieron en medio
del gran Tural. y cañaberal, y gran laguna vn cerrito pequeño encima de vna
peña y encima de la peña vn Tunal y encima della bieron vna aguila comiendo
vna biuora que fue asiento y rrenombre Mexico tenuchtitlan atlihtic, porque
la fundaron sobre agua o por la laguna llamada atlihtic que rodea esta gran
ciudad.

v 𝒩ican ompehua ontzinti yn inhuehuenemiliztenonotzaliz. yhuan ynxiuh-
pohual tlatecpan yn huehuetque Mexica Tenuchca catca yn iuh quihtotiaque
yn iuh quiteneuhtiaque, yn iuh tliltica tlapaltica quitecpantiaque quitlapal-
yhcuillotiaq̄. yn omoteneuhq̄ huehuetque yllamatque catca yn Mexica Te-
nuchca, yhuan cequi huehuetque tlatilulca yntlatlalil yntlahtol xiuhtlapo-
hual tlatecpan, yn oniquincuilli nehuatl Don domingo de S. Anton Muñon
Quauhtlehuanitzin, yece çan quexquitzin, çan tepitzin yn inhuehue[ne-
miliz]tenonotzaliz⁴ yn inxiuhtlapolhual tlah⁵[88 recto] toltlatecpanal, yn i-
tlahtollo ymaltepeuh tlatilulco, yn ihuan oniccentlalli oniccentecpicho. yn oc
cenca miyec yn itlahtollo tenuchtitlan altepetl,

¶ i 𝒯ecpatl xihuitl 1064 años. ypan inyn ompa hualquizque yn inchan Az-
tlan. yn Mexitin azteca Teochichimeca. yn axcan ye motenehua Tenuchca,
yhuan in ye motenehua tlatilulca, yhuan ye motenehua Malinalca, yhuan ye
motenehua Michhuaque bazquallotlaca, Auh yn ihquac ompa huallehuaque
huallolinque yn inchan aztlan, ye yuh nepa matlactlōnahui xihuitl, opoliuh
yn altepetl Tullam, ynic cenmanque momoyahuaque nonohualca Tullam
tlaca, yn ihquac yah Topiltzin acxitl quetzalcohuatl tlilpotonqui, ynic hueya-
pan ylhuicaapan callaquito. Tonatiuh yquiçayampa ytztia, ynic mihtohua
motenehua. ompa poctlantito tlapallantito, aocmo ceppa hualmocuep yn on-
can Tullam, macihui ynic monahuatihtia quimilhuitia yn ittahuan yn itechi-
uhcahuan yn icolhuan Tulteca, ca oc ceppa mocuepaquiuh motlaliquiuh yn
ipan ytlahtocapetl. yn itlahtocaycpal, yn quicauhtia oncan Tullam, ypampa
ynic oquichixtinenca huehuetque catca yn cēca miyec xihuitl yc omotlapolol-
tihque, Auh ynic oncan tlahtocatico Tullam, yn omoteneuh Topiltzin acxitl
quetzalcohuatl tlilpotonqui, onpohuallonmatlactli xihuitl,
𝒜uh yn oyuh hualquizque yn ohuallolinque yn ompa ynchan aztlan, yn
omoteneuhque Mexitin azteca Teochichimeca, yc niman ohualnehnenque
ohuallotlatocaque, ynic nohuiyan tlalli ypan ohualnentiaque, ynic niman
ohuacico [88 verso] yn oncan canin ytocayocan huey culhuacatepec, çan ye
ypan yn acico yn omoteneuh ce tecpatl xihuitl, oncan Exiuhtihque, auh yn
oncan in omoteneuh huey culhuacatepec, oncan ytzintla onmotlallico ce
quahuitl Ahuehuetl cenca huey tomahuac yhuan huiyac, yn itzintla motlallico,

---

4. Missing letters or words are supplied in brackets.
5. In anticipation of the following folio: *tol*.

Here begins, here starts, the account of the ancient life and organization of the year count of the ancient Mexica Tenochca as they told it, as they put it forth, as they organized it in the black and red [characters of ancient codices];[1] [as] the aforesaid ancient Mexica Tenochca men and women wrote it in red [ink], as well as some statements of the ancient Tlatelolca and their organization of the year count, which I, don Domingo de San Antón Muñón Quauhtlehuanitzin, have taken from them. However, [I have taken] only some, only a little of the account of their ancient life, of their arrangement of the year count, of their account of their city of Tlatelolco, and I have assembled and gathered together much more of the account of the altepetl of Tenochtitlan.

The year One Flint, 1064. At this time the Mexitin Azteca Teochichimeca, now known as Tenochca, as Tlatelolca, as Malinalca, and as Michhuaque, people of Pátzcuaro, emerged from their home, Aztlan. And when they came away and moved hither from their home in Aztlan, it was fourteen years after the altepetl of Tollan had been destroyed; when the Nonohualca and people of Tollan scattered and dispersed; when Topiltzin Nacxitl[2] Quetzalcoatl Tlilpotonqui went away; when he entered the ocean and went eastward; when, as is said and stated, he attained the land of smoke, Tlapallan. Never again did he return to Tollan, though as he departed he distinctly stated, he said to his Tolteca fathers, his chiefs, his grandfathers, that he would again return to settle upon his ruler's mat and seat, which he had left there at Tollan. Because of this, therefore, the ancient ones lived awaiting him for very many years, so [much] were they confused. And the said Topiltzin Nacxitl Quetzalcoatl Tlilpotonqui had ruled there for fifty years.

And when the aforesaid Mexitin Azteca Teochichimeca had thus emerged and moved from their home in Aztlan, as they traveled and followed their way, as they traveled all over the land, they then reached a place named Huey Culhuacatepec. They reached it in the aforesaid year, One Flint. There they spent three years. And there at this Huey Culhuacatepec they settled them-

1. Cf. also Alonso de Molina's *Vocabulario en lengua castellana y mexicana y mexicana y castellana*, ed. Miguel León-Portilla (Mexico City: Editorial Porrúa, S. A., 1970), fol. 130v: "Tlapalli, tlilli tictlalia. dar buen exemplo." See also fol. 147v.

2. *Acxitl:* read *Nacxitl* (as the name is usually spelt in Mesoamerican literature).

yn oncan ympan poztec, auh macihui yn iuh mihtohua yn inpan poztec, Ca ayac maca tlacatl, ypan huetz yn quahuitl celiztihcac, ynic motlacopoztec auh yehica ypampa yn ihquac yn oquic ayemo huetzia poztequia, ca achtopa oncan quinnemachti yn tlacatecolotl diablo, yn quimoTeotiaya Mexitin azteca, ynic miquanizque yn oquicacque azteca yc niman mihcuanique quitlalcahuique yn ahuehuetl niman poztec motlacocuic,[6] çan ye ypan inyn omoteneuh ce tecpatl xihuitl 1064. años. yn oncan ytzintla motlallico quahuitl ahuehuetl, oncan Exiuhtihque ypan tlaco yn catca //

Äuh yn omoteneuh yn ompa aztlan ynic cenca huecahuaque ynic ompa onoya ynic ompa catca, yn omoteneuhque huehuetque Mexitin azteca Teochichimeca, ontzonxihuitl ypan matlacpohualli ypan matlactlonnahui xihuitl, yn iuh neztica yn inhuehuexiuhtlapohualnemilizamauh omoteneuhque Mexitin azteca // No yhuan ye yuh nepa ontzontli ypan matlacpohualli ypan Epohuallonnahui xihuitl motlacatillitzino ỹ nelli Teutl Dios. ytlaçopiltzin Jesu xp̄o. yn ihquac ypan inyn hualtecauhque ynic niman ompa ohualpeuhque ohuallolinque, ohualquizque ohuallehuaque[7] **[89 recto]** yn aztlan. yn omoteneuhque Mexitin azteca Teoculhuacatepeca. // No yhuan yn ihquac yn. ye yuh nepa oquimochihuillitzino yn tt.º Dios. y huel ytzinpeuhyan cemanahuatl ye caxtoltzonxihuitl ypan matlacpohualxihuitl ypan Epohualli ypan ome xihuitl. // No yhuan ye yuh nepa matlactz̄oxihuitl ypan cenpohualxihuitl omochiuh yn cemanahuacapachihuiliztli motenehua diluuio, ynic poliohuac nohuiyan cemanahuac. yn ihquac ypantzinco mochiuh Tlaachtopayttohuani propheta yn tlacatl yn itocatzin Sancto Noe. //

¶ 2. calli xihuitl 1065. años. yn ipan in oncan cate yn ahuehuetitlan yn Mexitin auh ye oncan inyn quinhuallihuaque ynic hualtecauhque yn chicome altepeme macehualtin culhuaque colhuacatepeca yn achtopa hualpeuhque yn achtopa huallaque, auh y mexitin azteca oncan in nauhxiuhtihque, ypampa onca. meya atl molloni

¶ iii. Tochtli xihuitl 1066. años.

¶ iiij. acatl xihuitl 1067. años.

¶ v. Tecpatl xihuitl 1068. años. ypan in oncan nauhxiuhtihque yn huey culhuacatepec, mexitin, auh ye no ceppa oncan huallehuaque yn culhuacatepec in ye hualnehnemi yehuatl quinyacantihuitz. yn chalchiuhtlahtonac,

¶ vj. calli xihuitl 1069. años. ypan inyn oncan hualmiquanique oncā motlallico quinehuayan tzotzompa chicomoztoc, ynic Mexitin azteca Teochichimeca, oncan chiconxiuhtihque yn onoya, yn catca.

¶ xij. acatl xihuitl 1075. años. ypan inyn oncan chiconxiuhtihque tzotzompa quinehuayan chicomoztoc, yn mexitin azteca. ynic niman oncā **[89 verso]** ohualquizque quinehuayan chicomoztoc. yn omoteneuhque huehuetque

---

6. *motlacocuic:* tentative translation.

7. In anticipation of the following folio: *yn aztlan.*

selves at the foot of a very large, thick, tall cypress tree. As they settled them-
selves at its foot, it broke over them. But although it has been said that it
broke over them, it fell upon no one, upon nobody. The tree stood fresh and
green when part of it broke. But the reason that meanwhile it had not yet
then fallen and broken was that the devil, the demon whom the Mexitin
Azteca worshiped, had first warned them to go. When the Azteca heard him
they departed and relinquished their place at the cypress. Then it broke; half
of it was taken [from it]. It was in this same year, One Flint, 1064, that they
had settled at the foot of the cypress tree. They spent three and a half years
[where] it was.

And as for this aforesaid Aztlan, these ancient Mexitin Azteca Teochichi-
meca had tarried there, had lived there, had been there for one thousand and
fourteen years, as appears in the ancient Mexitin Azteca book of their year
count and way of life. And also it was one thousand and sixty-four years
after Jesus Christ, beloved son of God the true deity, was born that they left
[to come] hither, that the said Mexitin Azteca Teoculhuacatepeca at once
began moving hither and emerged and came away from Aztlan. And then it
also was six thousand, two hundred and sixty-two years after our Lord God
created the world at the very beginning of time. And also it was four thou-
sand and twenty years after the world flood known as the deluge took place,
when there was the destruction everywhere in the world that took place in
the time of the seer, prophet, and lord, Saint Noah by name.

The year Two House, 1065. At this time the Mexitin were there by the cy-
press. And from there they sent them hither to accompany the peoples of the
seven altepetl. The Culhuaque and Culhuacatepeca were the first to begin,
the first to come. And the Mexitin Azteca spent four years [at Huey Culhua-
catepec] because a spring of water flowed there.

The year Three Rabbit, 1066.

The year Four Reed, 1067.

The year Five Flint, 1068. By this time the Mexitin had spent four years at
Huey Culhuacatepec, and again they left Culhuacatepec. Now as they trav-
eled hither, Chalchiuhtlatonac came leading them.

The year Six House, 1069. At this time they moved to and settled in Quine-
huayan Tzotzompan Chicomoztoc. There the Mexitin Azteca Teochichimeca
spent, lived, remained for seven years.

The year Twelve Reed, 1075. By this time the Mexitin Azteca had spent
seven years at Tzotzompan Quinehuayan Chicomoztoc. These ancient Me-
xitin Azteca Teochichimeca Teoculhuacatepeca then emerged from Quine-
huayan Chicomoztoc. Two by two they and their wives issued from the
caves, and from within each cave [in] the crag. And when they had climbed

Mexitin azteca Teochichimeca Teoculhuacatepeca, Ca hualloomeoztoquizq̄. yncicihuahuan yhuan yn ihtic cecen oztotl, yn texcalli, auh yn oyuh pan-huetzico, yn oyuh hualoztoquizque yn ihtic Texcalli yn ipan in omoteneuh xihuitl, yc niman oncan in huallehuaq̄. in ye hualnehnemi in ye huitze

v   *yc* niman ahcico yn oncan ytocayocan macpallo ytlan altepetl,[8] oc oncan in quexquichcauh mocehuique in mexitin çan ye ypan inyn omoteneuh xihuitl, çan hualquiztiquizque yn oncan īyc niman ye huitze[9]

v   *q*uiçaco yn oncan quitocayotia tlahtoltepetl ytlah,[10] yc niman ye huitze

v   *q*uiçaco yn oncan quitocayotia tzihuactepetl ytlah, yn oncan in çan hualquiz-tiquizque ynic niman ye huitze,

v   *q*uiçaco yn oncan quitocayotia atl ytech mani tepetl ytlah, yn oncan in çan hualquiztiquizque ynic niman ye huitze. // *a*uh ca cenca nohuiyan nenque yn chichimecatlalpan, yn cana cualcan hue-cahuaya yn motlaliaya ȳ tlahuelmatia yn iuh ytech neztoc. yn ipan in xiuh-pohuallamatl, yn cana cempohualilhuitl, onpohualilhuitl yn motlaliaya yn amo tlahuelmatia, auh yn cana huecahuaya hualmoteteocaltihtiaque, qui-hualquehquetztiaque yn iTeocal ynTeouh huitzilopochtli,

¶ xiij. Tecpatl xihuitl 1076. años. ypan inyn oncan hualmiquanique azteca, yn huey culhuacan oncan Exiuhtihque yn oncan mocehuique

¶ 2. Tochtli xihuitl 1078. años. ypan inyn oncan[11] **[90 recto]** Exiuhtihque, azteca yn hueycan culhuacan, mocehuique oncan no ceppa huallehuaque yc niman ye huitze

v   *q*uiçaco yn oncan quitocayotia pochotl ihcac, yn oncan in çan hualquiztiquizque, yc niman ye huitze—

v   *q*uiçaco yn oncan quitocayotia Tototepec yn oncan in çan no hualquiztiquizque yc niman ye huitze,

v   *q*uiçaco yn oncan quitocayotia tlacatl moquetztihcac, yn oncan in çan no hualquiztiquizque yc niman ye huitze.

v   Quiçaco yn oncan quitocayotia xoctli ypan onoc macpalli yn oncan in çan no hualquiztiquizque yc niman ye huitze

v   Quiçaco yn oncan quitocayotia Tlacatl yehuatica Tototl quicua, yn oncan in çan no hualquiztiquizque yc niman ye huitze.

¶ iij. acatl xihuitl 1079. años. ypan inyn oncan hualmiquanique mexitin yn oncan ytocayocan Panitl yhcac, oncan in macuilxiuhtihque

¶ vij. acatl xihuitl 1083. años. ypan inyn oncan macuilxiuhtihque mexitin. yn oncan panitl yhcac, yc niman ye huitze

8. *macpallo ytlan altepetl:* this and a number of other such terms appear to be interpreta-tions of imperfectly understood place-name glyphs.

9. *huitze,* literally, "came." The sense often seems to be "to continue on their way," "to press on," etc.

10. *ytlah:* read *ytlan.*

11. In anticipation of the following folio: *Exiuhtihq̄.*

up, when they had issued from the caves within the crag, the aforesaid year, they then came away from there to travel, to press on.

They then reached a place named Macpallo, near an altepetl, where the Mexitin rested for some time. In this very same year they soon emerged from there and at once pressed on.

From there they came forth near a place named Tlatoltepetl. At once they continued on.

From there they came forth near a place named Tzihuactepetl. From there they soon emerged and at once pressed on.

From there they came forth near a place named Atl Itech Mani, whence they soon emerged and at once pressed on.

And they lived in very many different places in Chichimeca land. In some favorable places they stayed, they settled, [if] they liked them, as is evident in the year-count book. In some places, [if] they did not like them, they settled for twenty or forty days. And in some places they stayed and built themselves a temple; they erected a temple for their god Huitzilopochtli.

The year Thirteen Flint, 1076. At this time the Azteca moved to Huey Culhuacan. There they spent three years; there they rested.

The year Two Rabbit, 1078. By this time the Azteca had spent, had rested, three years in Huey Culhuacan. Again they came away; at once they now pressed on.

They came forth to a place they named Pochotl Ihcac, from which they soon emerged and at once continued on.

They came on to a place named Tototepec, from which they also soon emerged and at once pressed on.

They wandered on to a place they named Tlacatl Moquetztihcac, whence also they soon emerged and at once pressed on.

They came forth to a place they named Xoctli Ipan Onoc Macpalli, whence also they soon emerged and at once pressed on.

They came forth to a place they named Tlacatl Yehuatl Ca Tototl Quicua, whence also they soon emerged and at once came away.

The year Three Reed, 1079. At this time the Mexitin moved to a place named Panitl Ihcac, where they spent five years.

The year Seven Reed, 1083. By this time the Mexitin had spent five years in Panitl Ihcac. Then they pressed on.

Quiçaco yn oncan ytocayocan Tlahtoltepec, yn oncan in çan hualquiztiquizque yc niman ye huitze

Quiçaco yn oncan ytocayocan tlacatl xoctica yhcac pantica yn oncan in ça no hualquiztiquizque yc nimanye huitze,

Quiçaco yn oncan ytocayocan tlacatl Ehuatica tzihuactli oncan onoc yn oncan in çan no hualquiztiquizque yc niman ye huitze. ye omihto ca cenca nohuiyan hualnentiaque yn chichimecatlalpan, yn cana quihualcauhtiaque Toctli miyahua **[90 verso]** ti, auh yn cana quihualcauhtehuaque Tonacayotl xilloti coçahuia, auh yn cana oc quipixcaya quihualquatehuaya yn tonacayotl, auh ca cenca miyec tlamantli, yn quichiuhque yn ohtlipan ynic huallaque ye omihto nohuiyan nenque yn huecahueycan teoculhuacan yhuan oncan quiçaco yn tonallan yn axcan ye ytocayocan la ciudad de guadalaxara, ca cenca moch ic nenq̄.

<u>v</u> *y*huan oncan quiçaco yn chiametla, yhuan copallan, yc niman quiçaco oncan yn itocayocan xuchipillan, yhuan oncan quiçaco yn itocayocan Teocaltech, yn oncan in çan hualquiztiquizque ynic niman ye huitze. // auh ynin omoteneuh yn izquican altepetl yc quihualpanahuiq̄. ca çan oc nohuiyan çacatla tepetla quauhtla.[12]

<u>v</u> *y*c niman ahcico oncan yn michhuacan chiuhcnahuapan, auh ca yncotoncahuan yn michhuaque yn Mexica, yhuan yn Mallinalca, auh ca mochintin cenhuallaque, auh ynic quincauhque yn Michhuaque atlan mahuiltiaya yn oquichtin yhuan ȳ ᶜⁱhua yn oncan ytocayocan pazquallo yn oncan in çan hualquiztiquizq̄. in mexica yc niman oncan huallehuaque in ye huitze oc tehuan yn Mallinalxuch, in ye huitze.

¶ viij. Tecpatl xihuitl 1084 años. ypan inyn oncan hualmiquanique tlatzallan ahnoço tepetzallan yn mexitin oncan Exiuhtihque,

¶ x. Tochtli xihuitl. 1086 años. ypan inyn oncan Exiuhtique mexica yn tlatzallan ahnoço tepetzallan. yc niman quiçaco yn oncan yn ocopipilla çan hualquiztiquizque

¶ xj. acatl xihuitl 1087. años. ypan inyn oncan hualmiquanique tlallixco. yn mexitin oncan chiuhc[13] **[91 recto]** nauhxiuhtihque.

¶ i. Tochtli xihuitl 1090 ypan inyn hualpeuh horden de cister. yn motenehua Teopixque Bernardos.

¶ 2. acatl xihuitl 1091.[14] años ypan in yancuican yc ceppa oncan quilpillico yn inxiuhtlapohual huehuetque mexica azteca Teochichimeca, oncan yn tlalixco, auh yn oc cequintin mexica yn iuh quihtohua oncā yn inxiuh yancuican quilpillico yn itocayocan acahualtzinco, ynahuac S. Juan del rrio. yn anoço

---

12. *auh ynin* to *quauhtla:* added later in smaller letters.

13. In anticipation of the following folio: *nauhxi.*

14. All previous discussion and calendar entries (1064–1090 inc.) are lacking in Chimalpahin, "Compendio."

From there they proceeded to a place named Tlatoltepec, whence they soon emerged and at once pressed on.

They came forth to a place named Tlacatl Xoctica Ihcac Pantica, whence also they soon emerged and at once pressed on.

They came on to a place named Tlacatl Ehuatica Tzihuactli Oncan Onoc, whence also they soon emerged and at once pressed along. It has already been said that they went about living in very many places in Chichimeca lands. In some places they abandoned young corn plants in flower, and in some places they suddenly abandoned corn starting to form ears, and yet in some [other] places they harvested and quickly ate the corn. And many were the things that they did on the way as they came. It has already been said that they lived in many places in distant, great Teoculhuacan and from there reached Tonallan, the place now called the city of Guadalajara. They all lived in this way.

And from there they came forth to Chiametla and Copallan. At once they came forth to a place named Xochimillan, and from there came on to a place named Teocaltech, whence they merely soon emerged and at once pressed on. And these aforenamed altepetl that they passed by everywhere in so many places were in grasslands, on mountain ranges, and in forest land.

They thus reached Michhuacan Chiuhcnahuapan. And the Michhuaque were a subdivision of the Mexica and the Malinalca. And they were all coming together. And when [the Mexica] parted from the Michhuaque, [the Michhuaque] were amusing themselves in the water, men and women, at a place named Pátzcuaro. The Mexica soon came forth from there; they at once came away from there; they pressed on. Malinalxoch was still with them as they pressed on.

The year Eight Flint, 1084. At this time the Mexitin moved to Tlatzallan or Tepetzallan. There they spent three years.

The year Ten Rabbit, 1086. By this time the Mexica had spent three years in Tlatzallan or Tepetzallan; they then proceeded to Ocopipilla but soon emerged [from there].

The year Eleven Reed, 1087. At this time the Mexitin moved to Tlallixco. There they spent nine years.

The year One Rabbit, 1090. At this time there began the Order of Cistercians known as the priests of [Saint] Bernard.

The year Two Reed, 1091. At this time initially, for the first time, the Mexica Azteca Teochichimeca ancestors bound their year count[3] at Tlallixco. But other Mexica say that they initially bound their years there at a place named Acahualtzinco, near San Juan del Río, or in some other place. However, it was in the aforesaid year that they bound them; it was in the time of Chal-

3. In a hilltop ceremony in which all fires were extinguished and relighted, performed every fifty-two years.

çaço campa yece ye[15] ypan inyn xihuitl omoteneuh yn quilpillique ypan yn chalchiuhtlatonac, yn quinhualyacanaya. yn ihquac yn ye yuh nepa ix/qui-chica y[16] cenpohuallonchicuey xihuitl ompa hualquizque yn inchan aztlan yn mexica.

¶ vi. acatl xihuitl 1095. años. ypan inyn oncan chiuhcnauhxiuhtihque mexica yn oncan tlallixco ahnoço acahualtzinco.

¶ vij. Tecpatl xihuitl 1096. años. ypan inyn oncan hualmiquanique mexica yn cohuatl ycamac oncan Exiuhtihque.

¶ ix. Tochtli xihuitl 1098. años. ypan inyn oncan Exiuhtihque mexica yn cohuatl ycamac.

¶ x. acatl xihuitl 1099. anos.[17] ypan inyn oncan hualmiquanique Mexica y̅ matlahuacallan. oncan Exiuhtihque

¶ xj. Tecpatl xihuitl 1100. años. ypan in ahcico ynic o̅tzonxihuitl ypan caxtolpohualxihuitl mochihuaco ynic motlacatillitzino tt.º Dios.

¶ xij. calli xihuitl 1101. años. ypan inyn oncan Exiuhtihque mexica yn matlahuacallan. yc niman oncan huallehuaque

quiçaco oncan yn itocayocan ocoçacapan yn on[91 verso] can in çan hualquiztiquizque, yc niman ye huitze

¶ xiij. Tochtli xihuitl 1102. años. ypan inyn oncan hualmiquanique mexica yn apanco oncan macuilxiuhtihque.

¶ iiij. Tochtli 1106. años. ypan inyn oncan macuilxiuhtihque mexica y̅ apanco,

¶ v. acatl xihuitl. 1107. años. ypan inyn oncan hualmiquanique mexica yn chimalco. oncan chicuacenxiuhtihque.

¶ viij. Tochtli xihuitl 1110. años. ypan inyn oncan quicochcahuico chimalco. yn itoca Mallinalxoch y̅nan̄ y Mallinalca. quinhualyacan ynic oncan motlallico mallinalco,

¶ x. Tecpatl xihuitl 1112 años. ypan inyn oncan chiquacenxiuhtihque mexica yn chimalco,

¶ xj. calli xihuitl 1113. años. ypan inyn oncan hualmiquanique mexica. yn oncan ytocayocan Pipiyolcomic, oncan Exiuhtihque.

¶ xiij. acatl xihuitl 1115. años. ypan inyn oncan Exiuhtihque mexica, yn Pipiyolcomic.

¶ i. Tecpatl xihuitl 1116. años. ypan inyn oncan hualmiquanique mexica yn oncan Cohuatepec, yn ihuicpa Tullan. oncan cenpohuallonchicueyxiuhtihq̅. oncan in momiquillico. yn chalchiuhtlatonac yn ipan in omoteneuh ce tecpatl xihuitl, ynic hualteyacan onpohuallonmatlactli ypan Exihuitl, yn ixquichica ompa hualquizque yn inchan Aztlan. // Auh çan niman ipan in omo[18][92 recto] Teneuh ce tecpatl xihuitl. yn conpehualti yn Teyacanalizyotl

---

15. *yn* to *ye*: lacking in ibid., 18.

16. *ix/quichica y: ixquichipa* in ibid.

17. *anos:* read *años.*

18. In anticipation of the following folio: *teneuh.*

chiuhtlatonac, who was leading them. This was twenty-eight years after the Mexica had emerged from their home in Aztlan.

The year Six Reed, 1095. By this time the Mexica had spent nine years in Tlallixco or Acahualtzinco.

The year Seven Flint, 1096. At this time the Mexica moved to Coatl Icamac. There they spent three years.

The year Nine Rabbit, 1098. By this time the Mexica had spent three years in Coatl Icamac.

The year Ten Reed, 1099. At this time the Mexica moved to Matlahuacallan, where they spent three years.

The year Eleven Flint, 1100. At this time they reached the eleven hundredth year since it befell that our Lord God was born.

The year Twelve House, 1101. By this time the Mexica had spent three years in Matlahuacallan. They then came away from there.

They proceeded to a place named Ocoçacapan, whence they soon emerged and at once pressed on.

The year Thirteen Rabbit, 1102. At this time the Mexica moved to Apanco, where they spent five years.

The year Four Rabbit, 1106. By this time the Mexica had spent five years in Apanco.

The year Five Reed, 1107. At this time the Mexica moved on to Chimalco, where they spent six years.

The year Eight Rabbit, 1110. At this time, in Chimalco, they [surreptitiously] abandoned the mother of the Malinalca, named Malinalxoch, as she slept. She was leading them when they settled in Malinalco.

The year Ten Flint, 1112. By this time the Mexica had spent six years in Chimalco.

The year Eleven House, 1113. At this time the Mexica moved on to a place named Pipiyolcomic, where they spent three years.

The year Thirteen Reed, 1115. By this time the Mexica had spent three years in Pipiyolcomic.

The year One Flint, 1116. At this time the Mexica moved on to Coatepec, toward Tollan. There they spent twenty-eight years. There Chalchiuhtlatonac died in the aforesaid year of One Flint, after he had led them hither for thirty-three years since they had emerged from their home in Aztlan. And right then, in the said year of One Flint, Quauhtlequetzqui began [his] leadership. It has already been said that he began it in Coatepec in the year One Flint.

yn quauhtliquetzqui, ye omihto yn ipā conpehualti ce tecpatl xihuitl, ye on-can inyn cohuatepec.

¶ 2. acatl xihuitl 1143. años. ypan inyn oncan cenpohuallonchichuey[xiuh]tihque mexica yn oncan cohuatepec. oncan ynpan Toxiuhmolpilli. cohuate-petl yn icpac huetz tlequahuitl, oncan inyc oppa ynxiuh quilpillico [ypan] [mochiuh] yn quauhtlequetzqui oncan ypan molpilli quilpillique yn ixiuh yn cohuatepec,[19]

¶ iij. Tecpatl xihuitl 1144. años. ypan inyn oncan in hualmiquanique Mexica. yn tullam. oncan cenpohualxiuhtihque.

¶ xij calli xihuitl 1153 aⁿ⁰s. ypan in quitlamico yn iteyacapializ quauhtle-quetzqui yn teyacā 38 aⁿ⁰s. auh çā niman oncan in hualmotlalli yn acacitli ynic teyacanaz.[20]

¶ vj. Tecpatl xihuitl 1160. años. ypan inyn ompa hualquizque Aztlan ynic ni-man oncan hualquizque quinehuayan chicomuztoc. yn huehuetque Totol-limpaneca. ytztlacoçauhque Teochichimeca in ye motenehua Amaquemeque chalca, auh ynic ompa cenca huecahuaq̄. ynic ompa catca ontzonxihuitl ypan caxtolpohualxihuitl ypan Epohualxihuitl, ynic niman huallolinque ynic ye hualnehnemi,

¶ ix. acatl xihuitl 1163. años. ypan inyn oncan cenpohualxiuhtihque Mexica ȳ tollam,

¶ x. Tecpatl xihuitl 1164. años. ypan yn onmiquaniq̄. mexica yn atlitlallac-yan. oncan matlacxiuhtihque oncetihque.

¶ xiij. acatl xihuitl 1167. años. ypan in quitlamico yn iteyacanaliz. yn acacitli ynic teyacan caxtolxihuitl. auh ye no cuellehuatl oncan hualmotlalli yn ci-tlallitzin ynic teyacanaz. oncan inyn atlitlallacyan. quitlallique.

¶ vij. Tochtli xihuitl 1174. años. ypan inyn oncan matlacxiuhtihque oncetih-que yn mexica yn atlitlallacyan yc niman ye huitze quiçaco Tequixquiac, niman qui[92 verso] çaco huehuetocan yn occan in amo huehuecahuaque[21] çan hualquiztiquizque ynic niman huallaque. //

auh çan no ypan inyn omoteneuh xihuitl. yhquac oncan ytztepec momi-quillico. yn tlacatl hecatzin Teuhctli tlaquitzcaliuhqui chichimeca Teuhctli yntlahtocauh catca yn Totollimpaneca ytztlacoçauhque Amaquemeque, ȳ tlahtocat. ohtlipa ynic huallatiaq̄. caxtolxihuitl ynic ompa hualquizque ynchan quinehuayan chicomoztoc. auh çā niman ypan inyn omoteneuh xihuitl, yn itztepec oncan hualmotlahtocatlalli yn ipiltzin ytoca huehue Teuhctli chichimeca teuhctli mochiuh yntlahtocauh yn omoteneuhque Totol-limpaneca ytztlacoçauhque Amaquemeque,

¶ viij. acatl xihuitl 1175. años. ypan inyn oncan hualmiquanique mexica yn tlemahco. oncan macuilxiuhtihque.

---

19. 2. *acatl* to *Toxiuhmolpilli:* lacking in Chimalpahin, "Compendio," as well as (after *cohua-tepetl*) *yn icpac huetz tlequahuitl* and (after *quilpillico*) *ypan* to *cohuatepec.*

20. This paragraph is added between lines.

21. *huehuecahuaque:* read *huecahuaque.*

The year Two Reed, 1143. By this time the Mexica had spent twenty-eight years in Coatepec. At this time our years were bound; on the summit of Coatepetl the fire stick was wielded. It was the second time that they had bound their years. It was done in the time of Quauhtlequetzqui; they were bound in his time. They bound their years at Coatepec.

The year Three Flint, 1144. At this time the Mexica moved on to Tollan, where they spent twenty years.

The year Twelve House, 1153. At this time Quauhtlequetzqui ended his guardianship as leader. He had led them for thirty-eight years. And right then Acacihtli was installed to lead them.

The year Six Flint, 1160. At this time the ancient Totolimpaneca Itztlacoçauhque Teochichimeca, now known as Amaquemeque Chalca, emerged from Aztlan and at once emerged from Quinehuayan Chicomoztoc. And they had stayed there for a very long time; they had been there for eleven hundred and sixty years. They then moved and traveled hither.

The year Nine Reed, 1163. By this time the Mexica had spent twenty years in Tollan.

The year Ten Flint, 1164. At this time the Mexica moved to Atlitlallacyan, where they spent eleven years.

The year Thirteen Reed, 1167. At this time Acacihtli ended his leadership. He had led them for fifteen years. And, also, Citlallitzin was installed to lead them. It was in Atlitlallacyan that they installed him.

The year Seven Rabbit, 1174. By this time the Mexica had spent eleven years in Atlitlallacyan. Then they pressed along; they proceeded to Tequixquiac; then they proceeded to Huehuetocan. In these two places they did not stay long but soon emerged; they then came on.

And it was also in this aforesaid year that at Itztepec the lord Ecatzin teuhctli Tlaquitzcaliuhqui Chichimeca teuhctli, who was ruler of the Totolimpaneca Itztlacoçauhque Amaquemeque, died. He had been ruler on the way, as they came hither, for fifteen years [after] they emerged from their home in Quinehuayan Chicomoztoc. And right then, in this same year, in Itztepec, his son, named Huehue teuhctli Chichimeca teuhctli, was installed as ruler. He became ruler of the said Totolimpaneca Itztlacoçauhque Amaquemeque.

The year Eight Reed, 1175. At this time the Mexica moved to Tlemaco, where they spent five years.

¶ xij. acatl xihuitl 1179 años. ypan inyn oncan macuilxiuhtique mexica ỹ tlemahco.

¶ xiij. tecpatl xihuitl 1180. años. ypan inyn oncan hualmiquanique Mexica yn atotonilco. oncan nauhxiuhtihque.

¶ 2. tochtli xihuitl 1182. años. ypan in quitlamico yn iteyacanaliz. yn citlallitzin. yn quinyacan mexica caxtollonce xihuitl. auh çan ye ypan inyn omoteneuh xihuitl. yn oncan atotonilco no cuelle yehuatl oncan hualmotlalli yn tzimpan ynic quinyacanaz Mexica,

¶ iij. acatl xihuitl 1183. años. ypan in oncan nauhxiuhtihque yn Mexica yn atotonilco. yc nimā ye huitze quiçaco Tepexic, çan hualquiztiquizque yn oncan in

¶ iiij. Tecpatl xihuitl 1184. años. ypan inyn oncan hualmiquanique mexica yn apazco. oncan²² **[93 recto]** matlactlomomexiuhtique. auh çan no ypan inyn omoteneuh xihuitl yn quitlamico yn iteyacanaliz yn tzinpan, yn quinyacan mexica onxihuitl // auh çan niman ipan inyn omoteneuh xihuitl ye no cuelle yehuatl yn oncan apazco oncan hualmotlalli yn tlaçotzin ynic quinyacanaz mexica.

¶ viij. Tecpatl xihuitl 1188. años. ypan in quitlamico yn iteyacanaliz. yn tlaçotzin, yn quinyacan mexica macuilxihuitl. auh çā niman ipan inyn omoteneuh xihuitl, ye no cuellehuatl yn oncan çā ye apazco. oncan hualmotlalli yn Tozcuecuextli, ynic quinyacanaz mexica.²³

¶ 2. acatl xihuitl 1195. años. ypan inyn oncan matlactlomomexiuhtihque Mexica, yn apazco. auh oncan inyc Expa²⁴ quilpillico yn inxiuh mexica yn apazco. ycpac huetz yn tlequahuitl yn itoca Tepetl huitzcol,

¶ iij. Tecpatl xihuitl 1196. años. ypan inỹ hualmiquanique mexica yn oncan tzompaco,²⁵ yn oncan chaneque oc cenca yehuatl yn oncan tlahtohuani. ytoca tlahuizcalpotonqui teuhctli, cenca quintlaçotlaque quinnamictihque yn comitl yn caxitl, oncan nauhxiuhtihque in Mexica yn tzompanco,

¶ vi. acatl xihuitl 1199. años. ypan in oncan nauhxiuhtihque yn tzompanco mexica, yhquac quinmacac ychpoch yn tlahtohuani tlahuizcalpotonqui Teuhctli, yn oncan tzompanco, yn ichpoch ytoca Tlaquilxuchtzin yn cihuapilli ceme mexica quimocihuahuatique, ynic ompa quichiuhque yn imichpoch ytoca chimallaxuchtzin yn cihuapilli, yc niman oncan huallehuaque quiçaco. yn oncan ytocayocan quachilco, yc niman ye huitze. **[93 verso]**

¶ vij. Tecpatl xihuitl 1200. años. ypan inyn oncan hualmiquanique Tiçayocan mexica. oncan cexiuhtihque. no ypan in ic acico Etzontli xihuitl yc motlacatillitzino in tt.º Jesu xpo. auh yn omoteneuh cihuapilli tlaquilxuchtzin. oncan in quitlacatillico quichihuaco. ce yconetzin oquichtli oquitocayotique

---

22. In anticipation of the following folio: *ma*.

23. All entries between 1143 and 1195 are lacking in Chimalpahin, "Compendio."

24. *2. acatl* to *auh*: lacking in Chimalpahin, "Compendio," 19, which has *in yexpa* in place of *ynic Expa*. Subsequent entries (1196 to 1363) are lacking.

25. *tzompaco*: read *tzompanco*.

The year Twelve Reed, 1179. At this time the Mexica had spent five years in Tlemaco.

The year Thirteen Flint, 1180. At this time the Mexica moved on to Atotonilco, where they spent four years.

The year Two Rabbit, 1182. At this time Citlallitzin ended his leadership. He had led the Mexica for sixteen years. And now also in this said year, in Atotonilco, Tzimpan was installed to lead the Mexica.

The year Three Reed, 1183. By this time the Mexica had spent four years in Atotonilco. Then they pressed on; they proceeded to Tepexic, but quite soon emerged from there.

The year Four Flint, 1184. At this time the Mexica moved on to Apazco, where they spent twelve years. And also in this said year Tzimpan ended his leadership. He had led the Mexica for two years. And right then, also in that aforesaid year, in Apazco, Tlaçotzin was installed to lead the Mexica.

The year Eight Flint, 1188. At this time Tlaçotzin ended his leadership. He had led the Mexica for five years. And right then, also in this aforesaid year, in Apazco, Tozcuecuextli was installed to lead the Mexica.

The year Two Reed, 1195. By this time the Mexica had spent twelve years in Apazco. And the Mexica bound their years for the third time in Apazco. The fire drill was wielded at the summit of a mountain named Huitzcol.

The year Three Flint, 1196. At this time the Mexica left for Tzompanco, where the inhabitants, especially the ruler there, named Tlahuizcalpotonqui teuhctli, much esteemed them. They intermarried. The Mexica spent four years in Tzompanco.

The year Six Reed, 1199. By this time the Mexica had spent four years in Tzompanco. The ruler Tlahuizcalpotonqui teuhctli had then given them his daughter there in Tzompanco, his daughter named Tlaquilxochtzin. They married one of the Mexica to the noblewoman; they then begot a daughter there, the noblewoman named Chimallaxochtzin. They then came away, they proceeded, they then came on to a place named Quachilco.

The year Seven Flint, 1200. At this time the Mexica moved to Tiçayocan. There they spent a year. Also at this time they reached the year twelve hundred after our Lord Jesus Christ was born. And the aforesaid noblewoman Tlaquilxochtzin there bore and begot a boy whom they named Huehue Huitzilihuitl. The Mexica spent all year there in Tiçayocan and then came away; they pushed on to Quauhtitlan but soon emerged [from there].

huehue huitzillihuitl, huel quitlamique ce xihuitl oncan catca mexica Tiça-
yocan yc niman oncan huallehuaque quiçaco quauhtitlan. çan hualquizti-
quizque.

v *y*nic 2 y ytoca tozpanxutzin cihuatzintli[26]

¶ viij. calli xihuitl 1201. años. ypan inyn oncan hualmiquanique mexica in
xaltocan oncan nauhxiuhtihque ahnoço çan exiuhtihque,

¶ x. acatl xihuitl 1203. años. ypan in oncan Exiuhtihque in mexica xaltocan,
yc niman oncan huallehuaque quiçaco. yn epcohuac, yn oncan in çan hual-
quiztiquizque,

¶ xi. Tecpatl xihuitl 1204. años. ypan inyn oncā hualmiquanique mexica yn
acolhuacan oncan nauhxiuhtihque.

¶ i. acatl xihuitl 1207. años. ypan in oncan nauhxiuhtihque in Mexica yn acol-
huacā,

¶ 2. Tecpatl xihuitl 1208. años. ypan inyn oncan hualmiquanique mexica yn
hecatepec, oncan nauhxiuhtihque,

¶ v. acatl xihuitl 12ii. años. ypan inyn oncan nauhxiuhtihque mexica yn
hecatepec.

¶ vj. Tecpatl xihuitl 1212 años. ypan inyn hualmiquanique mexica. yn oncan
tulpetlac, oncan chicuexiuhtihque[27] **[94 recto]**

¶ xiii. acatl xihuitl 1219. años. ypan inyn oncan chicuexiuhtihque, mexica yn
tulpetlac, yc nimā oncan huallehuaque. quiçaco Tecuicuilco, niman quiçaco
chimalpan,

¶ j. Tecpatl xihuitl 1220. años. ypan inyn oncan hualmiquanique mexica yn
cohuatitlan. ynic ōcan cempohualxiuhtihque, oc yehuatl quinhualyacana yn
Tozcuecuextli,

¶ viij. acatl xihuitl 1227. años. ypan in miquico ȳ Tozcuecuextli oncan cohua-
titlan, yn quinyacan mexica onpohualxihuitl yn ihquac ȳ ye iuh nepa cem-
pohuallonchiuhcnahui xihuitl quinhualmacac yn ichpoch tlahuizcalpotonqui
teuhctli tlahtohuani tzompanco, yn omoteneuh ychpoch ytoca tlaquil-
xochtzin ya yehuatl in ynantzin in mochiuh yn huehue huitzillihuitl, yn
ihquac ȳ cenpohuallonchicuey xihuitl quipia,[28] Auh yn oyuh onmic Tozcue-
cuextli, çan niman ipan in omoteneuh xihuitl, oncan yn cohuatitlan quitlah-
tocatlallique yn omoteneuh huehue huitzillihuitl, huel achto yntlahtocauh
mochiuh yn Mexica.

¶ vj. Tochtli xihuitl 1238. años. ypan in momiquillico yn tlacatl Totoltecatl
tzompachtli Tlayllotlac teuhctli ȳtlahtocauh yn tenanca oncan momiquillico
yn ayotzinco Atenco. yn tlahtocat. ohtlipan ynic huallatiaq̄. 30. años ynic
ompa hualquizque ynchan yn cuixcoc Temimilolco yhuipan Teotenanco,

26. This paragraph is written on the margin.

27. In anticipation of the following folio: ¶ *xiii. a.*

28. Chimalpahin here employs a significant calque, expressing the Spanish idiom *tener
años* (to have [a certain number of] years, i.e., to be [a certain age]), with a purely Nahuatl
vocabulary.

[Tlaquilxochtzin bore] a second [child], a girl named Tozpanxochtzin.

The year Eight House, 1201. At this time the Mexica left for Xaltocan, where they spent four years, or only three.

The year Ten Reed, 1203. By this time the Mexica had spent three years in Xaltocan. They then came away; they proceeded to Epcoac, whence they quite soon emerged.

The year Eleven Flint, 1204. At this time the Mexica moved on to Aculhuacan, where they spent four years.

The year One Reed, 1207. By this time the Mexica had spent four years in Aculhuacan.

The year Two Flint, 1208. At this time the Mexica moved on to Ecatepec, where they spent four years.

The year Five Reed, 1211. By this time the Mexica had spent four years in Ecatepec.

The year Six Flint, 1212. At this time the Mexica moved on to Tulpetlac, where they spent eight years.

The year Thirteen Reed, 1219. By this time the Mexica had spent eight years in Tulpetlac. They then came away; they proceeded to Tecuicuilco and then Chimalpan.

The year One Flint, 1220. At this time the Mexica moved on to Coatitlan, where they spent twenty years. Tozcuecuextli was still leading them hither.

The year Eight Reed, 1227. At this time Tozcuecuextli died in Coatitlan. He had led the Mexica for forty years. When [he died], it was twenty-nine years after Tlahuizcalpotonqui teuhctli, ruler of Tzompanco, had given them his daughter named Tlaquilxochtzin, who was the mother of Huehue Huitzilihuitl. He was then twenty-eight years old. And when Tozcuecuextli died, right then in the aforesaid year in Coatitlan, they installed the aforenamed Huehue Huitzilihuitl as ruler. He became the very first ruler of the Mexica.

The year Six Rabbit, 1238. At this time the lord Totoltecatl Tzompachtli tlailotlac teuhctli, ruler of the Tenanca, died. He died in Ayotzinco Atenco. He had ruled on the way, as they came hither, for thirty years since they had emerged from their home in Cuixcoc Temimilco Ihuipan Teotenanco. And right then in this said year, in Ayotzinco Atenco, they installed his legitimate son, named Quahuitzatzin tlailotlac teuhctli, as ruler. He became ruler of the said Tenanca Chapantica; they installed him as ruler. But in addition they made the lord Huehue Itzquauhtzin atlauhtecatl as subordinate ruler of Atlauhtlan Tenanco. Thus both of them guarded the Tenanca state.

Auh çā niman ipan inyn omoteneuh xihuitl yn ayotzinco atenco ça niman oncan hualmotlahtocatlalli yn itlaçopiltzin ytoca quahuitzatzin tlayllotlac Teuhctli, yntlahtocauh mo[94 verso]chiuh yn omoteneuhque Tenanca chapantica yn quitlahtocatlallique, auh oc yehuatl quiteuhctlahtalhui yn tlacatl huehue ytzquauhtzin atlauhtecatl Teuhctli, tlahtohuani Atlauhtlan Tenanco, yqu imomextin quipixque yn tenancayotl.

¶ vij. acatl xihuitl 1239. años ypan inyn oncan cenpohualxiuhtihque mexica yn cohuatitlan,

¶ viij. Tecpatl xihuitl 1240 años. ypan inyn oncan hualmiquanique mexica yn huixachtitlan oncan nauhxiuhtihque,

¶ ix. calli xihuitl 1241. años. ypan inyn oncan ahcico chalco atenco. yn huehuetque Teochichimeca Totollimpaneca ytztlacoçauhque Amaquemeque in yehuantin in ynic oncan ahcico motlalli^{co} chalco atenco. çā ya yehuatl yntlahtocauh hualmochiuhtia yn omoteneuh tlacpac yn huehue Teuhctli chichimeca Teuhctli, yhuan quinhualhuicac omentin ytlaçopilhuan ynic ce ytoca Tliltecatzin, ynic ome ytoca Atonaltzin, yhuan oc cequintin huehuetque chichimeca tlaçotlahtocapipiltin, auh ynic oncan in ahcico omoteneuh chalco atenco yn ipan in xihuitl ye yuh nepa nauhpohualli ypan ome xihuitl, ompa hualquizque yn inchan quinehuayan chicomoztoc aztlan, ynic tlayahualloque ynic oncan in motlallico, auh çā niman ipan inyn omoteneuh jx. calli xihuitl yn ipan ahçico ça oncan onmomiquillico, chalco atēco yn omoteneuh tlacatl tlahtohuani huehue Teuhctli chichimeca teuhctli, yn tlahtocat, Epohualxihuitl ypan chicuexihuitl, ynic quinhualpachotia yn amaquemeque ytztlacoçauhq̄. auh çā niman yhquac yn ipan in xihuitl omoteneuh yn onca²⁹ [95 recto] chalco atenco, oncan hualmotlahtocatlalli yn itlaçopiltzin yn itoca Atonaltzin chichimeca teuhctli mochiuh yntlahtocauh yn itztlacoçauhque Amaquemeque, auh yn tliltecatzin chichimeca yaotequihua mochiuh ytloc catca yn iteyccauh tlahtohuani Atonaltzin,

¶ xj. Acatl xihuitl 1243. años ypan inyn oncan nauhxiuhtihque mexica huixachtitlan,

¶ xij. Tcpatl xihuitl 1244 años. ypan inyn ōcan hualmiquanique mexica yn tecpayocan yntzallan motlallico ynin ome tepeme yn omoteneuh tecpayo. ynic ome tepetl ytoca nonohualcatepetl, huel yntzallan yntloc yn yn motlallico. oncan nauhxiuhtihque yehuatl hualteyacana Tozcuecuexcatl cuauhtlahtotihuitz ytahuā mochiuhtihuitze in huehue huitzilihuitl oc telpuchtli yhuā xiuhcac yhuā tenantzin³⁰

¶ xiij. calli xihuitl 1245. años ypan in momiquillico. yn itoca chalchiuhtlatonac tlahtohuani culhuacan yn tlahtocat. matlacxihuitl, auh çā niman ipan inyn omoteneuh xihuitl, yn hualmotlahtocatlalli yn itoca quauhtlix tlahtohuani mochiuh culhuacā,

---

29. In anticipation of the following folio: *chalco.*

30. *yehuatl* to *tenantzin:* added later between lines.

The year Seven Reed, 1239. By this time the Mexica had spent twenty years in Coatitlan.

The year Eight Flint, 1240. At this time the Mexica moved on to Huixachtitlan, where they spent four years.

The year Nine House, 1241. At this time the ancient Teochichimeca Totolimpaneca Itztlacoçauhque Amaquemeque reached Chalco Atenco. When they reached there, they settled in Chalco Atenco. But the above-named Huehue teuhctli Chichimeca teuhctli had already become their ruler, and he brought hither his two legitimate sons, the first named Tliltecatzin and the second named Atonaltzin, as well as still other ancient esteemed great Chichimeca lords. And when they had reached the said Chalco Atenco, it was eighty-two years after they had emerged from their home in Quinehuayan Chicomoztoc Aztlan, traveled about, and settled there. And right then, in this said year of Nine House, when they had arrived in Chalco Atenco, the said lord and ruler, Huehue teuhctli Chichimeca teuhctli, died. For sixty-eight years he had ruled and governed the Itztlacoçauhque Amaquemeque. And right then at that time, in that year, in Chalco Atenco, his legitimate son, Atonaltzin Chichimeca teuhctli by name, was installed as ruler. He became ruler of the Itztlacoçauhque Amaquemeque, and Tliltecatzin Chichimeca *yaotequihua*, the ruler Atonaltzin's younger[4] brother, was with him.

The year Eleven Reed, 1243. By this time the Mexica had spent four years in Huixachtitlan.

The year Twelve Flint, 1244. At this time the Mexica moved on to Tecpayocan. They settled between two mountains. [First] was the said Tecpayo; second was the mountain named Nonohualcatepetl. It was right between them, by them, that they settled. There they spent four years. Tozcuecuexcatl had led them hither; he had come as interim ruler [with] those who came as senior officials of Huehue Huitzilihuitl, who was still a youth, and Xiuhcac, and his mother.

The year Thirteen House, 1245. At this time the ruler of Culhuacan, named Chalchiuhtlatonac, died. He had ruled for ten years. And right then, in this said year, a ruler named Quauhtlix was installed. He became ruler of Culhuacan.

4. Actually, Atonaltzin was the younger of the two.

¶ 2. acatl xihuitl 1247. años. ypan inyn oncan nauhxiuhtihque mexica yn tec-
payocan, oncan yc nauhpa quilpillico yn inxiuh mexica ycpac huetz yn tle-
quahuitl yn tecpayo, cequintin huehuetque mexica quimachiyotia quil oqu
ipan in mochiuh yn Tozcuecuextli yn quinhualyacana mexica, yece yn
ihquac yn ye omic, yc nimā oncan huallehuaque yn tecpayocan mexica.
quiçaco. atepetlac, yhuan niman quiçaco cohuatl yayauhcan, yhuan quiçaco
Tepeyacac, yn axcan totlaçonantzin Sancta Maria guadalupe, yhuan quiçaco
Tepetzinco, ynin nauhcan çan hualquiztiquizque, //
yn ihquac y̆ ye yuh 2i. xivitl tlahtocati yn huehue huitzilihuitl.
oc yehuatl tlecuauhtlaz yn tozcuecuextli[31]

¶ iij. Tecpatl xihuitl 1248. años. ypan in[32] y [95 verso] pan inyn omiquanique
mexica in tepetzinco ynahuac tlatilulco yn pantitlan atl ixicco, oncan nauhxiuh-
tique.

¶ vj. acatl xihuitl 125i. años. ypan in oncan nauhxiuhtihque yn Mexica in te-
petzinco yn pantitlan, oncan ynpan momah[33] yn cocoliztli, // oc ceppa oncan
quiçaco yn tepetzinco, niman quiçaco Tepanohuayan,

¶ vij. Tecpatl xihuitl 1252. años. ypan inyn oncan hualmiquanique mexica yn
amallinalpan azcaputzalco. oncan chicuexiuhtihque. // auh çā no ypan inyn
omoteneuh xihuitl. momiquillico yn itoca quauhtlix tlahtohuani culhuacan
yn tlahtocat. chicuexihuitl, auh çā niman ipan inyn omoteneuh xihuitl. mo-
tlahtocatlalli in yohuallatonac Telpochtli, tlahtohuani mochiuh yn culhuacan.

¶ j. acatl xihuitl 1259. años. ypan inyn oncan chicuexiuhtihque mexica yn
amallinalpan azcapotzalco, // auh çan no ipan inyn omoteneuh xihuitl yn
momiquillico yohuallatonac tlahtohuani culhuacan, yn tlahtocat chicuexi-
huitl.

¶ 2. Tecpatl xihuitl 1260. años. ypan in ye no ceppa onmiquanique in mexica,
yn ompa omoteneuh tepetzinco pantitlan, ye no ceppa oncan nauhxiuh-
tihque. // auh çan no ypan inyn omoteneuh xihuitl yn motlahtocatlalli tzi-
uhtecatl, tlahtohuani mochiuh culhuacan,

¶ v. acatl xihuitl 1263. años. ypan inyn oncan nauhxiuhtihque mexica yn
pantitlan, tepetzinco.

¶ vi. tecpatl xihuitl 1264. años. ypan inyn oncā hualmiquanique mexica yn
aculnahuac, oncan nauhxiuhtihque. [96 recto]

¶ ix. acatl xihuitl 1267. años. ypan inyn oncan nauhxiuhtihque mexica yn a-
culnahuac / auh çā no ypan inyn omoteneuh xihuitl yn oncan onehuac A-
yotzinco Atenco. yn tlacatl quahuitzatzin tlayllotlac Teuhctli, tlahtohuani
tlayllotlacan Tenanco, ynehuan yn tlacatl huehue ytzquauhtzin Atlauhtecatl
Teuhctli, tlahtohuani Atlauhtlan Tenanco, yn oncan tlahtocatque cennpo-

31. This and the preceding paragraph are marginal additions to the entry for Two Reed
(1247), without any indication of where they belong. Both paragraphs refer to the binding
of the years.

32. *ypan in:* repeated in the MS.

33. *momah:* read *moman.*

The year Two Reed, 1247. By this time the Mexica had spent four years in Tecpayocan. There for the fourth time the Mexica bound their years. The fire drill was wielded on the summit of Tecpayo. Some ancient Mexica picture it [as if] it had taken place in the time that Tozcuecuextli still led the Mexica hither. However, when he died the Mexica then came away to Tecpayocan. They proceeded to Atepetlac, and then to Coatl Yayauhcan, and to Tepeyacac, now our beloved Mother Santa María [de] Guadalupe, and to Tepetzinco. They quite soon emerged from these four places.

This [occurred] when Huehue Huitzilihuitl had ruled for twenty-one years. Yet Tozcuecuextli drew fire with the fire drill.

The year Three Flint, 1248. At this time the Mexica moved to Tepetzinco, near Tlatelolco, and the whirlpool at Pantitlan. There they spent four years.

The year Six Reed, 1251. By this time the Mexica had spent four years at Tepetzinco and Pantitlan. There sickness prevailed over them. Once again they came forth from Tepetzinco; they then proceeded to Tepanohuayan.

The year Seven Flint, 1252. At this time the Mexica left for Amallinalpan Azcapotzalco, where they spent eight years. And also in this aforesaid year the ruler of Culhuacan, named Quauhtlix, died. He had ruled for eight years. And right then, in this said year, Yohuallatonac Telpochtli was installed as ruler; he became ruler of Culhuacan.

The year One Reed, 1259. By this time the Mexica had spent eight years in Amallinalpan Azcapotzalco. And also in this said year Yohuallatonac, ruler of Culhuacan, died. He had ruled for eight years.

The year Two Flint, 1260. At this time the Mexica again moved to the aforenamed Tepetzinco and Pantitlan; once again they spent four years there. And also in this said year Tziuhtecatl was installed as ruler; he became ruler of Culhuacan.

The year Five Reed, 1263. By this time the Mexica had spent four years in Pantitlan and Tepetzinco.

The year Six Flint, 1264. At this time the Mexica moved on to Aculnahuac, where they spent four years.

The year Nine Reed, 1267. By this time the Mexica had spent four years in Aculnahuac. And also in this said year the lord Quahuitzatzin tlailotlac teuhctli, ruler of Tlailotlacan Tenanco, left Ayotzinco Atenco with the lord Huehue Itzquauhtzin atlauhtecatl teuhctli, ruler of Atlauhtlan Tenanco. They had ruled in Atenco Ayotzinco for thirty years when they left. Then they arrived in Texocpalco Tepopolla, where they settled, where they had merited the land, and later they gave it rulers when it became Tenanco.

huallonmatlactli xihuitl yn atenco ayotzinco, ynic niman oncan onehuaque, niman onacique Texocpalco. Tepupolla, oncan onmotlallito ynic quimaceuh-que tlalli, auh quin yehuantin in tlatocamacatacique ynic tenanco mochiuh,[34] ¶ x. Tecpatl xihuitl 1268. años. ypan inyn oncan hualmiquanique mexica yn popotlan oncā nauhxiuhtihque,

¶ xj. calli xihuitl 1269. años. nican ypan inyn oncan onxiuhtihque Texocpalco Tepopolla Tenanco. yn tlahtohuani quahuitzitzin,[35] tlayllotlac teuhctli, yn inehuā huehue ytzquauhtzin Atlauhtecatl Teuhctli, ynic niman oncan one-huaque, ynic niman ahcito yn ompa ycpac Tepetl chalchiuhmomoztli Ama-queme ynic ompa ycpac monamiquito, yn oc no omentin Teochichimeca, ynic ce yehuatl yn tlacpac omotocateneuh yn itoca Atonaltzin chichimeca teuhctli, yntlahtocauh yn itztlacoçauhque totollimpaneca Amaquemeque, ynic omentin yehuatl yn itiachcauhtzin yn itoca Tliltecatzin chichimeca yaotequihua, auh yn omoteneuh tlahtohuani Atonaltzin chichimeca Teuhctli, ynehuan momiminque yn tlahtohuani quahuitzatzin tlayllotlac teuhctli, ynic mottāq. momayztlacoque yn aco[36] nelli chichimeca aço neneuhqui yn in **[96 verso]** chichimecayo, auh ynic niman çatepan in ye omottaque in ye omonenehuillique in ye omomayztlacoque in çan neneuhqui yn inchichime-cayo yc niman quimotlapanique cecentlacolli quimaxcatihque yn omo-teneuh tepetl chalchiuhmomoztli Amaqueme, ynic niman quitlallique yn altepetl Totollimpa Amaquemecan, yn ipan in omoteneuh xihuitl yhuan qui-quetzque quitlallique yn ixquich ynquaxoch yn omoteneuhque omentin tlahtoque yn omomiminque yc ye cate ye tlahtocati cecenyaca yn imaaxca-pan ytztlacoçauhcan yhuan tzacualtitlan tenanco, //

Ꜳuh çā no ypan inyn omoteneuh ȳ xj. calli xihuitl. yn momiquillico Tzi-uhtetl[37] tlahtohuani culhuacan, yn tlahtocat. matlacxihuitl, auh çā niman ipan inyn omoteneuh xihuitl, hualmotlahtocatlalli yn xihuitl temoc tlahto-huani mochiuh culhuacan.

¶ xiij. acatl xihuitl 1271. años. ypan inyn oncan nauhxiuhtihque mexica yn popotlan,

¶ j. Tecpatl xihuitl 1272. años. yn onmiquanihque mexica Techcatitlan, oncan nauhxiuhtihq̄. auh huel mellahuac ypan inyn omoteneuh xihuitl yn motlah-tocatlalli huehue huitzillihuitl y huel achtopa yntlahtocauh mochiuh mexica

¶ 2. calli xihuitl 1273. años. ypan inyn icuitlahuic mocuep. yn ompa yah, Ayo-tzinco atenco yn huehue ytzquauhtzin atlauhtecatl teuhctli, yn inehuā huallaca tlahtohuani quahuitzatzin, nican Amaquemecan, auh yn oyuh ahcito ompa atenco yn tlahtohuani huehue ytzquauhtzin çā onmicta[38] **[97 recto]**cic. auh

---

34. *auh quin* to *mochiuh:* tentative translation.

35. *quahuitzitzin:* read *Quahuitzatzin.*

36. *aco:* read *aço.*

37. *Tziuhtetl:* read *Tziuhtecatl.*

38. In anticipation of the following folio: *cic.*

The year Ten Flint, 1268. At this time the Mexica moved on to Popotlan, where they spent four years.

The year Eleven House, 1269. Here, by this time, both the ruler Quahuitzatzin tlailotlac teuhctli and Huehue Itzquauhtzin atlauhtecatl teuhctli had spent two years in Texocpalco Tepopolla Tenanco. They then left from there and reached the summit of Mt. Chalchiuhmomoztli Amaqueme and then at the summit contended against two other Teochichimeca. The first one, named above, was Atonaltzin Chichimeca teuhctli, ruler of the Itztlacoçauhque Totolimpaneca Amaquemeque; the second was his elder brother, named Tliltecatzin Chichimeca yaotequihua. And the said ruler Atonaltzin Chichimeca teuhctli and the ruler Quahuitzatzin tlailotlac teuhctli shot arrows at each other when they saw and fought each other. Either true Chichimeca or those who resembled their Chichimeca qualities fought one another. But then, when later it was seen that they resembled one another, that they who were quite similar in their Chichimeca qualities had been fighting one another, they forthwith divided [the land] among themselves. They each took half of the said Mt. Chalchiuhmomoztli Amaqueme. Then [Atonaltzin and Tliltecatzin] established the altepetl of Totolimpan Amaquemecan in the aforesaid year, and they set up and established all their boundaries. Each of the two aforesaid rulers [Atonaltzin and Quahuitzatzin] who had shot arrows at each other now ruled his own property, in Itztlacoçauhcan and in Tzaqualtitlan Tenanco.

And also in this aforesaid year of Eleven House, Tziuhtecatl, ruler of Culhuacan, died. He had ruled for ten years. And right then, in this aforesaid year, Xihuitl Temoc was installed as ruler. He became ruler of Culhuacan.

The year Thirteen Reed, 1271. By this time the Mexica had spent four years in Popotlan.

The year One Flint, 1272. The Mexica moved to Techcatitlan, where they spent four years. And truly indeed, in this said year Huehue Huitzilihuitl was installed as ruler. He became the very first ruler of the Mexica.

The year Two House, 1273. At this time Huehue Itzquauhtzin atlauhtecatl teuhctli turned back and went to Ayotzinco Atenco together with the ruler Quahuitzatzin, who had come here to Amaquemecan. And when the ruler Huehue Itzquauhtzin reached Atenco, he came only to die. And this was when he had ruled Tzaqualtitlan Tenanco for only five years. And right then in this said year Huehue Itzquauhtzin's legitimate son, named Illancueitl atlauhtecatl teuhctli, was installed as ruler. It developed, however, that he could not go to Tzaqualtitlan Tenanco Amaquemecan but ruled only in the said Ayotzinco Atenco.

ynic tlahtocatito tzacualtitlan Tenanco çan macuilxihuitl, auh çā niman ipan inyn omoteneuh xihuitl oncan hualmotlahtocatlalli yn huehue ytzcuauhtzin yn itlaçopiltzin ytoca yllancueytl atlauhtecatl Teuhctli mochiuh yece ynin amo huel yah yn ompa tzacualtitlan Tenanco Amaquemecan, çan oncan tlahtocat, yn omoteneuh Ayotzinco atenco,

¶ iiij. acatl. xihuitl 1275. años. ypan inyn oncan nauhxiuhtihque mexica yn Techcatitlan,

¶ v. Tecpatl xihuitl 1276. años. ypan inyn onmiquanique mexica yn atla-cuihuayan, yehuatl quinyacana Tlahtohuani huehue huitzillihuitl, oncan nauhxiuhtihque,

¶ viij. acatl xihuitl 1279. años. ypan inyn oncan nauhxiuhtihque mexica yn atlacuihuayan.oncan quinextiliq̄. yn atlatl.

¶ ix. Tecpatl xihuitl 1280. años. ypan inyn oncā hualmiquanique. mexica yn chapultepec, quinyacana tlahtohuani huehue huitzilihuitl, oncan cenpo-hualxiuhtihque, yn chapultepec,

¶ x. calli xihuitl 1281. años. ypan in momiquillico. yn xihuitl Temoctzin tlah-tohuani culhuacā yn tlahtocat. matlactlomey xihuitl, auh çan niman ipan inyn omoteneuh xihuitl, oncan hualmotlahtocatlalli yn coxcoxtli tlahtohuani mochiuh yn culhuacan,

¶ j. calli xihuitl 1285. años. ypan inyn oncan chapultepec, quinhualpehuaya mexica huey Tenāco ynchan oncan quimictihque. oncan quimictihque[39] yn quauhtliquetzqui, niman ic yahque acuezcomac, quizque hueheutlan, ni-man atlixyocan, niman Teoculhuacan, niman Tepetocan **[97 verso]** niman huitzillac, niman culhuacan huixachtla, niman cahualtepec, niman tetla-cuexcomac yc niman tlapitzahuayan cequintin motlallito = yn mexica,

¶ 2. Tochtli xihuitl 1286. años. ypan in motecato yn omoteneuhq̄ mexica yn tlapitzahuayan chalca tlalli ypan,

¶ vj. Tochtli xihuitl 1290. años. ypan inyn quicahuillico ytlahtocayo yllan-cueytl atlauhtecatl Teuhctli, yehuatl quimixiptlati yn itlaçopiltzin ynic ome ytoca ytzquauhtzin Telpuchtli atlauhtecatl Teuhctli mochiuh auh çan ye ypan inyn omoteneuh xihuitl, ynic yah, ynic motlallito yn tolteca tzacualti-tlan Tenanco, atlauhtitlan ynic ompa tlahtocatito, auh yn illancueytl, ompa yah ȳ cohuatl ychan yn aculhuacan, auh ynin yn iTech catca tlahtocayotl yn oncan ayotzinco atenco caxtollomey xihuitl,

¶ xj. acatl xihuitl 1295. años. ypan in ye ypan yehuatl quecholli çacatla quih-quiçaya mexica çan quinmotetzahuiaya, yn intzoncuetlax quitlalliaya, ynin yn chalca, oncan quinchololtihque yn tlapitzahuayan quintetepa-choque, ye no ceppa ompa yahque yn chapultepec, // auh çan no ypan inyn omoteneuh xihuitl yn acico Tequanipan tlaca, yehuatl quinhualyacan yn tzi-uhtlacauhqui yaopoltzōpahuaca teuhctli, tlahtohauni hualmochiuhtia ynic motlallico Amaquemecan,

---

39. *oncan quimictihque:* repeated in the MS.

The year Four Reed, 1275. By this time the Mexica had spent four years in Techcatitlan.

The year Five Flint, 1276. At this time the Mexica moved to Atlacuihuayan. The ruler Huehue Huitzilihuitl led them. There they spent four years.

The year Eight Reed, 1279. By this time the Mexica had spent four years in Atlacuihuayan. There they discovered the atlatl (or spear-thrower).

The year Nine Flint, 1280. At this time the Mexica left for Chapultepec. The ruler Huehue Huitzilihuitl led them. They spent twenty years in Chapultepec.

The year Ten House, 1281. At this time Xihuitl Temoctzin, ruler of Culhuacan, died. He had ruled for thirteen years. And right then, in this aforesaid year, Coxcoxtli was installed as ruler. He became ruler of Culhuacan.

The year One House, 1285. At this time, there in Chapultepec, natives of Huey Tenanco defeated the Mexica. They killed Quauhtlequetzqui there. At once [the Mexica] went to Acuezcomac, proceeded to Huehuetlan, then A-tlixyocan, then Teoculhuacan, then Tepetocan, then Huitzilac, then Culhuacan Huixachtla, then Cahualtepec, then Tetlacuexcomac, and then Tlapitzahuayan, [where] some of the Mexica settled.

The year Two Rabbit, 1286. At this time the said Mexica spread out in Tlapitzahuayan, in Chalca land.

The year Six Rabbit, 1290. At this time Illancueitl atlauhtecatl teuhctli relinquished his rulership. He relinquished his charge to his son, the second of the name Itzquauhtzin Telpochtli atlauhtecatl teuhctli. He became [ruler]. And now in this said year he then settled in Tolteca Tzaqualtitlan Tenanco, in Atlauhtitlan, in order to rule there, and Illancueitl went to Coatl Ichan, in Aculhuacan. And the rulership in Ayotzinco Atenco had been his for eighteen years.

The year Eleven Reed, 1295. At this time, when in [the month of] Quecholli, the Mexica kept on coming forth on the grasslands,[5] the Chalca regarded as of quite evil omen the leather head [bands?] that they put on. They chased them to Tlapitzahuayan; they repeatedly stoned them. Once again they went to Chapultepec. And also in this said year the people of Tequani-

5. *çacatla quihquiçaya:* see Bernardino de Sahagún, *Florentine Codex: General History of the Things of New Spain,* trans. and ed. Arthur J. O. Anderson and Charles E. Dibble, 12 vols. (Santa Fe and Salt Lake City: School of American Research and University of Utah, 1950–82), 2 (rev. ed.):136–37, for a description of this ceremony.

¶ 2. acatl xihuitl 1299 años. ypan inyn on[40][**98 recto**]can cempohualxiuhtih-
que mexica yn chapoltepec, ynic oncan catca. auh ça ye no ypan inyn
quinyaoyahualloque ynic quinhualpolloque matlactli altepetl yntlachichi-
hual[41] mochiuh, yn xuchmilcatl, yn Tepaneca, yn xaltocameca, yn cul-
huaque, ynic nauhcampa huicoque oncan quinnamoxque yn acocolco azta-
calco Tulla yn axcan[42] S. xpoual xancopincan, ynic no yehuatl yn tlacatl
huehue huitzilihuitl tlahtohuani achto catca oncan cacique yn culhuaque
quihuicaque culhuacan ompa quimictihque yn culhuaque yn tlahtocat yn-
tlan Mexica, cenpohuallon~~matlactli~~chicuey xihuitl, auh yn oc cequintin me-
xica yn iuh conitohua yn tlahtocat. yepohuallonmatlactli ypan Exihuitl, auh
ynic mocenpohua ynic nen tlalticpac macuilpohualxihuitl, ypan tlahtohuani
coxcoxtli mochiuh yn ihquac ȳ mochiuh ye yuh nepa caxtollomey anoço
ōnahui xihuitl tlahtocati yn omoteneuh coxcoxtli yn oncan culhuacan, // auh
ça no ypan inyn omoteneuh xihuitl, yn oncan omoteneuh acocolco aztacalco
tulla anepantla oncan onehuaque yn mexica, ynic niman ompa culhuacan
onmiquanique ynic tiçaapan motecato oncan cenpohuallonmacuilli xiuhtih-
que,[43] auh yn ipan in omoteneuh ome acatl xihuitl, yn oyuh oncan Tiçaa-
pan culhuacan onmiquanique mexica oncan yc macuiltetl ynxiuh quilpillico,
ypan yn omoteneuh tlahtohuani culhuacā coxcoxtli, auh ça niman ipan inyn
omotene[**98 verso**]uh ome acatl xihuitl, ye oncan yn culhuacan Tiçaapan, yn
quitlallique mexica yn itoca Tenuchtzin, ynic oquauhtlahto. ynquauhtlahto-
cauh mochiuh ynic quinyacanaz mexica yuhqui capitan general ye no ceppa
yehuatl mochiuh yn onpoliuh tlahtocayotl ytech huehue huitzilihuitl,
¶ v. Tochtli xihuitl 1302 años. ypan in quintemo yn coxcoxtli tlahtohuani cul-
huacan, yn Mexica yn itlalpan onoque, quihto tla xiquinhuallanati yn Me-
xica quil cenca oquichtin yc niman quinnotzato, yn onyahque yxpā tlah-
tohuani coxcoxtli, niman quimilhui mexicaye, tla xitlatotocacan cenca ye
nechmauhtia yn xochmilca, yc niman quinanquillique quilhuique ca ye
qualli tlacatle tlahtohuanie, yc niman ye quitlani amatl, ytztli, niman ye quih-
tohua in Mexica, çan tiquinnacaztlaztihui yn tomalhuan ompa yn inyec-
campa auh yn quimacito nauhtecpantli, yn xochmilca, yxpan quinpouhque
yn coxcoxtli tlahtohuani culhuacan, yc cenca oquintlaçotlac yn Mexica, ynic
cequi momonti
¶ vij. Tecpatl xihuitl 1304. años, ypan inyn acito y nonohualca, yn poyauh-
teca in motenehua Panohuayan tlaca, yn quīhualyacan yn quinhualhuicac y
hualteomama ytoca tlotli Teuhctli, auh yhuan yehuatl y nuchhuetzin tla-

---

40. In anticipation of the following folio: *can*.
41. *yntlachichihual:* read *intlachihual*.
42. *ynahuac* has been corrected to read *yn axcan*.
43. *xiuhtihque:* read *macuilxiuhtihque*.

pan arrived. Tziuhtlacauhqui Yaopol *tzompahuaca* teuhctli led them. He became ruler when they settled in Amaquemecan.

The year Two Reed, 1299.[6] By this time the Mexica had spent twenty years in Chapultepec. While they were still there, and also in this [year, enemies] besieged them. To destroy them became the task of ten altepetl. Xochimilca, Tepaneca, Xaltocameca, and Culhuaque were brought from the four directions. They plundered [the Mexica] at Acocolco Aztacalco Tollan, now San Cristóbal Xancopincan, when also the Culhuaque captured the lord Huehue Huitzilihuitl, the first [Mexica] ruler. They took him to Culhuacan; there the Culhuaque killed him. He had ruled among the Mexica for twenty-eight years. But other Mexica say that he had ruled for seventy-three years. And when all is added up, he had lived on earth for one hundred years. This happened in the time of the ruler Coxcoxtli; when it happened, the said Coxcoxtli had been ruling in Culhuacan for eighteen or nineteen years. And also in this aforesaid year, the Mexica moved on to Acocolco Aztacalco Tollan Anepantla and at once moved on to Culhuacan in order to spread out in Tiçaapan. There they spent twenty-five years. And in the said year Two Reed, when the Mexica had moved to Tiçaapan Culhuacan, for the fifth [time] they bound their years, in the time of the aforementioned ruler of Culhuacan, Coxcoxtli. And also in this said year Two Reed, in Culhuacan Tiçaapan, the Mexica installed as interim ruler one named Tenochtzin. He was made their interim ruler in order to lead the Mexica as a captain general. Once again it came to pass that the rulership had disappeared with Huehue Huitzilihuitl.

The year Five Rabbit, 1302. At this time Coxcoxtli, the ruler of Culhuacan, sought out the Mexica who were living on his land. He said: Bring out the Mexica. It is said that they are very manly. At once they summoned them. When they went before the ruler Coxcoxtli, he then said to them: Mexica, pursue the Xochimilca, [who] frighten me greatly. Then they answered him; they said to him: It is well, lord, ruler. At once they asked for paper and obsidian. Then the Mexica said: We shall just remove our captives' ears, those on their right side. And when they had captured eighty Xochimilca, they accounted for them before Coxcoxtli, ruler of Culhuacan. So greatly did he esteem the Mexica that some became sons-in-law.

The year Seven Flint, 1304. At this time the Nonohualca and the Poyauhteca, those called people of Panohuayan, arrived. The one who led them, who brought them hither, who carried the god upon his back, was named Tlotli teuhctli, and with him was Nochhuetzin *tlamaocatl* teuhctli, who became ruler when they reached and settled in Amaquemecan Chalco. And

---

6. Data in this entry (Two Reed, 1299) may partially explain chronological discrepancies that can be noted comparing data in entries for Twelve Flint (1244), Two Reed (1247), and One Flint (1272).

maocatl teuhctli tlahtohuani hualmochiuhtia yni[44][**99 recto**]c ompa ah^cique

maocatl teuhctli tlahtohuani hualmochiuhtia yni[44][**99 recto**]c ompa ah^cique
motlallito, Amaquemecan chalco, Auh ça no yhquac yn ipan in omoteneuh
xihuitl yn momiquillico yn tlacatl tlahtocapilli tliltecatzin chichimeca yaote-
quihua, yn itiachcauhtzin tlacatl Atonaltzin chichimeca teuhctli tlahtohuani
Amaquemecan ytztlacoçauhcan yn achto quitzintico quitlallico omoteneuh
altepetl,

¶ ix. Tochtli xihuitl 1306. años. ypan in momiquillico yn tlacatl Atonaltzin
chichimeca teuhctli tlahtohuani ytztlacoçauhcan Totollimpā amaquemecan
chalco, ynic ompa tlahtocatito, ynic ompa achto ahcique ynic quitzintito
quitlallito altepetl Amaꝗmecan ye yuh cenpohualloncaxtolli ypan Eyxihuitl,
ynic onmomiquilli auh ynic mocenpohua ynic ompa motlahtocatlalli chalco
atenco, yn tlahtocat yepohualli ypan chiquacen xihuitl, auh ça onxihuitl yn
quittaque yn Panohuayan tlaca,

¶ x. acatl xihuitl 1307. años. ypan in momiquillico, yn tlacatl coxcoxtli tlah-
tohuani culhuacan, yn tlahtocat. cenpohuallonchicome xihuitl, oncan coton
yn tlahtocayotl. ça oquauhtlahtolloc yn culhuacan, yn ihquac ȳ ye yuh chi-
uhcnauhxihuitl culhuacan tiçaapan onoque, yn mexica, Auh ça no ypan inyn
omoteneuh xihuitl, oncan hualmotlahtocatlalli yn acxitzin chichimeca
Teuhctli mochiuh tlahtohuani ytztlacoçauhcan Amaꝗmecan chalco, ynin y-
tlaçopiltzin yn o[**99 verso**]moteneuh tlacpac tlahtohuani Atonaltzin chichi-
meca Teuhctli, auh ynin moteneuh tlahtohuani acxitzin çan huel cexihuitl yn
ontlahtocat. ytztlacoçauhcan Amaꝗmecan, moteuhcçauhtia ompa momi-
quillito quauhquechollan. ye ytlamian yn omoteneuh. matlactli acatl xihuitl
ynic momiquillito, auh ça niman ipan inyn itlamian omoteneuh xihuitl,
oncan hualmotlahtocatlalli yn huehue Teuhctli chichimeca Teuhctli mochiuh
tlahtohuani ytztlacoçauhcan Amaꝗmecan ynin ça no ypiltzin yn omoteneuh
tlahtohuani atonaltzin chichimeca teuhctli,

¶ xiij. acatl xihuitl 1323. años. ypan inyn oncā cenpohuallonmacuilli xiuhtih-
que mexica yn oncan Tiçaapan culhuacā, yehuatl quinyacana Tenuchtzin,
oc cequintin mexica quihtohua ypan yn xihuitl temoc tlahtohuani culhuacan
yn tlahtocati caxtollomome xihuitl, yn ihquac ȳ, yuh mihtohua yhquac ȳ yn
atlaca nenca mexica Temimictiaya, yhquac quipantlazque yn intlalmomoz
mexica, niman ye onmocnoytohua yn ipal xihuitl temoc tlahtohuani, coni-
tlanillique tla yollotl, yn quiyollotizque yn inmomoz. ynic tlaquallanique
Tecuicuitihuetzia yn mexica, niman ye yc quinyaochihua, ynic oncan tiçaa-
pan quinhualtocaque oncan quintepehuaco yn acatzintitlan, ypampa oncan
quihualtzinminque yn itoca Acatzin Mexicatl, auh yn iuh momatque ye-
huantin culhuaque ahço oncan oyxpoliuhq, yn atlan, auh ca ye oncan[45]
[**100 recto**] hualchimalpanoque, panohuani quimontequillico ce cihuatl
moxauhtihcac, amo momati yn campa hualla ynic ompanoque, oncan quin-
Tepeuhtiquizque pipiltotonti coçoltica onoque cequi mohuillana, quin

---

44. In anticipation of the following folio: c ōpa.
45. In anticipation of the following folio: *hualchimal*.

also in this time, in the aforesaid year, the kingly nobleman Tliltecatzin Chichimeca yaotequihua died. He was the elder brother of the lord Atonaltzin Chichimeca teuhctli, ruler of Itztlacoçauhcan Amaquemecan, who first founded and established the aforesaid altepetl.

The year Nine Rabbit, 1306. At this time the lord Atonaltzin Chichimeca teuhctli, ruler of Itztlacoçauhcan Totolimpan Amaquemecan Chalco, died. It was thirty-eight years after he had gone there to rule, and they had first arrived and had founded and established the altepetl of Amaquemecan, that he died, and when all is added up, since he had been installed as ruler of Chalco Atenco, he had ruled for sixty-six years. But the people of Panohuayan had seen him for only two years.

The year Ten Reed, 1307. At this time the lord Coxcoxtli, ruler of Culhuacan, died. He had ruled for twenty-seven years. There the rulership was left off; Culhuacan was only ruled by an interim ruler. This was after the Mexica had lived in Culhuacan Tiçaapan for nine years. And also in this aforesaid year Acxitzin[7] Chichimeca teuhctli was installed as ruler. He became ruler of Itztlacoçauhcan Amaquemecan Chalco. He was a legitimate son of the ruler mentioned above, Atonaltzin Chichimeca teuhctli. And this said ruler Acxitzin ruled Itztlacoçauhcan Amaquemecan for no more than one year. He went for a lordly fast and died in Quauhquechollan. It was at the end of the aforesaid year Ten Reed that he died. And right then, at the end of the aforesaid year, Huehue teuhctli Chichimeca teuhctli was installed as ruler. He became ruler of Itztlacoçauhcan Amaquemecan. He was also a son of the aforenamed ruler Atonaltzin Chichimeca teuhctli.

The year Thirteen Reed, 1323. By this time the Mexica had spent twenty-five years in Tiçaapan Culhuacan. Tenochtzin led them. Other Mexica say that it was in the time of Xihuitl Temoc, ruler of Culhuacan, who ruled for seventeen years, that this took place. It is said that when the Mexica lived as water people they killed men [as sacrificial victims]. When the Mexica raised their earthen mound they then begged the indulgence of the ruler Xihuitl Temoc. They asked him for hearts; they would provide their mound with hearts. Thus they angered [the Culhuaque], who turned upon the Mexica and then made war upon them. They then chased them from Tiçaapan and defeated them at Acatzintlan. Because there they shot one named Acatzin Mexicatl in the buttocks, the Culhuaque thought that perhaps they were destroyed in the water, [and so the Mexica could] cross over the water on their shields. A woman painted in the traditional manner set out a means of cross-

7. Though the name is spelled "Acxitzin" both here and in the *Relaciones,* perhaps it should be read "Nacxitzin." See note 2 above and p. 181 on Topiltzin Nacxitl Quetzalcoatl Tlilpotonqui.

imoztlayoc yn quimanato, amo micque / niman yc oncan ontlatocayotihque, acatzintitlan. ypampa yn iuh omoteneuh oncan quitzinminque yn acatzin, auh niman ynic oncan ahcico mexicatzinco //. oncan quitzonicpilloque yn omoteneuh yn itoca Acatzin, oncan quitillique yn itzinco quiminque. ye-huatl ypampa yca ynic ontlatocayotique Mexicatzinco, oc oncan quihua-huatzque yn intlahuiz yn inchimal yn intlacoch, ynic cequintin hualpanoque mexica amo cenca huecahuaque yn oncan, yc niman oncan huallehuaque niman ye huitze quiçaco Teoconhuapan, yc niman ye huitze

¶ i. Tecpatl xihuitl 1324. años. ypan inyn oncan hualmiquanique Mexica nex-ticpac, oncan cexiuhtihque, quinyacana yn Tenuchtzin, Auh çā no ypan inyn omoteneuh xihuitl, motlahtocatlalli yn huehue Acamapichtli tlahtohuani mochiuh culhuacan ypiltzin yn tlahtohuani coxcoxtli, catca, yn ihquac yn ye mani xochiyaoyotl, yhquac peuh yn chalco, in ye momictia yn mochtin Me-xica, yhuā ytztapallapaneca, yc niman no ceppa oncan huallehuaque yn me-xica nexticpac çan cexiuhtihque oncan yc niman ye huitze,

v   𝔑iman yc acico yztacalco, quinhualyacantia yn Tenuchtzin, oc oncan mo-tlallica⁴⁶ quezquipohualilhuitl ye no ceppa oncan hualleque⁴⁷ quiçaco yn on-can ytocayocan Mixiuhcan, oncan mixihuico yn itoca quetzalmoyahuatzin ymichpoch inyn Mexica [100 verso] yn iconeuh quitocayotihque contzallan, ypampa y̅ cequintin Mexica ompa hualmocauhque culhuacā yn oquinmo-montique culhuaque yn ihquac ypan in cahuitl ye contzallan quintlatia yn inmontahuan yn ī̅monnanhuan, ynic oncan nauhxiuhtihque contzallan mo-tlatitoca yn inpampa culhuaque amo quimittazque, ynic cenca quincocoliaya ynic no tehuan ompa hualmocauh yn culhuacan yn çe çan Mexicatl chi-chimecatl macehualtzintli ytoca Opochtli yztahuatzin oncan mocihuahuati ach ᵠᵘᵉⁿⁱⁿ ᵠᵘⁱᵐᵃᶜᵃᶜ ᶜᵉ ʸᶜʰᵖᵘᶜʰ y̅ tlahtohuani coxcoxtli, yn ichpuch ytoca Ato-toztli, ycihuauh mochiuh inyn omoteneuh opochtli yztahuatzin ynic çatepan yehuantin in quichiuhque quitlacatillique yn acamapichtli yn teomeca, yn çatepan contzintico conpehualtico, y̅ nican Mexico tenuchtitlan tlahtocayotl yn iuh niman yc onneciz. // auh yc niman quihualhuicaque yn omoteneuh ymichpoch Mexica yn itoca Quetzalmoyahuatzin yn omixiuh oncan qui-temaco oncan quiquechillico Temazcalli ᵒᶜᵃⁿ ᵐᵃˡᵗⁱᵠ̇ ʸᶜ ō̇ᵗˡᵃᵗᵒᶜᵃʸᵒᵗⁱᵠ̇ temaz-caltitlan. yn oncan axcan motenehua Temazcaltitlan, ynic niman oncan mo-tlallico mochintin Mexica, yuh mihtohua yn oncan in huel tolitic acayhtic catca oncan ypan acico ce tetl. ycpac yhcac yn quintzatzillia, amo quimati yn aquin in quintzatzilliaya quimilhuiaya Mexicaye xihualtotocacan, oncan yc motlallico yn Temazcaltitlan, niman yc oncan huallehuaque ahcico yn oncan Atempa oncan tlatlamaᵠ̇. oncan quicuaᵠ̇ michin

---

46. *motlallica:* read *motlallico.*
47. *hualleque:* read *huallehuaque, huallaque,* or *hualle(uh)que.*

ing over for them. It is not known where they came when they crossed over the water. They quickly dispersed the small children, those lying in cradles and some [others] who crawled. Later, the next day, they took away those who were not dead. Then they named [the place] Acatzintitlan; it was thus called because, as has been stated, there they shot Acatzin in the buttocks. And when they reached Mexicatzinco, they lifted the aforenamed Acatzin up, head down; there they made him drink when they shot him with arrows. Because of this they called it Mexicatzinco. There they first dried off their devices, their shields, and their spears; then some of the Mexica crossed over the water. They did not stay there long. They at once pressed on; they then proceeded to Teoconhuapan and then pressed on.

The year One Flint, 1324. At this time the Mexica moved on to Nexticpac, where they spent one year. Tenochtzin led them. And also in this said year, Huehue Acamapichtli was installed as ruler. He became ruler of Culhuacan. He was a son of the late ruler Coxcoxtli. In this time there was a flower war; Chalco was defeated; all the Mexica were killed, as well as the Itztapallapaneca. Then once again the Mexica came away from Nexticpac, where they had spent only a year. At once they pressed on.

Then they reached Itztacalco; Tenochtzin led them hither. First they settled there several months. Again they came away; they proceeded to the place named Mixiuhcan, where a daughter of [one of the] Mexica named Quetzalmoyahuatzin gave birth; they named her child Contzallan, for [the following] reason. Some Mexica whom the Culhuaque had taken as sons-in-law had been left in Culhuacan. At this time their fathers-in-law and mothers-in-law hid them in Contzallan; they had spent four years in Contzallan, [where] they had been hidden so that the Culhuaque, who hated them, would not find them. Only one of the Mexica Chichimeca had then been left in Culhuacan, a commoner named Opochtli Itztahuatzin; he married, it is not known how, a daughter whom the ruler Coxcoxtli gave him, his daughter named Atotoztli. She became the wife [of] this said Opochtli Iztahuatzin. They later begot and gave birth to Acamapichtli the second, who afterwards founded and began rulership here in Mexico Tenochtitlan, as will presently appear. And they then brought hither the aforesaid daughter of [one of the] Mexica, Quetzalmoyahuatzin by name, who had given birth; they bathed her where they had erected a sweat house where they bathed themselves; hence they named it Temazcaltitlan. All the Mexica then settled, as is said, right in the sedges and reeds that were there. There they came to a stone. On it was one who shouted at them. They did not know who it was who shouted at them. He said to them: Mexica, come hither. Thus they settled there in Temazcaltitlan. From there they then came away and reached Atempan. There they fished with nets; there they ate fish.

¶ 2. calli xihuitl 1325. años. ypan inyn acico[48] **[101 recto]** nican Tenuchtitlan mexica yn oncan Temazcaltitlan. yc motlallico, yc çatepan conittato yn Tenuchtli yn oncan axcan yc yglesia mayor, ycpac yhcac yn quauhtli oncan tlacua, auh oncan ytzītlan tetepeuhtoc yhuitl, cequi totoycxitl, cequi omitl, niman oncan quinnotz yn aquin quinnotz quimilhui Mexicaye oncan yeç in ca ye onpohualxihuitl, yn itlan nitlamacehua ynin, auh yece amo quittaya yn aquin quinnotza, nimā yc oncan motecaque yn Mexica yc oncan ontlatoca-yotique Tenuchtitlan, Auh ynin omoteneuhque Mexica Azteca Teochichi-meca, yniqu ehcoque ahcico ynic mocentlallico nican Mexico Tenuchtitlan, matlacpohualxiuhtica ypan Epohualxiuhtica ypan onxiuhtica ynic no-huiyan ohtlipan nentiaque ynic cenca huecahuaque yn ixquich tlalli yc qui-hualpanahuique ynic ompa huallehuaque ynic ompa hualquizque ynchan Aztlan, ynic niman oncan hualquizque quinehuayan chicomoztoc, tzo-tzompa, yn ihquac yn. ye yuh cenpohuallonchicome xihuitl, quinhualyacana Mexica yn Tenuchtzin ynic quauhtlahtotihuitz, / / auh oncan in ye huel neci motta caocmo yehuantin yn ompa huallehuaque hualquizque aztlan yn quiçaco chicomoztoc aocmo yehuantin ȳ nican ahcico Tenuchtitlan ca ye cuel ymixhuihuan ymiccatotonhuan yn acico, auh yn incolhuan ca mochintin ohtlipan momiquillico ynic nohuiyan hualmotlatlallitiaque, **[102 recto]**

¶ 2. calli xihuitl. 1325. ypan inyn acico ynic mocentlallico yn toltzallan acatzallan tenochtitlan yn teochichimeca huehuetque mexica yehuatl ynpan huallicatia hualquauhtlahtotia yn tenochtzin hualteyacan ynic axihualloco
¶ vi. tecpatl xihuitl. 1363. ypan in momiquillico yn tenochtzin auh ynic te-yacan yn quauhtlahto tenochtitlan 44. xihuitl
¶ vij. calli xihuitl 1369. ypan in motlahtocatlalli yn tlacatl acamapichtli ypan cemilhuitlapohualli. 8. ozcelotl yc 20. de febrero, auh ⁿᵒ yc matlaquilhuitl on-nahui mani huehue metztlapohualli yzcalli. ynī yxhuiuhtzin ȳ tlacatl cox-coxtli—[49]
¶ viij. tochtli xihuitl, 1370. ypan in motlahtocatlalli yn huehue teçoçomoctli tlahtohuani azcapotzalco, ynic[50] motlallito ompa tlalliloc yn cohuatl ichan ynin yxhuiuhtzin yn tzihuactonaltzin quauhtlahtohuani azcapotzalco

¶ j. calli xihuitl, 1389. Ypan in momiquillico yn tlacatl Acamapichtli tlahto-huani tenochtitlan yn ixhuiuhtzin coxcoxtli tlahtohuani culhuacan. yn tlah-tocat tenochtitlan 21. xihuitl,[51]
¶ v. calli xihuitl 1393. Ypan in motlahtocatlalli yn tlacatl huitzillihuitl tlahto-huani tenochtitlan ypan cemilhuitlapohualli 5. cohuatl yc 22. de Enero. auh

---

48. In anticipation of the following folio: *nican*.
49. *ynī* to *coxcoxtli:* lacking in Chimalpahin, "Compendio," 19.
50. Following this something is crossed out and illegible.
51. Entries for 1370 and 1389 are lacking in Chimalpahin, "Compendio," 19.

The year Two House, 1325. At this time the Mexica arrived here in Tenochtitlan, at Temazcaltitlan, where they settled. Later they found the stone cactus (where the cathedral now is) on top of which an eagle stood eating, and at its foot feathers, some birds' feet, and some bones lay scattered. Then someone called from there to them. He called and said to them: O Mexica, it is to be here; for forty years now I have been doing penances by it. And although they did not see who called to them, the Mexica then congregated there and named it Tenochtitlan. And when these said Mexica Azteca Teochichimeca arrived, reached, and assembled here in Mexico Tenochtitlan, it was after they had been traveling everywhere on the way for two hundred and sixty-two years and had spent much time in all the lands they passed through after they had come away and emerged from their home in Aztlan and then emerged from Quinehuayan Chicomoztoc Tzotzompan. When this [occurred], it was after Tenochtzin had been leading the Mexica hither for twenty-seven years, coming as [their] interim ruler. And it is there clearly manifest and evident that those who had come away, who had emerged from Aztlan, who had issued from Chicomoztoc, did not arrive here in Tenochtitlan; it was now their descendants who arrived, and their ancestors had all died on the way as from time to time they settled everywhere [on their way] hither.

The year Two House, 1325. At this time the Teochichimeca Mexica ancestors arrived and assembled at Toltzallan Acatzallan Tenochtitlan. Tenochtzin presided over them as interim ruler; he led them hither when they all arrived.

The year Six Flint, 1363. At this time Tenochtzin died. And he had led the people and been interim ruler of Tenochtitlan for forty-four years.

The year Seven House, 1369. At this time the lord Acamapichtli was installed as ruler on the day count Eight Jaguar, the twentieth of February, and [it was] also on the fourteenth day of Izcalli in the ancient month count. He was a grandson of the lord Coxcoxtli.

The year Eight Rabbit, 1370. At this time Huehue Teçoçomoctli was installed as ruler of Azcapotzalco. When he was installed, he had [already] been installed in Coatl Ichan. He was a grandson of Tzihuactonaltzin, interim ruler of Azcapotzalco.

The year One House, 1389. At this time the lord Acamapichtli, ruler of Tenochtitlan, died. He was a grandson of Coxcoxtli, ruler of Culhuacan. He had ruled Tenochtitlan for twenty-one years.

The year Five House, 1393. At this time the lord Huitzilihuitl was installed as ruler of Tenochtitlan on the day count Five Serpent, the twenty-second of January, and the fifth day of Tititl in the ancient month count. He was a son of Acamapichtli.

yc macuililhuitl mani huehue Metztlapohualli tititl, ynin ypiltzin acama-
pichtli[52]

¶ iiij. tochtli xihuitl. 1418. Ypan in momiquillico yn tlacatl huitzillihuitl tlah-
tohuani tenochtitlan, yn ipiltzin acamapichtli yn tlahtocat 26. xihuitl

Auh çan niman ipan inyn omoteneuh xihuitl yn motlahtocatlalli tlacatl chi-
malpopoca tlahtohuani tenochtitlan ypan cemilhuitlapohualli. 3. cohuatl yc
21. de Julio, auh yc macuililhuitl mani huehue Metztlapohualli huey tecuil-
huitl ynin ypiltzin huitzillihuitl[53]

¶ xiij. acatl xihuitl. 1427. Ypan in momiquillico yn tlacatl chimalpopoca tlah-
tohuani tenochtitlan, yn ipiltzin huitzillihuitl, yn tlahtocat. 10. xihuitl[54]

¶ j. tecpatl xihuitl. 1428. Ypan in motlahtocatlalli y̅ tlacatl [102 verso] Ytzco-
huatzin tlahtohuani tenochtitlan ypan cemilhuitlapohualli 13. atl, yc. 22 de
junio. auh yc caxtolylhuitl once mani huehue Metztlapohualli hetzalqual-
liztli ynin ypiltzin acamapichtli[55]

Auh çan no ypan inyn omoteneuh xihuitl yn pehualloque tepaneca az-
capotzalca ypa̅ yquac oncan tlahtocatia yn tlacatl Maxtlatzin ynin ypiltzin y̅
huehue teçoçomoctli tlahtohuani azcapotzalco

¶ iij. tochtli xihuitl. 1430. Ypan in hualcallacque mexico, tenochtitlan yn az-
capotzalcatl yhuan tlacopanecatl, yhuan tenanyocatl ye temacehualhuan
mexico, yquac oncan tlahtocatia yn tlacopan yn itoca aculnahuacatl tzaqual-
catl ynin çan no ypiltzi̅ yn huehue teçoçomoctli tlahtohuani azcapotzalco[56]

¶ j. calli xihuitl, 1441. Ypan in momiquillico yn tlacatl ytzcohuatzin tlahto-
huani tenochtitlan, yn ipiltzin acamapichtli yn tlahtocat. 14. xihuitl,

auh çan niman ipan inyn omoteneuh xihuitl, yn motlahtocatlalli yn tlacatl
huehue Moteuhcçoma ylhuicaminatzin chalchiuhtlatonac ypa̅ cemilhui-
tlapohualli. 8. cohuatl. yc 22. de Mayo. auh yc no macuililhuitl mani huehue
Metztlapohualli toxcatl, ynin ypiltzin huitzillihuitl,[57]

¶ 2. acatl xihuitl. 1455. ypan in toxiuhmolpilli no yquac pehualloque yn
chalca yc ceppa pehualloque

¶ xij. calli xihuitl. 1465. ypan in poliuhque yn chalca yc oppa pehualloque

¶ 2. tecpatl xihuitl. 1468. Ypan in momiquillico yn tlacatl huehue Moteuhc-

52. *ynin* to *acamapichtli:* lacking in ibid.

53. *iiij. tochtli* to second *xihuitl:* lacking in ibid., 20, as well as *ynin ypiltzin huitzillihuitl*
ending the entry.

54. This entry is lacking in ibid.

55. *ynin ypiltzin acamapichtli* and the paragraph following are lacking in ibid., as well as
the Christian date (1428), supplied in brackets.

56. The entry for 1430 is lacking in ibid.

57. *j. calli* to *çan niman,* as well as *yc 22. de Mayo* and *ynin ypiltzin huitzillihuitl,* are lacking
in ibid.

The year Four Rabbit, 1418. At this time the lord Huitzilihuitl, ruler of Tenochtitlan, died. He was a son of Acamapichtli. He had ruled for twenty-six years.

And right then, in this said year, the lord Chimalpopoca was installed as ruler of Tenochtitlan on the day count Three Serpent, the twenty-first of July, and the fifth day of Huey Tecuilhuitl in the ancient month count. He was a son of Huitzilihuitl.

The year Thirteen Reed, 1427. At this time the lord Chimalpopoca, ruler of Tenochtitlan, died. He was a son of Huitzilihuitl. He had ruled for ten years.

The year One Flint, 1428. At this time the lord Itzcoatzin was installed as ruler of Tenochtitlan on the day count Thirteen Water, the twenty-second day of June, and the sixteenth day of Etzalqualiztli in the ancient month count. He was a son of Acamapichtli.

And also in this said year the Tepaneca and Azcapotzalca were conquered at the time that the lord Maxtlatzin was ruling there. He was a son of Huehue Teçoçomoctli, ruler of Azcapotzalco.

The year Three Rabbit, 1430. At this time the lord of Azcapotzalco and the lord of Tlacopan and the lord of Tenanyocan entered Mexico as subjects of Mexico. It was when one named Aculnahuacatl Tzaqualcatl was ruling Tlacopan. He also was a son of Huehue Teçoçomoctli, ruler of Azcapotzalco.

The year One House, 1441. At this time the lord Itzcoatzin, ruler of Tenochtitlan, died. He was a son of Acamapichtli. He had ruled for fourteen years.

And right then, in this said year, the lord Huehue Moteucçoma Ilhuicaminatzin Chalchiuhtlatonac was installed as ruler on the day count Eight Serpent, the twenty-second of May, and [it was] also the fifth day of Toxcatl in the ancient month count. He was a son of Huitzilihuitl.

The year Two Reed, 1455. At this time our years were bound. Also this was when the Chalca were conquered for the first time.

The year Twelve House, 1465. At this time the Chalca were defeated. They were conquered a second time.

The year Two Flint, 1468. At this time the lord Huehue Moteucçoma Ilhuicaminatzin Chalchiuhtlatonac died. He was a son of Huitzilihuitl. He had ruled Tenochtitlan for twenty-eight years.

çoma ylhuicaminatzin chalchiuhtlatonac yn ipiltzin huitzillihuitl, yn tlahto-
cat. tenochtitlan 28. xihuitl,—[58]

¶ iij. calli xihuitl. 1469. ypan in motlahtocatlalli yn tlacatl axayacatzin. tlah-
tohuani tenochtitlan[59] **[103 recto]** Ypan cemilhuitlapohualli. ii. quiahuitl, yc
ij. de agosto. auh yc chiquacemilhuitl mani huehue metztlapohualli miccayl-
huitontli ynin ypiltzin yn huehue teçoçomoctli tlahtocapilli tenochtitlan[60]

¶ x. tecpatl xihuitl. 1476. ypan in poliuhque pehualloque yn ocuilteca

¶ 2. calli xihuitl, 1481 ypan momiquillico yn tlacatl axayacatzin tlahtohuani
tenochtitlan yn ipiltzin huehue teçoçomoctli tlahtocapilli tenochtitlan yn
tlahtocat. 13. xivitl auh çan niman ipan inyn omoteneuh xihuitl. yn motlah-
tocatlalli yn tlacatl yn tiçocicatzin tlahtohuani tenochtitlan ypan cemilhui-
tlapohualli. 6. cozcaquauhtli yc. 2. de Junio, auh yc caxtolli once mani huehue
metztlapohualli toxcatl ynin ypiltzin yhuan in yacapan[61] yn huehue teçoço-
moctli tlahtocapilli tenochtitlan

¶ vj. calli xihuitl. 1485. ypan in momiquillico yn tiçoçicatzin tlahtohuani
tenochtitlan, yn ipiltzin huehue teçoçomoctli tlahtocapilli tenochtitlan yn
tlahtocat. 5. xihuitl—[62]

¶ vij. tochtli xihuitl, 1486. ypan in motlahtocatlalli yn tlacatl yn ahuitzotzin
tlahtohuani tenochtitlan ypan cemilhuitlapohualli. 10. tochtli yc 15. de abril,
auh yc chicueylhuitl mani huehue Metztlapohualli toçoztontli, ynin ipiltzin
yhuan yn huehue teçoçomoctli tlahtocapilli tenochtitlan[63]

¶ vij. acatl xihuitl 1499. ypan in quiz yn acuecuexatl ynic apachiuhque me-
xica, auh amo ciaya yn tlacatl yn tepiltzotzomatzin tlahtohuani coyohuacan
ynic huallaz mexico atl auh yc quimictique niman, ytencopa mochiuh yn
tlahtohuani ahuitzotl, auh yehuatl quiztlacahuico yn huitzillatzin tlahto-
huani huitzillopochco, quitoco camo cia yn tepiltzotzomatzin ynic huallaz
mexico acuecuexatl auh çatepan no ypampa mictilloc yn huitzillatzin yn
acuecuexatl ye iuh yc ohuapachiohuac mexico, ca yehuatl ytlahtolpan ynic
hualla acuecuexatl mexico, auh yn tepiltzotzomatzin ca quimatia yn amo
qualli yn tlahuelliloc acuecuexatl ypampa yn amo ciaya huallaz mexico—[64]
[103 verso]

¶ x. tochtli xihuitl. 1502. ypan in momiquillico yn tlacatl yn ahuitzotzin tlah-

---

58. Entries for 1455 to 1468 are lacking in ibid.

59. In anticipation of the following folio: *ypan.*

60. For *ii. quiahuitl, yc ij. de agosto,* Chimalpahin, "Compendio," 21, has *matlactli once
Quiahuitl ic 11,* and at the end *ynin* to *tenochtitlan* is lacking.

61. *in yacapan:* read *iyacapan.*

62. The entry for 1485 is lacking in Chimalpahin, "Compendio," 21.

63. *vij. tochtli* to *tenochtitlan:* supplied in brackets in ibid.; *ynin ipiltzin* to *tenochtitlan,* at the
end, is lacking.

64. The entry for 1499 is lacking in ibid.

The year Three House, 1469. At this time the lord Axayacatzin was installed as ruler of Tenochtitlan on the day count Eleven Rain, the eleventh of August, and the sixth day of Miccailhuitontli in the ancient month count. He was a son of Huehue Teçoçomoctli, a great lord of Tenochtitlan.

The year Ten Flint, 1476. At this time the Ocuilteca were defeated and conquered.

The year Two House, 1481. At this time the lord Axayacatzin, ruler of Tenochtitlan, died. He was a son of Huehue Teçoçomoctli, a great lord of Tenochtitlan. He had ruled for thirteen years. And right then, in the said year, the lord Tiçocicatzin was installed as ruler of Tenochtitlan on the day count Six Vulture, the second of June, and the sixteenth [day] of Toxcatl in the ancient month count. He was a son, the eldest son, of Huehue Teçoçomoctli, a great lord of Tenochtitlan.

The year Six House, 1485. At this time the lord Tiçocicatzin, ruler of Tenochtitlan, died. He was a son of Huehue Teçoçomoctli, a great lord of Tenochtitlan. He had ruled for five years.

The year Seven Rabbit, 1486. At this time the lord Ahuitzotzin was installed as ruler of Tenochtitlan on the day count Ten Rabbit, the fifteenth of April, and the eighth day of Toçoztontli in the ancient month count. He also was a son of Huehue Teçoçomoctli, a great lord of Tenochtitlan.

The year Seven Reed, 1499. At this time the Acuecuexatl [spring waters] flowed; the Mexica were inundated by them.[8] And the lord Tepiltzotzomatzin, ruler of Coyoacan, did not wish the water to go to Mexico, and therefore they then killed him; it was done by order of the ruler Ahuitzotl. And Huitzillatzin, ruler of Huitzilopochco, had falsely accused them; he had said that Tepiltzotzomatzin did not wish the Acuecuexatl [waters] to go to Mexico. And Huitzillatzin was also killed because Mexico was flooded by the Acuecuexatl [waters]; it was because of what he said that the Acuecuexatl [waters] went to Mexico. And Tepiltzotzomatzin knew that the Acuecuexatl [waters] were bad, were evil. Therefore he had not wished them to go to Mexico.

The year Ten Rabbit, 1502. At this time the lord Ahuitzotzin, ruler of Tenochtitlan, died. He was a son of Huehue Teçoçomoctli, a great lord of Tenochtitlan. He had ruled for seventeen years.

8. See Charles E. Dibble, *Codex en Cruz*, 2 vols. (Salt Lake City: University of Utah, 1981), 1:34–35, where, however, the event is dated 1500.

tohuani tenochtitlan, yn ipiltzin huehue teçoçomoctli tlahtocapilli tenochtitlan yn tlahtocat 17. xihuitl,[65]

Auh çan niman ipan inyn omoteneuh xihuitl yn motlahtocatlalli yn tlacatl Moteuhcçomatzin xocoyotl tlahtohuani tenochtitlan ypan cemilhuitlapohualli 9. maçatl yc 14. de Abril, auh yc chicomilhuitl mani huehue Metztlapohualli toçoztontli, ynin ypiltzin. Axayacatzin tlahtohuani

¶ j. acatl xihuitl 1519. ypan in callaquico yn tenochtitlan yn Don fernando cortes. marques del valle. ypā yc 23. de Nouienbre, auh yc matlaquilhuitl mani huehue Metztlapohualli quecholli yehuatl quinamic yn tlacatl Moteuhcçomatzin xocoyotl

¶ 2. tecpatl xihuitl. 1520. ypan in momiquillico yn tlacatl Moteuhcçomatzin xocoyotl tlahtohuani tenochtitlan ypan metztli Julio, auh no yehuatl ypan huehue Metztlapohualli tecuilhuitontli yquac yaque quintocaque tlaxcallan yn españoles. ynic nican tenochtitlan yohualtica ocholloque

v   Auh çan ye ypan inyn omoteneuh yn ome tecpatl xihuitl yn motlahtocatlalli yn tlacatl cuitlahuatzī tlahtohuani tenochtitlan ypan cemilhuitlapohualli. 7. [blank space][66] yc 15 de septiembre, auh yc cemilhuitl mani huehue Metztlapohualli ochpaniztli ynin ypiltzin yhuan yn axayacatzin tlahtohuani tenochtitlan[67]

v   Auh çan ye ypan inyn omoteneuh yn ome tecpatl xivitl yn ōmomiquilli tlacatl yn cuitlahuatzin tlahtohuani tenochtitlan yn ipiltzin axayacatzin yn ypan yc 3. de diciembre, auh yc cenpohualli mani huell iquac tlami yn huehue Metztlapohualli quecholli yn onmomiquilli yn ontlahtocat. çan nauhpohualilhuitl yn cuetlahuatzin **[104 recto]**

¶ iij. calli xihuitl. 1521. ypan in motlahtocatlalli yn tlacatl quauhtemoctzin tlahtohuani tenochtitlan ypan christiano metztlapohua[68] de febrero. auh no yehuatl ypan yn huehue metztlapohualli yzcalli, ynin ypiltzin yn ahuitzotzin

v   Auh çan ye ypan inyn omoteneuh yey calli xihuitl, yn ipan yc. 13. agostin, auh[69] ypan cemilhuitlapohualli ce cohuatl yn ipan ylhuitzin Sant. ypolito martyr, ynic ya mexicayotl tenochcayotl, yquac anoc ylpilloc yn tlacatl tlahtohuani quauhtemoctzin tlahtohuani tenochtitlan yn ipiltzin ahuitzotzin[70]

v   Auh çatepan yzcatqui yntoca yn tlahtoque mexico, yn acachinanco huicoque oncan quimonehualtique quinhuicaque cuyohuacan ompa quimilpito tepoçotoca[71] yn imicxic ytencopa yn Don fernando cortes. marques del valle,

---

65. All this paragraph except the date is lacking in ibid., 21–22.

66. *Cipactli* in ibid., 22.

67. The first paragraph is lacking in ibid.; in the second paragraph, *Auh çan* to *tenochtitlan* is lacking, as well as *ynin ypiltzin* to *tenochtitlan* at the end.

68. *metztlapohua:* read *metztlapohualli.*

69. Some crossed-out words (beginning with *ypan*) follow.

70. Only this second paragraph in the entry for 1521 appears in Chimalpahin, "Compendio," 22.

71. *tepoçotoca:* should be read *tepoztica.*

And right then, in this said year, the lord Moteucçomatzin Xocoyotl was installed as ruler of Tenochtitlan on the day count Nine Deer, the fourteenth of April, and the seventh day of Toçoztontli in the ancient month count. He was a son of the ruler Axayacatzin.

The year One Reed, 1519. At this time don Hernando Cortés, Marquis del Valle, entered Tenochtitlan on the twenty-third of November and the tenth day of Quecholli in the ancient month count. The lord Moteucçomatzin Xocoyotl met him.

The year Two Flint, 1520. At this time the lord Moteucçomatzin Xocoyotl, ruler of Tenochtitlan, died in the month of July, and also in Tecuilhuitontli in the ancient month count, when the Spaniards went to Tlaxcala; [the Mexica] pursued them as they fled by night from Tenochtitlan.

And now in this aforesaid year of Two Flint the lord Cuitlahuatzin was installed as ruler of Tenochtitlan on the day count Seven [blank space],[9] the fifteenth of September, and the first day of Ochpaniztli in the ancient month count. He also was a son of Axayacatzin, ruler of Tenochtitlan.

And now in the aforesaid year of Two Flint the lord Cuitlahuatzin, ruler of Tenochtitlan, son of Axayacatzin, died on the third of December and the twentieth [day] of Quecholli, in the ancient month count. It was just as it ended that he died. Cuitlahuatzin had ruled for only eighty days.

The year Three House, 1521. At this time the lord Quauhtemoctzin was installed as ruler of Tenochtitlan in February in the Christian month count and also in Izcalli in the ancient month count. He was a son of Ahuitzotzin.

And now in this aforesaid year, Three House, on the thirteenth of August, and on the day count One Serpent, and on the feast day of Saint Hippolytus Martyr, the Mexica Tenochca state went [out of existence] when the lord ruler Quauhtemoctzin, ruler of Tenochtitlan, was captured and taken. He was a son of Ahuitzotzin.

And here are the names of the rulers later taken from Mexico to Acachinanco. From there they sent them, they took them to Coyoacan. There they bound their feet in irons on order of don Hernando Cortés, Marquis del Valle, and there burned [their feet] when they interrogated them as to the gold that was lost, that the Spaniards had hastily cast away in the Tolteca canal when they fled by night as they went to Tlaxcala. And the rulers who lay bound in Coyoacan were, first, don Hernando Quauhtemoctzin; the sec-

9. 7 Cipactli (Seven Alligator) in Domingo de San Antón Muñón Quauhtlehuanitzin, "Compendio de la historia mexicana," in Contributions to the Ethnohistory of Mexico, 3, Lesser Writings of Domingo Chimalpahin, pt. 7, ed. John B. Glass, trans. Gordon Whittaker (Lincoln Center, Mass.: Conemex Associates, 1975), 22.

ompa quinxotlatito ynic quintemolliaya coztic teocuitlatl yn poliuh yn oncan quitlaztiquizque tolteca acalloco yn iquac cholloque yohualtica yn españoles ynic yaca[72] tlaxcallan auh yn ompa ylpillotoca tlahtoque cuyohuacan ynic ce Don fernando quauhtemoctzin tlahtohuani tenochtitlan, ynic ome ytoca Don Andres de tabian motelchiuhtzin calpixcapilli, yniquey ytoca Don Juan Velasquez tlacotzin cihuacohuatl, ynic nahui ytoca Don carlos Oquiztzin tlahtohuani azcapotzalco mexicapan ynic macuilli ytoca Don diego huanitzin tlahtohuani hecatepec ynin yhuan yn iteyccauhtzin oquiztzin ym omextin ypilhuan ynttatzin yn teçoçomoctli aculnahuacatl yn i-piltzin axayacatzin

Auh ynin tlahtolli yn nican omotecpan ynic huel moneltillia ca ontetl yn itech omottac yn omonenehuilli yn huehue xiuhtlapohuallamatl in ye huecauh quitlallitiaque yn huehuetque mexica catca yn onemico tlalticpac yn nican ypan huey altepetl tenochtitlan yn tlamatinime catca,

---

72. *yaca:* should be read *yaque.*

ond was named don Andrés de Tapia Motelchiuhtzin, a lord steward; the third was named don Juan Velásquez Tlacotzin cihuacoatl; the fourth was named don Carlos Oquiztzin, ruler of Azcapotzalco Mexicapan; the fifth was named don Diego Huanitzin, ruler of Ecatepec. He also was a younger brother of Oquiztzin; the two were sons of their father Teçoçomoctli Aculnahuacatl, a son of Axayacatzin.

And this account here set forth is thus well verified: Two old year-count books that ancient Mexica learned men composed long ago when they lived on earth here in the great altepetl of Tenochtitlan have been perused and compared.

—✝—

[**74 recto**][1] *N*ican ompehua oc centlamantli huehue xiuhpohualli Mexico
tenuchtitlan ytech onicopin yn ixiuhpohualtzin Don gabriel de ayala pilli
tetzcuco. yhuan nican mexico tecpan audiēcia escriuano.

¶ xij. tecpatl xihuitl 1243. años. ypan inyn oncan ahcico mexica yn Tecpa-
yocan oncan nauhxiuhtiq̄ yehuatl hualteyacana Tozcuecuexcatl cuauhtlah-
totihuitz. auh yn itahuan mochiuhtihuitze ynic ce ytoca xiuhcac ynic ome
ytoca huehue huitzilihuitzin oc telpochtli ynī catca yn ayemo tlahtohuani
ynic Ey ytoca tlacotzin ynic nahui ytoca tenantzin

v *q*uihtoque yn chichimeca pipiltin ye quimilhuia. ȳ mexica aquin amoteouh
niman quitlanque ȳyn cihuatl. yn Mexica quimilhuique ma xitechmaca ce
mochpoch ypampa tamechititizque yn toteouh

¶ 2. acatl xihuitl 1247. años ypan inyn oncan nauhxiuhtique Mexica yn tec-
payocan oncan ye nappa quilpillico yn inxiuh mexica ycpac huetz yn tle-
cuauhitl tecpayotepetl oc yehuatl tlecuauhtlaz yn tozcuecuextli, yxpan ce
tlahtohuani yohualtzin ytoca.

¶ iij. tecpatl xihuitl 1248 años. ypan inyn oncan hualmicuanique mexica yn
tepetzinco ynahuac tlatilulco. oncan nauhxiuhtique yn acico oncā yehuantin
yn tlahtocapilli huehue huitzillihuitl yhuan yn teomama quauhtliquetzqui)
yhuan tzimpantzin yhuan tetzimehui)

*A*uh yn ihcuac oncan motlallico tepetzinco yehuatl quicuaya yn izcahuitli
yhuan axaxayacatl yhuā oncan xihxiyotque yhuan oncan yllaquiloc ce tla-
catl ytoca oçomachixcatl nauhyohualli nahuilhuitl ynic ompa oquimatito yn
itlacatecolocuic auh quincuicatiaya in mexica quinmachti yniqu ixtoço-
huaya.—

1. Ink has soaked through from the other side of the paper and has made this and other
pages difficult to read.

[Don Gabriel de Ayala's Year Count]

Here begins another ancient year count of Mexico Tenochtitlan. I copied it from don Gabriel de Ayala's year count; he was a Texcoca nobleman and a notary in the Audiencia palace here in Mexico.

The year Twelve Flint, 1243. At this time the Mexica arrived in Tecpayocan. There they spent four years. Tozcuecuexcatl led them hither; he came as interim ruler. And his senior aides who came were, first, the one named Xiuhcac; the second was named Huehue Huitzilihuitzin (he was yet a youth; he was not yet ruler); the third was named Tlacotzin; the fourth was named Tenantzin.

The Chichimeca noblemen spoke; they said to the Mexica: Who is your god? Then the Mexica asked for this woman. They said to them: Give us one of your daughters so that we may show you our god.

The year Two Reed, 1247. At this time the Mexica had spent four years in Tecpayocan. There the Mexica had already bound their years four times. Fire was drawn[1] on the summit of Tecpayotepetl. Tozcuecuextli still drew the fire[2] in the presence of a ruler named Yohualtzin.

The year Three Flint, 1248. At this time the Mexica moved to Tepetzinco, near Tlatelolco. There they spent four years. Those who arrived there were the great lord Huehue Huitzilihuitl, and Quauhtlequetzqui the god-carrier, and Tzimpantzin, and Tetzimehui.

And when they came to settle in Tepetzinco, they ate red shellfish and waterflies. And there they had a skin disease. And there a nobleman named Oçomachixcatl was submerged in the water for four nights and four days, in order to know the devil's songs. And he sang them for the Mexica; he taught them to them when they held vigils.

---

1. Literally, "the fire stick fell." Cf. Bernardino de Sahagún, *Florentine Codex: General History of the Things of New Spain*, trans. and ed. Arthur J. O. Anderson and Charles E. Dibble, 12 vols. (Santa Fe and Salt Lake City: School of American Research and University of Utah, 1950–82), 7:25.

2. Literally, "he threw the fire stick."

¶ vj. acatl xihuitl 1251 años. ypan inyn oncan nauhxiuhtique mexica yn te-
petzinco—

¶ ix. tecpatl xihuitl 1280 años. ypan inyn oncan hualmicuanique mexica yn
chapultepec onca **[74 verso]** ompohuallomeyxiuhtique yn mexica yn cha-
pultepec yehuatl quinhualyacana yn tlahtohuani huehue huitzillihuitl—

¶ x. calli xihuitl 1281 años. ypan in nican moyaomanique chapultepec yn
mexica yn tlatziuh oncan canque ytoca opilcatl. auh quihualhuicac ychpuch
xicomoyahual yn ichpuch teotenanco ychan auh yn ihcuac otlalli ȳ niman
tlenamacac yn tenuch—

¶ i. calli xihuitl 1285 años. ypan in quinhualpehuaya in Mexica yn oncan
chapultepec hueytenanco ynchan oncan quimictique yn teomama cuauh-
tliquetzqui / yn oconmictique ~~niman iyolque~~ auh nican Ehuaque yahque
ahcito tlalcocomocco. Ehuaque ahcito atiçapā. Ehuaque ahcito tlanitzinco.
Ehuaque ahcito tlenamacoyā Ehuaque ahcito huehuetlan. Ehuaque ahcito
acuezcomac Ehuaq̄ ahcito atlixocan. Ehuaq̄ ahcito colhuacan Ehuaque ahcito
Tepetocan. Ehuaq̄ ahcito huitzilopochco. Ehuaque ahcito culhuacan. Ehua-
que ahcito cahualtepec Ehuaque ahcito Teyon. Ehuaq̄ ahcito cuexomatitlan,[2]
Ehuaque ahcito tlapitzahuayan, Ehuaque ahcito nexticpac, hualmocuepque
ahcico oc ceppa chapoltepec.—

¶ ~~1 tochtli xihuitl 1293 años. ypan in yn ce tochtli xihuitl ypan~~

¶ 2 acatl xihuitl 1299. años. ypan inyn oncan cenpohualxiuhtique Mexica yn
chapultepec auh nican quinmicalque oncan mic yn huehue huitzillihuitzin
achto yntlahtocauh catca yn Mexica yhuan yhueltiuh ytoca c̣himallaxoch-
tzin. yhuan ytoca tezcacohuacatl yhuan ytoca cimatzin—

v   Åuh hualmaquizque cohuaçotzin. yhuan nacazcihuatl ompa cihuapilli cul-
huacan oncan maquiz acatzintli yhuan tençacatetl, cuetlaxoch quauhtlix,
yhuan ximatilulcihuatl, yhuan[3] **[75 recto]** Nauhyo. auh niman yahque ma-
quiçato açolco ȳ tolcaltzin yn quicuaq̄ caton—[4]

v   auh niman quinnonotzato yn culhuacan pipiltin tlahtoq̄. quimilhuiq̄ ca oti-
quimanq̄ yn Mexica pipiltin, oticanque yn hutzilihuitzin. yn intlahtocauh
Mexica yhuan yn ihueltiuh, yhuā tezcacohuacatl yhuan cimatzin—

v   auh niman yahque tlanonotzato y Mexica ompa callacq̄ yn culhuacan auh
niman quihtoque yn tlahtoq̄. yn ihcuac otlanonotzato yn tenuch tlenamacac
ca ye cualli macamo miquican yn mexica ma ȳpan hualaciti yn imicnihuan
auh yn ihcuac oquimatque yn Mexica amo cizque çan quihtoque camo niçi-

---

2. *cuexomatitlan:* read *cuexcomatitlan?*

3. In anticipation of the following folio: *nauhyo.*

4. *caton: cardón?* In Francisco de Santamaría, *Diccionario de mejicanismos* (Mexico City:
Editorial Porrúa, 1959), 215, *cardo,* with a query, is defined as *Opuntia pumila* Rose or *chica-
lote* or *Argemone mexicana; cardón* is defined as *Pachycereus pringlei* Britt. & Rose, a large cac-
tus of the north.

The year Six Reed, 1251. At this time the Mexica had spent four years in Tepetzinco.

The year Nine Flint, 1280. At this time the Mexica moved to Chapultepec. The Mexica spent forty-three years there in Chapultepec. He who led them was the ruler Huehue Huitzilihuitl.

The year Ten House, 1281. Here at this time in Chapultepec war was declared on the Mexica. When he was negligent they caught one named Opilcatl. And he brought hither his daughter Xicomoyahual; Teotenanco was his daughter's home. And it was when Tenoch was established as fire priest.

The year One House, 1285. At this time [the Malinalca] conquered the Mexica at Chapultepec. At their home in Huey Tenanco they killed the god-carrier Quauhtlequetzqui. They killed him. And then they left; they went; they arrived in Tlalcocomocco. They left and arrived in Atiçapan. They left and arrived in Tlanitzinco. They left and arrived in Tlenamacoyan. They left and arrived in Huehuetlan. They left and arrived in Acuezcomac. They left and arrived in Atlixocan. They left and arrived in Culhuacan. They left and arrived in Tepetocan. They left and arrived in Huitzilopochco. They left and arrived in Culhuacan. They left and arrived in Cahualtepec. They left and arrived in Teyon. They left and arrived in Cuexomatitlan. They left and arrived in Tlapitzahuayan. They left and arrived in Nexticpac. They returned and once more arrived in Chapultepec.

~~The year One Rabbit, 1293. In the One Rabbit in~~

The year Two Reed, 1299. At this time the Mexica spent twenty years in Chapultepec. And here the [the Culhuaque] killed them: Huehue Huitzilihuitzin, who was the Mexica's first ruler, died, as well as his elder sister named Chimallaxochtzin, and one named Tezcacoacatl, and one named Cimatzin.

But Coaçotzin and Nacazcihuatl, a noblewoman in Culhuacan, escaped. Acatzintli and Tençacatetl, Cuelaxoch, Quauhtlix, and Ximatilulcihuatl, and Nauhyo escaped from there. And then they went. Tolcaltzin escaped to Açolco. They ate cacti.

And then the noblemen of Culhuacan talked to the rulers; they said to them: We have captured the Mexica noblemen. We have captured Huitzilihuitzin, ruler of the Mexica, and his elder sister, and Tezcacoacatl, and Cimatzin.

And then they went to inform the Mexica. They entered Culhuacan. And then when they went to inform the fire priest Tenoch the rulers said: It is well. Let the Mexica not die. Let them get to their companions. But when the Mexica knew this, they refused. They just said: I refuse the admonition he has given us. For Huitzilopochtli has offered incense. For we have come to lay out the rubber ball game court and *patolli*. For there our offspring go forth; my grandsons go forth and say: If our blood is yet to issue, at that time darkness will befall Culhuacan. And [do] this: give us the little flag.[3]

3. Tentative translation. Cf. Sahagún, *Florentine Codex*, 10:20, 22, for *tixquamol* and related terms.

aca tiçatl yhuitl amatl yn ipan otechiuh y huitzilopochtli, ca otlenamacac ca tictecaco yn tlachtli yn patolli ca quiçatihui y noço y tixcuamol yn totentzonhuan y nizti y noxhuihuan yn quiçatihui yn quihtotihui yntla oc quiçatiuh yn tezyo yn ihcuac tlayohualli mochihuatiuh yn culhuacan ahu inin ma centetzintli pahtzintli xitechmomaquilli—

v   *M*a tiçatl yhuitl xitechmomaquilli ma pantzintli xicmacacan y noquichtiuh quihto yn cihuatl amo cizque yn culhuaq̄. ma concuiq̄ atl yqu ixpaque yn tlequahuitztli ynic tlahuitectli yc moçaque concuique tecolli yc mixyahyahualloq̄ ça monomahuique y meltecque—

v   ¶ ~~2 tochtli xihuitl~~ Auh ye omihto ypan ome acatl xihuitl ynic acito culhuacan oncan motecato Tiçaapan yn culhuacan tlahto~~cati~~^{huani} ynic ce ytoca huehue acamapichtli ynic ome ytoca chalchiuhtlatonac ynic Ey ytoca achitometl ynic nahui ytoca coxcoxtzin yn tlahtocati yn culhuacan—

*A*uh niman ye quihtohua yn tlahtoq̄. ma quichihuacan yn teocalli nauhcampa tlamamatlayo yez. auh yn oq̄cauh niman oquinnonotzq̄ yn tlahtoque auh quihtoq̄ynic mochaliz yoyoltihuitz[5] **[75 verso]** yn maçatl amo quiminazq̄ amo can itlacahuiz çan quihualhuicazq̄. auh niman canato yn ompa maçatlan ca yc motocayoti yn maçatlan auh niman ye quimilhuia ma quihuillanacan ȳ tlalli. oncan huallicatiaz yn aztatl yhuan cohuatl yhuan oncan huallapachotiaz ȳ canauhtli coyotiaz cenpohualxochitl oncan huallicatiaz. auh niman mocuauhtlapechtique oncan quitlallique tlachcuitl cenca yuh tlantia yn oquichihuiliq̄ yn quimahuiçoque yn mexica—

v   *a*uh niman moteocaltique yn mexica, auh no quinonotzato. yn tlahtoque auh iuh quihtoque ca ye qualli titlayhuazq̄. quiyollotizq̄ yn inteocal auh yahq̄ yn titlanti cuitlatl yn quiyollotito cenca quiquimiloque yn cuitlatl yhuan teuhtli tlaçolli yn quitlanito ahu in oyahq̄ yn ohualmocuepq̄. yn titlanti niman oquittaq̄ yn Mexica. yn momatia ahço ytlan[6] tlaçotli, auh niman quihtoque yn mexica ca ye cualli maço quichihuaco ahço yteuhyo ytlaçollo ȳ mayllia cuix totlalpan yn ticate ca yntlalpan çan iuh quihtoque. auh niman quipehualtique yn intlahuelilocayo yn mexica ye totomictia ytzcuinme quinmictia cueytl huipilli quitetlatlalochtia yn aquin cuacuauhcatzintli tletl quimōtlaliliaya. çan ic pehua yn mexica auh quīmictique. yn mexica çan quinpoyomictiq̄ nauhxihuitl yn contitlan motlatique—

5. In anticipation of the following folio: *y maçatl.*
6. *ytlan:* read *ytla in.*

Give us chalk and feathers; give a little flag to my elder brother, the woman said. The Culhuaque did not consent. They took up water to wash their faces. From the fire that they struck with a fire drill they took up charcoal and anointed themselves with it; circles were painted about their eyes.[4] Quite of their own will were their breasts cut open.

And it has already been said that in the year Two Reed they arrived in Culhuacan. They settled in Tiçaapan. The name of the first ruler of Culhuacan was Huehue Acamapichtli. The second was named Chalchiuhtlatonac. The third was named Achitometl. The fourth was named Coxcoxtzin. These ruled Culhuacan.

And then the rulers said: Let them build a pyramid temple. There will be stairways to the four directions. And when they left it [finished] then the rulers spoke to them. They said: It will be inaugurated with a live deer. They are not to shoot it with arrows; it is not to be hurt anywhere. They will just bring it here. And then they went to capture it in Maçatlan, [where] it is now called Maçatlan. And then [the Culhuaque] said: Let them travel over the land; herons and snakes will be there, and ducks will go to brood there and to quack. There will be marigolds. And [the Mexica] made themselves a wooden platform; there they placed clods of earth. They exerted such force as they finished it that [the Culhuaque] marveled at the Mexica.

And then the Mexica made themselves a pyramid temple. And the rulers also addressed them and spoke in this way: It is well. We shall send messengers. They will make a heart for their temple. And the messengers went; with excrement they went to make a heart for the temple. They thoroughly wrapped up the excrement along with dirt and rubbish that they had asked for. And when the messengers had gone [and then] had returned, then the Mexica [really] saw what they had been thinking was perhaps something precious. And then the Mexica said: It is well. Seeing that they did it, perhaps it is with its dirt and rubbish that they work.[5] Are we on our own land? It is their land. Just so they spoke. And then the Mexica began their wickedness, killing birds and dogs. They took and ran off with the women and whoever [with] small branches laid a fire for himself. Just so did the Mexica begin. And they killed them. The Mexica just treacherously killed them. For four years they hid themselves in Contitlan.

4. Tentative translation.
5. Tentative translation.

<u>v</u> *a*uh niman moyaotlaque yn xochimilca yn i mochtin culhuaq̄. auh ye no
ceppa quintemoque ye no cuel miequintin yn quinnechicoque yn mexica auh
quintlalhuique yn tepehuazq̄ auh niman ye quihtohua yn mexica mexicaye
ayac tlamaz çan mochi tiquinhuihuitequizque çan tiquinyacatequizq̄. /
yhuan tiquinnacaztequizq̄. ye tiquinpohuazq̄ yn tomalhuan auh yehica ce-
centlapal yn quintequiliq̄ yn innacaz auh y culhuaque ayac⁷ **[76 recto]** qui-
macique quinmaca yehuantin yn oquinacaztecque yc on oquimanato yn cul-
huaque yc ye no ceppa yc monextique yn mexica yn ayemo quinhualtocaya
ompa culhuacā

¶ i. tecpatl xihuitl 1324 años. nican onxiuhtia quincaltzacq̄ quimicalque ȳcal-
polco ȳtiçac auh caltepotzco yn quicoyonique ompa quizque auh ahcito aca-
tzintitlan yhuan cuecuetlacoyan auh cexiuhtique.—

<u>v</u> *y* nexticpac auh panoq̄ apatlaco ahcito ça no nexticpac

<u>v</u> *a*uh niman oncan mamatepetique yn iztacalco. auh niman quinpehuazquia
amo no huel quinchiuhque yhuan yn ihcuac quittato quil cenca temamauhti
yn amatepetl yn tlacatecolotl ompa q̄tosaq̄.⁸ yn culhuaque—

¶ 2. calli xihuitl 1325 años. ypan inyn ome calli xihuitl. yn acito temazcalti-
tlan auh niman ahcito yn tenuchtitlan teyacantinemi yn tlenamacac yn te-
nuch ᵒⁿᶜᵃⁿ ᵗˡᵃᵖᵒᵖᵒᶜʰʰᵘⁱᵗᵃᶜⁱᶜᵒ ça no tlalmomoztli yn quitlallique xacaltapaçolli
yn oncan tlamacehuaya oncan teeltequia quinmictiaya yn iyaohuan—

¶ i. calli xihuitl 1337. años. ypan yn ce calli xihuitl y moxelloq̄ yn mexica
ompa onmotlatlamaliaya ynic quittato yn tlatilulco çā nompa conhuatzaya
yn inmichhuan yn quimacia.—
yn oncan motlallito ynic ce ytoca ichpochiyahuac yn tlatilulco y motlallito
yhuan ynic ome ytoca quauhtic. yhuan ynic Ey ytoca tecolix yhuan ynic
nahui ytoca acaxilotl, yhuan ynic macuilli ytoca temamauhti—

¶ 2. tochtli xihuitl 1338 años. ypan inyn ome tochtli xihuitl y hualcallaque yn
culhuacā yc hualaque amatequiliztli ynic huel quiximatia ȳ tleȳ amaxotla-
liztli motlallico ȳ mexico—**[76 verso]**

¶ xi. acatl xihuitl 1347 años ypan in nican tlalpoliuh yn culhuaque yn oquih-
totiaq̄ y yaomicque yn quihtoque yn tetzauhtlahtolli yxpā yn tlahtohuani
catca yn achitometl yn culhuacan ahu in icihuauh ompa cihuapilli yn cohua-
calco ahnoço cohuatl ychan y ye tlalpolihuiz niman yah yn ichan y cohua-

7. In anticipation of the following folio: *quimacique.*
8. q̄tosaq̄: read q̄tosoq̄.

And then the Xochimilca and all the Culhuaque fought each other. And once again [the Mexica] sought, gathered together, and massed many of them and defeated them. And then the Mexica said: O Mexica, no one is to take captives. We shall only strike them hard; we shall only cut off their noses and their ears. Now we shall count them as our captives. And it was for this that they cut off their ears on both sides [of the head]. But the Culhuaque captured no one. [The Mexica] gave them those whose ears they had cut off; those were the ones whom the Culhuaque took. Thus once again the Mexica showed themselves, when the Culhuaque did not yet pursue them from there.[6]

The year One Flint, 1324. Here [the Mexica] spent two years. [The Culhuaque] besieged them; they attacked them in their calpulli and their chalk place. But [the Mexica] dug through the backs of the buildings and went out and reached Acatzintlan and Cuecuetlacoyan.

And [they] spent a year at Nexticpac and crossed the water at Apatlaco. They also reached Nexticpac.

And then they made paper mountains for themselves. But then [when the Culhuaque] would have conquered them, they could not make them, and when [the Culhuaque] went looking for them, it is said that the devil and the paper mountains greatly terrified them. There [the Mexica] held vigil for the Culhuaque.

The year Two House, 1325. At this time, the year Two House, they reached Temazcaltitlan, and then went to Tenochtitlan. The fire priest Tenoch went leading them. They arrived there and offered incense; also they set up an earthen mound and a nestlike hut, where they performed penances and where they cut open men's breasts [when] they killed their foes.

The year One House, 1337. At this time, the year One House, the Mexica were divided there where they fished for themselves with nets, when they found Tlatelolco, just where they were drying the fish that they caught.

There the first to settle was the one named Ichpochiyahuac; he settled in Tlatelolco. And the second was named Quauhtic, and the third was named Tecolix, and the fourth was named Xilotl, and the fifth was named Temamauhti.

The year Two Rabbit, 1338. At this time, the year Two Rabbit, they entered Culhuacan when they came for the cutting of paper. Thus they knew what was the [nature of] the paper-cutting [ceremony that] came to be established in Mexico.[7]

The year Eleven Reed, 1347. At this time the Culhuaque were ravaged when those who died in war said as they departed scandalous things in the presence of Achitometl, who was the ruler of Culhuacan, and his wife, a noblewoman of Coacalco or Coatl Ichan, which was now to be ravaged. At once

---

6. Tentative translation.

7. Tentative translation. Derivation of *tequiliztli* can be *teca* or *tequi; xotla* has two meanings.

calco yn ithatzin ytoca acolmiztli yn tlahtohuani yn cohuacalco yn cihuapilli ytoca ylancuetzin.—

¶ 2. acatl xihuitl 1351 años. ypan in tlalpoliuh yn chimalhuacan chicualloapan yn ca tlemamalque ynic tlalpoliuh yhuan tecoloapan auh yn acamapitzin oc piltontli yn ihcuac auh yn tlahtohuani catca yn chimalhuacan ytoca catca cuixtoteuhctli ompa ytech pohuia yn aculhuacan—ycpac huetz yn tlecuahuitl yn chimalhua auh yn acamapichton oncan quiyaochihuaco chimalhuacan yn cuixtoteuhctli tlahtohuani chimalhuacan—

*i*n ihcuac y caxtolloncexiuhtia yn acamapichtli inic nemi tlalticpac[9]

¶ v. acatl xihuitl 1367 años. ypan in motlahtocatlalliq̄ yn acamapichtli tlahtohuani mochiuh tenuchtitlan yhuan teçoçomoctli tlahtohuani mochiuh yn azcapotzalco—

¶ viij. tochtli xihuitl 1370. años auh nican ypan in momiquilli ytoca Epcohuatzin ompa quixihxilque tepanohuayan chichimeca yn quimictiq̄ quicentlazq̄ petztitlan tlaca ahnoço metztitlan. Yhuā huitzquillocan tlaca yn tepanohuayan tlaca—

¶ 2. calli xihuitl 1377. años. auh nican tlalpoliuh mizquic yhuan xochimilco. yhuan chimalhuacan yc oppa. auh yhcuac tlacat yn quichiuhq̄. ynic ome ytoca huitzilihuitl ye quicauhtia yn acamapichtli tlahtohuani tenuchtitlan auh yhcuac cehuetz yhcuac peuh yn quintetepachoq̄ yn ichtecque [77 recto]

¶ xij. acatl xihuitl 1387. años. ypan in momiquilli yn acamapichtli yn tlahtocat tenuchtitlan cenpohualxihuitl ypan ce xihuitl huel neltiliztli. auh yn ipan xiij. tecpatl xihuitl 1388 años. yhuan ypan ce calli xihuitl 1389. años. yhuan ypan. 2 ~~calli xihuitl 13.~~ 2. tochtli xihuitl 1390 años. çan ocuauhtlahtolloc yn tenuchtitlā ayac otlahtocat yn exihuitl yhcuac tematlapatzcaque yn matlatzinca[10] Exiuhtica—

¶ iij. acatl xihuitl 1391 años. ypan in quitlahtocatlalliq̄ yn huitzilihuitzin tlahtohuani tenuchtitlan. auh yn cuatlecohuatzin ytlan tlacateccati // auh no yhcuac quimamalque yn teocalli cuitlahuac. auh no yhcuac hualla cihuapilli quauhnahuac quimocihuahuati yn tlahtohuani huitzilihuitzin yehuantin quichiuhtiaq̄. yn huehue moteuhcçoma ynic ontetl ytoca ylhuicaminatzin, auh no yhcuac citlaltin motepeuhque tetzahuitl mochiuh yn chichime yn imeltapach pilcatinemia y nenentinemia auh no yhcuac aocmo popocaya popocatepetl—

¶ xi. acatl xihuitl 1399. años ypan in peuh yaoyotl chalco. ompa miquito

---

9. This paragraph is written on the left margin of the previous paragraph.

10. See Bernardino de Sahagún, *Florentine Codex: General History of the Things of New Spain,* trans. and ed. Arthur J. O. Anderson and Charles E. Dibble, 12 vols. (Santa Fe and Salt Lake City: School of American Research and University of Utah, 1950–82), 10:182, on the Matlatzinca.

she went to her home in Coacalco. Her father, ruler of Coacalco, was named Acolmiztli. The noblewoman was named Illancuetzin.

The year Two Reed, 1351. At this time Chimalhuacan Chiqualloapan was ravaged. It was when they drilled fire with a fire drill that it was ravaged, along with Tecoloapan. And Acamapitzin was yet a small child at this time. And the ruler of Chimalhuacan was named Cuixtoteuhctli. And there at the [hill]top, where it belonged to Aculhuacan, the Chimalhuaque drew fire with the fire drill. And there the fledging Acamapichtli made war upon Chimalhuacan and Cuixtoteuhctli, ruler of Chimalhuacan.

When [this took place], Acamapichtli had spent sixteen years living on earth.

The year Five Reed, 1367. At this time were installed as rulers Acamapichtli, who became ruler of Tenochtitlan, and Teçoçomoctli, who became ruler of Azcapotzalco.

The year Eight Rabbit, 1370. And here, at this time, the one named Epcoatzin died. The Chichimeca pressed him [hard] at Tepanohuayan. The people of Petztitlan or Metztitlan killed and overthrew him, as well as the people of Huitzquillocan and those of Tepanohuayan.

The year Two House, 1377. And here Mizquic and Xochimilco were destroyed, as well as Chimalhuacan for the second time. And this was when was born [and his parents] begot Huitzilihuitl, the second of his name, whom Acamapichtli left as ruler of Tenochtitlan. And this was when it froze; this time was when they began to stone thieves.

The year Twelve Reed, 1387. At this time Acamapichtli died. That he had ruled Tenochtitlan for twenty-one years is indeed a certainty. But in the year Thirteen Flint (1388) and in the year One House (1389) and in the year Two Rabbit (1390) Tenochtitlan was ruled only by an interim ruler; no one was ruler for three years. This was when the Matlatzinca crushed people in their nets in the third year.

The year Three Reed, 1391. At this time they installed Huitzilihuitl as ruler of Tenochtitlan, and with him Quatlecoatzin became tlacateccatl. And also this was when they dedicated the temple in Cuitlahuac. And also at this time a noblewoman of Quauhnahuac came; the ruler Huitzilihuitl married her. They begot Huehue Moteucçoma, whose second name was Ilhuicamina. And also this was when stars fell scattering to the ground; they were an omen of evil. Dogs went about with their stomachs dragging,[8] and it was also when Popocatepetl no longer smoked.

The year Eleven Reed, 1399. At this time war with Chalco began. Quatlecoatzin tlacateccatl died there. And also at this time the people of Atezcapan, where cacao appeared, were destroyed.

8. Tentative translation.

quatlecohuatzin tlacateccatl, auh no yhcuac poliuh atezcapan tlaca ompa necito cacahuatl—

¶ 2 acatl xihuitl 1403. años ypan in motlahtocatlalli cuacuapitzahuac achto tlahtohuani mochiuh tlatilulco yxpan huitzillihuitzin no yhcuac tlalpoliuh chapolicxitlan—

¶ viij. calli xihuitl 1409 años. auh nican ypan in tlalpoliuh amāqmecan yxpā tlahtohuani huitzillihuitzin—

¶ ix. tochtli xihuitl 1410. años. ypan in tlalpoliuh huehuetlan yhcuac tlequia-huiloc ihcuac temoc apiztli çan omitl yuhquima oçomahtli ȳ temoc [77 verso]

¶ xiij. tochtli xihuitl 1414 años. ypan in moyomahmictique tullantzinca mo-tetepachoque

¶ i. acatl xihuitl 1415 años. ypan in momiquillico y huitzilihuitzin yn tlahto-cat tenuchtitlan cenpohuallonmacuilli xihuitl auh ça niman ihcuac motlah-tocatlalli yn ipiltzin ytoca chimalpopoca yhcuac acolhuāq yaotlahtoq̄. yhcuac mopehualti yaoyotl azcapotzalco. yn mexica

¶ xi. calli xihuitl 1425. años ypan in nican yn quichallique y yopicatl teocalli yn oncan tlalcocomocco. yhuan quintequiuhtica tetl quihuallanazquia yn chalca amo huel quichiuhque yc peuh y yaoyotl yc ompa yaot[i]que ypampa temallacatl moximazquia—

¶ xij. tochtli xihuitl 1426 años auh nican ypan in momiquillico yn huehue teçoçomoctzin yn tlahtocat azcapotzalco Epohualxihuitl auh ça nimā nih-cuac ȳ motlahtocatlalli yn Maxtlatzin ye quiyolliti ȳ yaotlahtolli yn acualli yn azcapotzalco. yhcuac quimolhuiq̄ ȳ mononotzq̄ y maxtlatzin yhuan yn imach tlacahteotl tlahtohuani tlatilulco. ayac quima yn ixquich y macehualli Tecohuanotz yn altepetl ipan yhuan quincohuanotz culhuaq̄. yhuan acul-huaque yhuan michhuaque yhuā matlatzinca yhuan mizquic. yhuan xochi-milca. yhuan huexotzinco. yhuan cuitlahuaca auh niman quinnotzque yn te-nuchca yn altepetl ipan quetzalli yc tetlauhtiloc, auh ȳ tenuchca ychcueytl ychhuipilli yn quintlauhtique auh niman quimonpahtique[11] yn ichhuipilli yn tenuchca. auh niman tlacopaneca yn quimictique yn chimalPopocatzin yn tlacopaneca cenca quincuitlahuiltique auh yhuan quimictique yn itiach-cauh ytoca teuh[c]tli Ehua auh yn ihcuac[12] [78 recto] oquimatque yn az-capotzalco tlaca nimā nic quitohtocaque y maxtlaton ompa miquito tlachco. yhuan quitotocaque yn tlacahteotzin ompa quitetepachoto yn acuco ahnoço atzompa // auh yn tlahtocat tenuchtitlan chimalpopocatzin matlactlomome xihuitl[13]

¶ xiij. acatl xihuitl 1427. años. auh nican ypan in omotlahtocatlalli yn itzco-huatzin tlahtohuani tenuchtitlan auh ytlan tlacateccati yn huehue Mo-

---

11. *quimonpahtique*: read *quimonpohtique*.
12. In anticipation of the following folio: *oquimatque*.
13. Two cross-shaped marks are to the right of this paragraph.

The year Two Reed, 1403. At this time Quaquapitzahuac was installed as ruler; he became the first ruler of Tlatelolco. It was in the presence of Huitzil-ihuitzin. It was also the time that Chapulicxitlan was destroyed.

The year Eight House, 1409. And here at this time Amaquemecan was destroyed in the presence of Huitzilihuitzin.

The year Nine Rabbit, 1410. At this time Huehuetlan was destroyed. This was when there was a rain of fire and hunger descended; there were only bones [to eat?]. It was as if monkeys descended.

The year Thirteen Rabbit, 1414. At this time the Tullantzinca killed themselves; they stoned one another.

The year One Reed, 1415. At this time Huitzilihuitzin died. He had ruled Tenochtitlan for twenty-five years. And just then was when his son Chimalpopoca was installed as ruler. This was when the Aculhuaque declared war; it was when war on the Mexica was begun in Azcapotzalco.

The year Eleven House, 1425. Here at this time the Yopicatl pyramid temple was inaugurated at Tlalcocomocco. And they had entrusted [procuring] the stones to the Chalca; they were to have gotten them. [But] they could not do it. Therefore the war began. They fought there because the large round [sacrificial?] stone was to have been sculptured.

The year Twelve Rabbit, 1426. And here at this time Huehue Teçoçomoctli died. He had ruled Azcapotzalco for sixty years. And just then was when Maxtlatzin was installed as ruler. This evil one now incited the call to war in Azcapotzalco. This was when Maxtlatzin and his nephew Tlacateotl, ruler of Tlatelolco, spoke and consulted with each other. No one knew that he invited all the people to banquet in the city. And he invited the Culhuaque and the Aculhuaque, and the Michhuaque, and the Matlatzinca, and [the people of] Mizquic, and the Xochimilca, and [the people of] Huexotzinco, and the Cui-tlahuaque to banquet. And then he summoned the Tenochca in the city. And they were given gifts of precious quetzal feathers, and they gave them maguey fiber skirts and shifts. And then they matched the Tenochca with the maguey fiber shifts. And then the Tlacopaneca killed Chimalpopocatzin. The Tlacopaneca provoked them greatly. And also they killed his elder brother named Teuhctli Ehua. And when the people of Azcapotzalco knew this they then expelled Maxtlaton; he went to Tlachco and died. And they expelled Tlacateotzin; they repeatedly stoned him at Acuco or Atzompan. And Chimalpopocatzin had ruled in Tenochtitlan for twelve years.

The year Thirteen Reed, 1427. And here at this time Itzcoatzin was installed as ruler of Tenochtitlan, and with him Huehue Moteucçoma Ilhuicamina was tlacateccatl. And also with him [Tlaca]eleltzin became cihuacoatl. The three put on the ruler's miter-shaped cap.

teuhcçoma ylhuicamina auh yhuā ytlan cihuacohuati yn Eleltzin copilli conaquiticate ym eyntin—

¶ 2. calli xihuitl 1429 años. auh nican ypan yn yah yn imaltepeuh y huitzilo-pochca yn tenāyoque azcapotzalco tlacopan atlacuihuayā cuyohuacā.

¶ iij. tochtli xihuitl 1430. años auh nican tlalpoliuh yn xochimilco.

¶ iiij. acatl xihuitl 1431. años. auh nican ypan in quimictique yn Cuauhtlah-tohuatzin tlahtohuani tlatilulco. auh yhuan chalco yhuan huexotzinco yhuan michhuacan quitlatlatlaçato yn itlahtol yn cuauhtlahtohuatzin.—

¶ vi calli xihuitl 1433. años. ypan in poliuh cuauhtitlan tlaca yc ceppa.

¶ viij. acatl xihuitl 1435 años. auh nican ypan ī yahque yn icolhuan yn xillo-tepec pipiltin tlahtoq̄. ytencopa yn itzcohuatzin ypampa moyaotla yn otomi. y yehuantin y monetechhuia y huey pochtlan tlaca ypampa mohuicac ytoca mixcohuatzin y yah. auh y̅ tenotzaco yn xillotepeca yntoca teocaltzin. ynic ome ytoca tilmahtzin. yhuan maçateoctli yhuan tehuitzin yhuan tozpantzin yhuā huitzitziltzin. yhuan quauhximatl yhuan oçomatzin— **[78 verso]**

¶ xi tochtli xihuitl 1438 años. ypan in poliuhq̄ toltitlan tlaca.

¶ xij. acatl xihuitl 1439 años nican yc oppa poliuhq̄ cuauhtitlan tlaca—

¶ xiij tecpatl xihuitl 1440 años. nican ypan in momiquillico yn itzcohuatzin yn tlahtocat tenuchtitlan matlactli onnahui xihuitl auh ca niman ihcuac mo-tlahtocatlalli yn huehue moteuhcçoma ylhuicaminatzin auh ça no ypan inyn omoteneuh xihuitl oncan motlahtocatlalli yn cuitlahuatzin tlahtohuani mochiuh ytztapalapan ompa contzintito yn tlahtocayotl ytztapalapan Auh ça no ypan inyn omoteneuh xihuitl oncan motlahtocatlalli yn xillomantzin tlahtohuani culhuacan—[14]

¶ 2 tochtli xihuitl 1442 años ypan in tlalpoliuh oztoman

¶ vi. tochtli xihuitl 1446 años. nican tlalpoliuh tlachco chapolicxitlan teticpac.—

¶ x. tochtli xihuitl 1450 años. ypan in mayanaloc yn huehue moteuhcçoma ylhuicaminatzin quinxelhui y tlacallaquilli yn ixhuihuan axayacatzin yhuan yhueltiuh yhuan tiçocic yhuan ahuitzotzin ypampa mayanaloc nauhxi-uhtica mayanaloc yc nauhxihuitl yn ipan necetochhuiloco.—

¶ v tochtli xihuitl 1458 años ypan in quinhuahuanque[15] cohuayxtlahuaq̄.

¶ ix tochtli xihuitl 1462 años. ypan in nican moyaotlaque tlaxcalteca ompa hualmoquetzque cuetlaxteca.

¶ x. acatl xihuitl 1463 años nican ypan in hualcallaq̄ cuetlaxteca quinono-tzaco y huehue moteuhcçoma ylhuicaminatzin

---

14. There is a cross-shaped mark to the left of this paragraph.

15. Cf. Sahagún, *Florentine Codex*, 2 (rev. ed.):45, 49.

The year Two House, 1429. And here at this time the Huitzilopochca, the Tenanyoque, the [people of] Azcapotzalco, of Tlacopan, of Atlacuihuayan, and of Coyoacan went [to] their altepetl.

The year Three Rabbit, 1430. And here Xochimilco was destroyed.

The year Four Reed, 1431. And here at this time they killed Quauhtla-toatzin, ruler of Tlatelolco. And also Chalco, Huexotzinco, and Michhuacan rejected Quauhtlatoatzin's commands.

The year Six House, 1433. At this time the people of Quauhtitlan were destroyed for the first time.

The year Eight Reed, 1435. And here, at this time, by order of Itzcoatzin, his grandfathers—the noblemen and rulers of Xilotepec—left because the Otomí were fighting each other. The people of Huey Pochtlan were quarreling among themselves because he who was named Mixcoatzin went. He it was who went; and he summoned the Xilotepeca, [the first] named Teocaltzin, and second, Tilmahtzin, and Maçateoctli, and Tehuitzin, and Tozpantzin, and Huitzitziltzin, and Quauhximatl, and Oçomatzin.

The year Eleven Rabbit, 1438. At this time the people of Toltitlan were destroyed.

The year Twelve Reed, 1439. Here the people of Quauhtitlan were destroyed for the second time.

The year Thirteen Flint, 1440. Here at this time Itzcoatzin died. He had ruled Tenochtitlan for fourteen years. And then was when Huehue Moteucçoma Ilhuicaminatzin was installed as ruler. And also at this time, in the aforesaid year, Cuitlahuatzin was installed as ruler; he became ruler of Itztapalapan. He began rulership there in Itztapalapan. And also at this time, in the said year, Xillomantzin was installed as ruler of Culhuacan.

The year Two Rabbit, 1442. At this time Oztoman was destroyed.

The year Six Rabbit, 1446. Here Tlachco, Chapulicxitlan, and Teticpac were destroyed.

The year Ten Rabbit, 1450. At this time there was famine. Moteucçoma Ilhuicaminatzin shared the tribute with his grandsons Axayacatl and his elder sister, and Tiçocic, and Ahuitzotzin because there was famine. For four years there was famine. The fourth year was when everyone was "One-Rabbited."

The year Five Rabbit, 1458. At this time they striped the Coaixtlahuaque.[9]

The year Nine Rabbit, 1462. At this time the Tlaxcalteca fought each other. There the Cuetlaxteca were held back.

The year Ten Reed, 1463. At this time the Cuetlaxteca entered here. They came to consult with Huehue Moteucçoma Ilhuicaminatzin.

9. See Sahagún, *Florentine Codex*, 2 (rev. ed.):45, 49.

¶ xi. tecpatl xihuitl 1464 años nican tlalpoliuh Amaqmecan chalco— **[79 recto]**

¶ xij. calli xihuitl 1465 años nican hualcallacq yn chalca.

¶ xiij. tochtli xihuitl 1466. años. nican tlalpoliuh tepeyacac no ypan in mope-hualti chapoltepec ayohtla—

¶ i. tochtli xihuitl acatl xihuitl 1467 años ypan in tlalpoliuh toçanco.

¶ 2. tecpatl xihuitl 1468. años. nican ypan in momiquilli yn huehue moteuhc-çoma ylhuicaminatzin yn tlahtocat tenuchtitlan cenpohualxihuitl onchiuhc-nahui

¶ iij calli xihuitl 1469 años. ypan in motlahtocatlalli axayacatzin tlahtohuani tenuchtitlan

¶ iiij tochtli xihuitl 1470 años. ypan in motlahtocatlalli chimalpopocatzin tlahtohuani tlacopa ynin ypiltzin yn huehue totoquihuaztli tlahtohuani tla-copa—

¶ v. acatl xihuitl 1471 años. nica ypan in momiquillico ȳ neçahualcoyotzin ȳ tlahtocat tetzcuco onpohualxihuitl ypan ce xihuitl auh ça niman ipan in mo-tlahtocatlalli yn ipiltzin ytoca neçahualpiltzintli tlahtohuani tetzcuco.

¶ vij. calli xihuitl 1473 años ypan in tlalpoliuh tlatilulco. oncan ypan in mic Ecatzitzimitl yhuan moquihuix tlahtohuani. yhuan teconal

¶ viij. tochtli xihuitl 1474 años. ypan in quinchilpopochhuiq̄ yn mexica yn ōpa yn cuetlaxtlan y tochpā

¶ χ tecpatl xihuitl 1467 años 1476. años.[16] ypan in tlalpoliuh ocuillan yhuan tenantzinco.

¶ xi. calli xihuitl 1477. años. ypan in tlalpoliuh tlacotepec. **[79 verso]**

¶ xij. tochtli xihuitl 1478 años ypan in tlalpoliuh xiquipilco yhcuac ompa hui-huitecoc yn tlahtohuani axayacatzin yn quimacique maltin cen xiquipilli yhuan macuiltzontli yn quihuihuitec axayacatzin ytoca tlilcuetzpal ymetz-pan yn axayacatzin

¶ xiij. acatl xihuitl 1479. años nican ypan in hualcallacq̄ matlatzinca yhuan macahuaque[17]

¶ i. tecpatl xihuitl 1480 años nican ypan ī miquito yaotzin huitznahuatl y tlacimaloyan. auh no ipan in moquetz cuaxochtli yn xocotitlan huel quixtla-pan ytencopa axayacatzin ye quinmacac xilotepeca ahnoço xicotepeca.—

¶ vij. acatl xihuitl 1499. años ypan in hualcalaque huexotzinca huexotzinco pipiltin toltecatl.

¶ x. tochtli xihuitl 1502. años ypan in momiquilli yn ahuitzotzin yn tlahtocat tenuchtitlan caxtollomome xihuitl, auh ca[18] niman ihcuac ȳ motlahtocatlalli yn quin iz momiquilia moteuhcçomatzin xocoyotl auh ytlan tlacateccati macuilmalinaltzin.

¶ χi acatl xihuitl 1503 años ypan in tlalpoliuh achiyotlan neyaotlaloc tlach-

---

16. *años* is repeated in the MS.
17. *macahuaque:* read *maçahuaque.*
18. *ca:* read *ça.*

The year Eleven Flint, 1464. Here Amaquemecan Chalco was destroyed.

The year Twelve House, 1465. The Chalca entered here.

The year Thirteen Reed, 1466. Here Tepeyacac was destroyed. Also at this time Chapultepec and Ayohtla were conquered.

The year One Rabbit Reed, 1467. At this time Toçanco was destroyed.

The year Two Flint, 1468. Here at this time Huehue Moteucçoma Ilhuicaminatzin died. He had ruled Tenochtitlan for twenty-nine years.

The year Three House, 1469. At this time Axayacatzin was installed as ruler of Tenochtitlan.

The year Four Rabbit, 1470. At this time Chimalpopocatzin was installed as ruler of Tlacopan. He was a son of Huehue Totoquihuaztli, ruler of Tlacopan.

The year Five Reed, 1471. Here at this time Neçahualcoyotzin died. He had ruled Texcoco for forty-one years. And right at this very time his son, named Neçahualpiltzintli, was installed as ruler of Texcoco.

The year Seven House, 1473. At this time Tlatelolco was destroyed. At this time Ecatzizimitl and the ruler Moquihuix and Teconal died there.

The year Eight Rabbit, 1474. With chili they incensed the Mexica in Cuetlaxtlan Tochpan.

The year Ten Flint, 1467 1476. At this time Ocuilan and Tenantzinco were destroyed.

The year Eleven House, 1477. At this time Tlacotepec was destroyed.

The year Twelve Rabbit, 1478. At this time Xiquipilco was destroyed; it was when the ruler Axayacatzin was repeatedly struck there. [The Mexica] took ten thousand captives. He who repeatedly struck Axayacatzin was named Tlilcuetzpal. It was on Axayacatzin's thigh [that he was wounded].

The year Thirteen Reed, 1479. At this time the Matlatzinca and Maçahuaque entered here.

The year One Flint, 1480. Here at this time Yaotl Huitznahuatl died in Tlacimaloyan. And also in his time a boundary was set up in Xocotitlan. He indeed split [the land?] on Axayacatzin's orders. He gave it to the Xilotepeca or Xicotepeca.[10]

The year Seven Reed, 1499. At this time the Huexotzinca entered here—noblemen and artisans of Huexotzinco.[11]

The year Ten Rabbit, 1502. At this time Ahuitzotzin died. He had ruled Tenochtitlan for seventeen years. And then was when Moteucçomatzin Xocoyotl, who later died here, was installed as ruler. And with him Macuilmalinaltzin was the tlacateccatl.

The year Eleven Reed, 1503. At this time Achiyotlan was destroyed and

10. Tentative translation.
11. Tentative translation.

quiyauhco. auh ça no ypan in yaomiquito huitzillihuitzin yhuan macuilma-
linaltzin ȳ tlacateccatl ompan atlixco.

¶ xij. calli xihuitl 1517 años ypan in momiquillito tlaxcallan mexica ynic ce
ytoca motlahtoca moçomatzin ynic ome ytoca yxpapalotl **[80 recto]**

¶ χi calli xihuitl 1529 años ypan in çahuatl momanaco totomonihuac, auh
yhuan popocac citlalli yhcuac huillohuac colhuacan.—

¶ xiij. acatl xihuitl 1531 años ypan in hualla Presidente yancuic tlahtohuani
yehuatl quipehualtico quicaxanico tequitl auh quipehualtico melahuac jus-
ticia yn mexica yehuatl quitemacaco topilli çan oc alguaziles çan oquioque[19]
mexica—

¶ i tecpatl xihuitl 1532 años ypan in momiquilli Don hernando cortes yxtlil-
xochitzin tlahtohuani tetzcuco yehuatl in y huel quinpalehui españoles ynic
cacique mexico—

¶ iiij. acatl xihuitl 1535 años ypan inyn acico Don Antonio de mendoça Vi-
surey yehuatl oquihueychihuaco melahuac Justicia yn mexico yehuatzin
oquitemacaco Juezotl yhuan oquitemacaco caualloti oquinmacaco gouerna-
doresti—

¶ iij. tecpatl xihuitl 1560 años ihcuac ypan yc 4 mani metztli Nouiembre mo-
tlalli Juez gouernador Stiago. ytoca Don esteuan xochimilco ychan

¶ v. tochtli xihuitl 1562 años. ypan in inic xi. mani metztli octubre omomi-
quilli mexico tlahtoani Don xpoual cecepatic.—

auh ça no ypan inyn omoteneuh xihuitl ynic xx. mani metztli de diziembre
omomiquilli yn don diego de mendoça yn tlahtocat Stiago tlatilulco, ma-
tlactlonnahui xihuitl—

19. *oquioque:* read *quizque?*

war was waged against Tlachquiyauhco. And also at this time Huitzili-huitzin died in battle with Macuilmalinaltzin, the tlacateccatl, in Atlixco.

The year Twelve House, 1517. At this time Mexica died in Tlaxcala. The first was named Motlatoca Moçomatzin and the second was named Ixpapalotl.

The year Eleven House, 1529. At this time smallpox prevailed; there were blisters. And also there were comets. It was when everyone went to Culhuacan.

The year Thirteen Reed, 1531. At this time the president came as the new ruler. He came to begin relaxing the tribute and to begin strict justice. He came to give the staff [of office] to the Mexica; only the Mexica were constables.[12]

The year One Flint, 1532. At this time don Hernando Cortés Ixtlilxochi-tzin, ruler of Texcoco, died. He was the one who aided the Spaniards well when they captured Mexico.

The year Four Reed, 1535. At this time the viceroy don Antonio de Men-doza arrived. He came to do great justice in Mexico. He gave [important Mexica] the office of judge, and he gave them horses. He gave these to the governors.

The year Three Flint, 1560, was when, on 4 November, one named don Esteban, whose home was in Xochimilco, was installed as judge-governor of Santiago [Tlatelolco].

The year Five Rabbit, 1562. At this time, on 11 October, the ruler don Cristóbal Cecepatic died in Mexico.

And also at that time, in the said year, on 20 December, don Diego de Men-doza died. He had ruled Santiago Tlatelolco for fourteen years.

12. Tentative translation; however, see Frances Karttunen, *An Analytical Dictionary of Nahuatl* (Austin: University of Texas Press, 1983), 123, on *iyoa* and *iyoh;* and Rémi Siméon, *Dictionnaire de la langue nahuatl ou mexicaine* (Graz: Druck- u. Verlagsanstalt, 1963), 163, on *iyo, yo.*

Index

Place-names from the Nahuatl Text

Subjects

www.ingramcontent.com/pod-product-compliance
Lightning Source LLC
LaVergne TN
LVHW081206040925
820178LV00005B/115